广西林业产业区域竞争力评价研究

奉钦亮 著

中国林业出版社

图书在版编目（CIP）数据

广西林业产业区域竞争力评价研究／奉钦亮著. —北京：中国林业出版社，2011.10

ISBN 978-7-5038-6363-9

Ⅰ.①广…　Ⅱ.①奉…　Ⅲ.①林业经济：区域经济－市场竞争－评价－研究－广西　Ⅳ.①F326.276.7

中国版本图书馆 CIP 数据核字（2011）第 212576 号

出版　中国林业出版社（100009　北京市西城区刘海胡同 7 号）
　　　网址　http://lycb.forestry.gov.cn
　　　E-mail　forestbook@163.com　电话　010－83228427
发行　中国林业出版社
印刷　北京北林印刷厂
版次　2011 年 10 月第 1 版
印次　2011 年 10 月第 1 次
开本　880mm×1230mm　1/32
印张　6.75
字数　208 千字
印数　1～1000 册
定价　45.00 元

序

近年来，党中央、国务院从建设生态文明的高度，更加重视林业工作。2009年，中央召开了首次林业工作会议，明确了林业的“四个地位”、“四大使命”和“五大功能”，把发展林业摆上了前所未有的战略高度。为落实党中央、国务院的重大战略决策，国家林业局将发展林业产业作为建设现代林业的重要内容，明确在“十二五”期间，要加快木材及其他原料林培育、林产工业等十大林业主导产业发展，在全国培育一批布局科学合理、主导优势明显、产业特色突出、市场竞争力强的林业产业县和产业集群，为扩大内需、改善民生作出突出贡献。

广西壮族自治区党委、政府按照中央要求，深刻把握广西区情、林情，及时作出建设生态文明示范区和林业强区的重大战略决策，并出台了一系列支持林业改革发展的重要政策。在各方面的努力下，广西林业实现了快速发展。2010年，广西林业产业总产值达1276.5亿元，从“十五”期末居全国第11位跃升到第6位，居西部地区第一位。如何利用广西丰富的林业资源，提升广西林业产业的核心竞争力，使广西林业较长时期集聚起来的强劲动能得到进一步释放，是当前必须认真研究和亟待解决的问题。

本书作者是一位青年学者，他以敏锐的眼光聚焦林业产业竞争力，可谓适逢其时。在已有研究成果的基础上，作者选择广西林业产业区域竞争力研究这一课题，从林业产业集聚和林业产业区域竞争力以及两者之间关系的角度展开研究，在视角上是有新意的。为深入分析广西林业产业集群，作者对广西林业产业进行了区域集中度和动态的$E(G)$产业集聚指数分析；还设计出林业产能竞争力、林业资本竞争力、林业技术竞争力、林业市场竞争力以及林业生态贡献力等五个系统层和20个变量指标组成的区域林业产业竞争力指标体系，力求对广西林业产业区域竞争力进行更全面、准确地反映。作者还采用基于多元统计分析的竞争力评价方法，对中国各省林业竞争力进行实证研究和排名，并运用弹性模型对广西林业产业区域竞争力与产业集中度及 $E(G)$ 产业集聚程度的关系进行分析。将这些方法引入林业产业区域竞争力评价，也是一种有益的探索和创新。

对如何增强广西林业产业的区域竞争力，作者还提出了一系列富有见地的建议，如完善政府支持林业产业发展的政策体系、加快林业产业结构调整、积极引导和促进产业集聚、努力提升林业劳动生产率、吸引国内外高级林业专业技术人员、加快林业产业营销体系建设、构建创新型林业产业体系、加快林业产业国际合作步伐等。这些见解和建议，见仁见智，但对深入研究广西林业发展现状、支撑广西林业产业发展科学决策，无疑是有积极意义的。总体而言，本书不失为一部既有理论又有实证、理论与实际紧密结合并有重要创新意义的论著。

当前，广西林业正处于跨越发展、赶超发展的黄金机遇期。充分借鉴社会各方面智慧，加快转变广西林业产业发展方式，是我们坚定不移的决策。我期待，有更多学者来深入研究广西林业发展现状，为广西林业发展建言献策，使广西林业在服务"富民强桂新跨越"中作出更大贡献。

广西林业厅厅长

2011 年 7 月 1 日

目　录

1 绪 论

1.1 研究背景与意义

1.1.1 研究背景

在面临百年不遇的世界金融危机且世界经济持续低迷的形势下，企业竞争压力剧增，我国出口增幅出现了明显回落，经济增速呈现回落态势。因此，温家宝总理在2009年博鳌亚洲论坛上特别强调：全面提升产业竞争力和自主创新能力，推动中国经济可持续发展，推动产业结构优化升级，是关系经济全局紧迫而重大的战略任务。在世界经济处在危机之时，国家制定实施十大重点产业调整振兴规划，推动企业兼并重组，努力提高产业集中度和资源配置效率。

我国林业定位已发生了重大转变，由过去的林业“既是重要的基础产业，又是重要的公益事业”，转变为加强生态建设，维护生态安全，在全社会牢固树立生态文明观念，同时重视节约能源资源和保护生态环境的产业结构、增长方式和消费模式。其中在产业体系建设中强调：只有构建发达的林业产业体系，才能充分发挥林业的经济功能，更好地推动生态体系和生态文化体系建设。由此可见，产业体系建设是林业发展的基础，林业将不断为国民经济发展做出贡献，这一定位充分体现了林业在国民经济中的特殊地位。

广西林业在发展中不断深入贯彻执行中共中央、国务院《关于加快林业发展的决定》和自治区党委、政府《关于实现林业跨越式发展的决定》中提出：深化改革，扩大开放，依法治林，突出特色，发挥优势，优化产业结构，构建比较完备的林业生态体系和比较发达的林业产业体系，为加快我区社会主义新农村建设，全面实现小康目标做贡献。同时，依据科学发展观，结合广西林业发展趋势，2008年，广西提出由林业大省向林业强省转变的战略目标。如此说明发展广西林业不仅是一项公益事业，同时更是广西经济发展的主要基础产业体系。其不仅承担着改善环境、维护生态安全，同时还要满足林业产品供应、促进地区经济发展以及维护地区社会安全的多重任务。广西林业产业发展有优势、有地位、有作用、有潜力。但是，纵观广西林业产业体系建设过程中，著者认为在广西林业发展研究和实践中存在着以下主要问题：

(1) 广西提出林业产业化发展是广西建设林业强省的重点，把林业产业作为与社会一般产业对待，说明在产业发展规律的作用和政府政策的引导下，林业产业化发展是广西林业发展的必然趋势。然而，林业产业化发展是否引起产业集聚，社会一般产业集聚的诱因是否也诱使广西林业产业化发展必然走向产业集聚，在林业产业化发展过程中，能否寻找到影响广西林业产业化发展的因素，以便对症下药，加速产业化发展，提高广西林业产业集聚程度。

(2)不合理引进人才和资本投入，不重视林业建设资金投入和林业专业技术人才的合理布局。广西林业发展的条件得天独厚，气候温润，光照充足，林地面积大，林木生长快，是全国重要的商品林和速丰林建设基地。尽管已经初步形成以营造速生丰产林、造纸业、木材加工为重点的林业产业，但是如何合理布局和集聚广西林业投资建设资金以及林业专业技术人才，才能成功转型。广西林业产业需要加快调整林业产业结构，同时如何寻找广西林业产业集聚的规律并解决当前广西林业发展的分散性经营的矛盾和困难，促进广西林业经济快速发展，是关系广西林业产业能否做大做强的关键问题。

(3)林业是国民经济的基础产业，2008 年，尽管广西林业总产值预计完成 650 亿元，比上年增长 20%，三次产业产值比重分别是：53.85%，43.85%，2.3%。森林面积1300 万公顷，活立木蓄积量 5.58 亿立方米，商品材采伐限额常年占全国八分之一，出材常年量约占全国的七分之一，人工材常年量约占全国六分之一，各种林副产品产量也均占全国同种产品产量的前列。但是，广西林业所取得的经营成果是否已经说明了广西林业产业已经做大做强，是否已经提升了广西林业产业区域竞争力水平，广西是否已经由林业大省向广西林业强省转变。

(4)尽管通过自发或者政府引导可以引起广西林业产业集聚，但是产业集聚能否发挥广西林业资源优势，加快林业产业化进程，尽快做大做强广西林业产业，更好地促进生态广西建设，促进广西林业经济快速增长，提升广西林业产业区域竞争力水平，实现了广西林业跨越式发展。广西林业产业区域竞争力水平提升能否被因产业集聚所解释，在提升广西林业产业区域竞争力水平中，广西林业产业集聚的哪些方面的因素起着作用。

针对广西林业产业研究与实践中存在的上述问题，要化解这些问题，就必须从林业产业集聚程度、林业产业区域竞争力水平以及广西林业产业集聚对区域竞争力的影响程度等视角研究广西林业。目前全国已有林业经济学者开始对林业产业集聚和产业区域竞争力以及两者之间的关系进行了研究，但是他们均只是从定性或局部定量角度分析。著者选择基于产业集聚的广西林业产业区域竞争力研究这一课题，是从形成完整林业产业集聚和林业产业区域竞争力以及两者之间关系的体系的角度而展开研究的。

1.1.2 研究的意义

论文研究的目的是利用区域经济学、产业经济学、发展经济学以及西方经济学的研究理论，对广西林业产业集聚动因进行分析，理清影响广西林业产业集聚水平提高的因素，寻求提高广西林业产业区域竞争力水平的途径。同时，基于前人对区域竞争力的研究成果，细分我国林业产业区域竞争力的评价体系；此外，进一步分析广西林业产业集聚对林业产业区域竞争力水平的影响；最后提出推进广西林业产业化发展进程和提升广西林业产业区域竞争力水平的政策建议。

随着世界经济发展的持续低迷，以及胡锦涛主席在博鳌论坛的鼓舞人心的论谈。产业集聚和提升区域竞争力水平成为政府和社会关注的主要话题。广西壮族自治区政府提出广西由林业大省向林业强省转变的构想实际上是广西林业产业区域竞争力提升主要表现。鉴于此，本研究具有两个方面的意义：学术示范价值和现实意义。

第一，学术示范价值。本研究采用定性和定量研究相结合的研究方法，关注了广西林业产业集聚和广西林业产业区域竞争力水平评价这一新颖的命题。

其一，产业集聚一直是促进产业区域竞争力提升的主要因素，但是对其在林业经济中的应用还缺乏研究，林业产业集聚是一个全新的命题和方向，本文在借鉴前人研究理论的基础上系统地分析了广西林业产业集聚过程。

其二，区域竞争力研究是区域经济学和发展经济学的热点问题，本文首次系统的把林业产业区域竞争力细分为林业产能竞争力、林业资本竞争力、林业技术竞争力、林业市场竞争力以及林业生态贡献力等5个系统层，并构建了林业总产值、林业产业市场占有率、林业技术投入强度、林业固定资产投资、林业用地面积等20个广西林业产业区域竞争力评价的变量指标，最后综合评价了2003～2007年的广西林业产业区域竞争力水平。

此外，还分析了产业集聚对广西林业产业区域竞争力水平提升的影响。

以上内容的研究对于构建和完善我国林业技术经济的学科框架具有一定的学科价值和实践意义，为其他行业研究产业集聚和区域竞争力提供理论借鉴。

第二，现实意义。

(1)产业集聚是区域经济发展和区域竞争力水平提升的主要手段，通过对广西林业产业集聚的研究，了解了广西林业产业集聚的动因、发展规律以及影响因素，一方面可以为广西林业由"林业大省"向"林业强省"转变以及扶持林业产业集聚发展提供理论服务，另一方面也为广西林业产业集聚区位选择以及制定林业产业区域发展提供科学依据。

(2)目前关于区域竞争力评价模型的研究很多，但是，对林业产业区域竞争力的研究还没有形成一个成熟的体系，而这正是本文的主要研究目标。本文在把林业产业区域竞争划分力五个系统层的基础上，进一步把林业产业区域竞争力细分成二十个变量指标并构建了完整的评价指标体系。运用主成分分析法观地评价了广西林业产业区域竞争力水平，为广西林业发展提供了前瞻性的指示作用。

(3)对于评价产业集聚对产业区域竞争力影响的研究，目前没有统一的评价分析模型，本文通过弹性模型实证分析了产业集聚对广西产业区域竞争力的影响程度。这一研究过程丰富了林业经济学的理论。

(4)通过对基于产业集聚的广西林业产业区域竞争力的实证研究，可以为我国其他行业研究产业集聚与区域竞争力的关系提供借鉴和参考示范作用。

综上所述，本研究具有重要的现实研究意义。

1.2 国内外研究现状及发展趋势

1.2.1 关于产业区域竞争力涵义的论述

1.2.1.1 关于产业竞争力含义的论述

国内外学者对产业区域竞争力的认识基本上是“产业竞争力”+“区域竞争力”的组合，到目前为止，还没有一个科学的、得到普遍认可的定义。概括起来，国内外学者均认为“产业区域竞争力”问题，理论渊源涉及区域经济学、发展经济学、产业经济学等诸多学科的方面内容。本文对众多经济学者的产业区域竞争力概念以及产业区域竞争力的内容结构及评价指标体系的相关理论和竞争力模型进行评述。

关于产业竞争力的理论最早源于亚当·斯密。他从绝对优势的角度分析了国民经济中国际贸易的形成和发展。此后，李嘉图从成本比较优势的角度分析了产业竞争力。特别是20世纪80年代以来，有关竞争力方面的研究正逐渐成为各国关注的热点问题，各国经济学家和研究机构开始重视对竞争力的研究，并取得了丰硕的研究成果。当前，在国际上对于竞争力的研究中，具有一定影响和较有代表性的观点主要来自于迈克尔·波特等学者以及洛桑国际管理发展学院(IMD)、世界经济论坛(WEF)和经济合作与发展组织(OECD)等国际机构。

在对国际竞争力研究的国内学者中，金碚从中观的角度来定义了国际竞争力，裴长洪从属地原则角度分析了产业竞争力；1996年国家体改委经济体制改革研究院与综合开发研究院(中国深圳)及中国人民大学统计系和国际经济系组成中国国际竞争力研究课题组开始对国际竞争力进行研究，并于1997年发布的《中国国际竞争力发展报告》。

1.2.1.1 关于区域竞争力含义的论述

国内学者对区域竞争力的认识基本上是“区域”+“竞争力”的组合，目前为止，还没有一个科学的、得到普遍认可的定义。从现有研究资料分析，我国对区域竞争力的理解主要有以下几种观点：郝寿义、倪鹏飞、王国贞、曹远征等学者从财富创造的角度定义了区域竞争力；王秉安教授、李宝新、严于龙、费洪平等从资源配置角度分析了区域竞争力；从区域经济实力方面，阳国新、王国辉、赵修卫、宋泓、张巍、陈晓红、解海涛、常燕、慕静、张臻竹、武开、张俊等均对区域竞争力提出了自己的看法；从综合实力的角度出发，王秉安与李莉、高志刚分别给出了自己的定义。

1.2.2 产业竞争力评价体系

关于竞争力评价的方法与实践，在20世纪80年代初，国外学者和研究机构形成了各自成熟的国际竞争力评价理论、评价方法和评价指标体系，并且随着世界经济和社会的发展不断地做出调整。其中，迈克尔·波特的竞争力评价体系以及世界经济论坛(WEF)和瑞士洛桑国际管理学院(IMD)等的产业竞争力评价体系最具权威性。波特提出了产业国际竞争力的“钻石体系”。WEF设计了增长竞争力指数、当前竞争力指数、经济创造力指数和环境管制体制指数等四个反映国际竞争力的指数；IMD也确定了国内经济、国际化程度、政府政策及运行、基础设施、金融环境、科学技术、企业管理、国民素质等八类评价要素。在研究国内区域制造业竞争力的学者中采用综合指标评价竞争力的较多，辛立国、陈红儿、吴玉鸣、赵玲玲等也提出了产业竞争力的指标体系。

1.2.3 产业竞争力评价模型

从20世纪80年代开始，国外就已经开始对竞争力评价模型的研究，其理论已趋于成熟。而国内学者在竞争力评价模型研究领域也取得丰硕的成果。波特提出了由生产要素，需求状况，相关产业与支持机构，企业战略、结构与竞争，机遇作用以及政府作用等六大因素构成的著名的“钻石模型”；IMD提出了以企业竞争力为核心、关键是可持续发展的区域竞争力模型。此外，国内研究机构和学者也进行了有益的探索，中国人民大学竞争力评价与研究中心组提出由核心竞争力、基础竞争力、环境竞争力构成的区域竞争力模型；王秉安教授提出了“直接—间接”竞争力评价模型；倪鹏飞博士所创城市竞争力“弓弦”模型；此外，对竞争力模型研究取得成果的还有丁力、宁越敏等。丁力提出了“经济增长加速度”模型；宁越敏等提出了“核心—外围”因素城市竞争力模型。

1.2.4 产业竞争力评价方法

国内外研究评价竞争力的方法很多。其主要表现在：①波特“钻石模型”的方法。波特教授最早从规范的角度来分析产业集群竞争力，他通过构建产业集群竞争力影响因素的“钻石模型”，开创了产业集群竞争力评价的基础性工作；②投入产出法。投入产出法在产业集群竞争力评价方面的应用比较广泛；③GEM 模型。该模型与钻石模型相比更强调地方政府在集群发展中的作用，并认为外因素对内因素之间具有互补作用，各因素之间具有相互关联性，而且 GEM 模型还可以通过数学方法使竞争力水平得到量化；④产品全生命周期工程数据分析法。产品全生命周期工程数据分析(LCEDA)是基于产品的全生命周期对产品的技术先进性、绿色性和经济性指标数据进行分析评价，从而发展、规划和管理绿色产品，实现真正意义的绿色制造；⑤DEA 分析方法。其是用来评价多个具有多种投入(称为输入)、产出(称为输出)的生产部门或组织的相对有效性的一种方法；⑥层次分析法。它是一种定量与定性相结合的决策方法，它首先将复杂问题层次化，根据问题和需要达到的目标，将问题分解为不同的组成因素，并按照因素的相互关联及隶属关系将各因素按不同层次聚集组合，形成一个多层次的分析结构模型。

1.2.5 林业产业竞争力的研究综述

在我国，已有一些学者和专家对林业产业竞争力进行过研究。孔凡斌以迈克尔·波特理论为基础，从生产要素、需求状况、关联产业、企业战略、结构和竞争等 4 个方面定性评价中国林业产业的竞争环境条件，并从主要产品国际市场占有率、国际贸易数量、国际贸易价值、国际贸易价格、产业和企业利润水平以及劳动力效率等 5 个方面定量评价中国主要林产工业品国际竞争能力。石大立、叶玉琴从分工的角度，运用制度经济学理论分析了在缺乏林业资源的地方，通过培育专业市场、促进产业集聚等内生的比较优势机理来研究林业经济竞争力。北京林业大学教授吴铁雄在分析湖北省林业产业竞争力时提到：在新形势下，提升湖北省林业产业竞争力必须大力培育森林资源、转换经营机制、加强龙头企业建设。江西财经大学宋诚英借助产业竞争力理论和评价方法，以近 10 年的连续数据为依据，对江西及周边 7 省的森林资源、林业产业产值、产业结构、林产工业地位指数及其变动趋势进行分析评价，揭示了江西林业产业竞争能力。但是，他们的理论大多只是对林业产业竞争力进行定性的或者局部定量分析，并未对区域产业竞争力进行定量的综合评价。

综上所述，鉴于国内外经济学家和学者对于产业化和竞争力评价的研究理论已经日渐成熟，尽管这些理论将为对广西林业产业集聚与产业区域竞争力评价研究提供了坚实的研究理论基础。但是，对林业产业集聚以及林业产业区域竞争力水平的综合研究的理论相对较少，因此，对广西林业产业集聚与林业区域竞争力水平的研究具有很大实践意义。

1.2.6　产业集聚发展的研究综述

产业集聚发展是一个复杂的过程，从其发展历程来看，其主要有两条主线，其中一条以“产业化”科学的发展机理为主线，另一条以产业集群发展机理为主线。

产业化发展研究主要涉及的理论有社会分工与协作、交易费用、产业化等理论内容。

社会发展史是基于社会大分工出现的。对于社会发展的理论研究则始于亚当·斯密。而马克思在批判继承斯密分工思想的基础上对专业化分工与协作进行了深入分析，此后，作为集大成者的马歇尔使社会分工理论得到进一步的提升，并提出了自己的分工理论。社会分工的出现，使得专业化程度提高，企业报酬递增。但是社会交易的密度却增大了，增加了企业和市场之间的社会交易成本。由此，交易费用理论提出并论证了市场交易费用是组织结构和组织行为产生与变化的决定因素。在对交易费用理论的研究中，科斯、威廉姆森、诺思等人作出了重大贡献。

在对林业产业化发展的研究中，我国学者汪祖潭、苏春雨、李怒云、杨守坤、林迎星、周昌祥、张志达等在考察国外林业产业化发展道路的基础上认为国外林业产业化发展的经营方式主要有以下几种：第一种方式完全一体化，即组建林工联合企业统一经营，生产活动包括森林培育、木材采运和木材加工；第二种方式是准一体化，即林产工业企业同人工林所有者或经营单位签订长期的木材购销合同，以合同形式确定林业同工业在经济上的依存关系；第三种方式是锥形一体化，即林产工业企业自己营造和经营一定面积的工业人工林基地，作为工业原料的主要来源，其余原料来源通过同其他人工林经营单位签订合同而获得，形成自营基地与合同林基地相结合的原料供应体系。然而，由于研究理论和实践研究较晚，目前所研究的领域多数集中在林业产业化的概念研究上，雷加富、蒋敏元、耿玉德、吴越、朱永法、王尚明、徐桂英、苏胜利、周敏、陈穆光等学者和专家都对林业产业化概念从市场需求的角度出发，最后形成一体化经营的角度给予了自己的见解。高岚、谢永水、王春辉、吴今等学者对资本市场与林业产业化关系以及林业融资困难等问题上也进行了研究，并取得了一定得研究成果。

随着产业集群在社会经济发展的作用不断增大，产业集群作为一种特殊的企业间网络形式也日益成为国内外学者的研究热点。克鲁格曼、弗朗索瓦·佩鲁、迈克尔·波特、Cusmano 等世界各国经济学家均对产业集群的理论从不同的角度进行了阐述。而国内，产业集群研究一直是区域经济研究领域的重点，除了仇保兴、徐康宁、洪文生、王缉慈等专家或学者对产业集群的概念提出了自己的见解之外，近期内，李永刚、杨建梅、朱英明、潘镇、池仁勇等学者也对产业集群与经济发展的相互作用方面进行了研究。而武晓辉、金祥荣等学者则把具有类比意义的生态学理论方法用于产业集群研究之中，创新了产业集群的研究理论、方法，丰富了对产业集群研究内容。

从经济学说史的角度看，一些重要文献为揭示规模经济的本质提供了有益的启示。早期的经济学说虽然还没有明确的“规模经济”概念，但已经认识到，生产规模的扩大会导致成本的下降和劳动生产率的提高，并对规模经济进行了初步的分析和阐述。斯密、米勒、穆勒等经济学家都认为大规模生产可以大大提高生产效率。马歇尔(Marshall，A.)第一次明确提出“规模经济”的概念。他用规模经济来解释报酬递增的现象。科斯、威廉姆森用交易费用的概念解释企业的纵向一体化，认为纵向一体化是实现规模经济可能性很大。

1.3 研究的总体思路及主要内容

1.3.1 研究的总体思路

本研究是以西方经济学为基础理论，基于产业经济学、区域经济学、发展经济学等多学科知识，采用定性与定量相结合等多种分析方法，以广西林业产业集聚、广西林业产业区域竞争力及其两者之间的关系程度等命题作为研究对象，总体上，研究过程遵循如图 1-1 所示的技术路线。

1.3.2 研究的主要内容

本研究以林业产业集聚和林业产业区域竞争力的内涵、产业集聚的

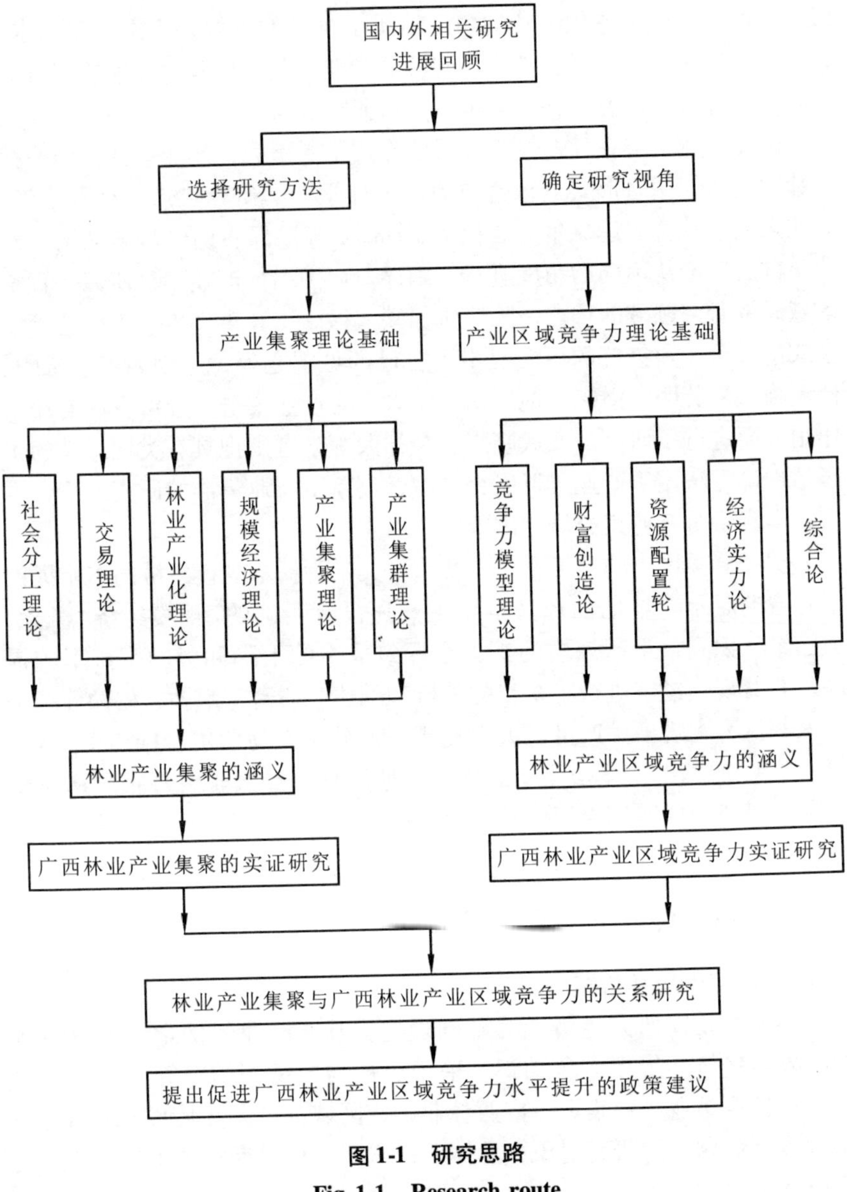

图 1-1 研究思路

Fig. 1-1 Research route

动因、广西林业产业集聚程度、建立林业产业区域竞争力评价指标体系并进行广西林业产业区域竞争力评价以及林业产业集聚对提升广西林业产业区域竞争力的影响程度作为研究对象，基于上文所述研究目的和技术路线的研究思路贯穿全文。具体研究内容安排如下：

第一部分：产业集聚研究主要涉及的理论有社会分工与协作理论、交易费用理论、林业产业化理论、产业集群理论、规模经济理论等，同时对区域竞争力理论进行了探索并对林业产业集聚和林业产业区域竞争力等内涵进行界定。

第二部分：阐述产业集聚的动因及其影响因素分析。产业之所以集聚，是因为产业集聚可以产生规模效应、市场份额扩张效应、促进竞争优势增强。而自然资源禀赋、政府宏观政策引导、交通运输成本、科技发展与技术进步、知识溢出和产业自身因素构成等因素会对产业集聚过程产生影响。

第三部分：在了解广西区域概况的基础上，分析了广西林业产业的发展现状。

第四部分：基于广西林业统计资料和广西统计年鉴的统计资料，运用产业区域集中度、基尼系数、*HHI* 系数以及 $E(G)$ 产业集聚系数分析了广西林业产业的集聚水平。

第五部分：基于中国林业统计年鉴和中国统计年鉴的资料，在此前经济学者对产业区域竞争力分析的基础上，本文把林业产业区域竞争力细分为林业生产竞争力、林业资本竞争力、林业技术竞争力、林业市场竞争力以及林业生态竞争力。通过构建林业产业总产值、林业固定资产投资、林业技术投入强度、市场占有率、林业用地面积等 20 个评价指标体系，并在对指标中的数据进行方差处理后运用多元统计中的主成分分析法综合评价了 2003 ~ 2007 年的广西林业产业区域竞争力水平。

第六部分：根据广西林业产业集聚程度并结合广西林业产业区域竞争力水平，运用弹性模型分析了林业产业集聚对提升广西林业产业区域竞争力水平的影响程度。

第七部分：对促进和提升广西林业产业区域竞争力水平提出政策建议：通过完善政府支持林业产业发展政策体系、积极拓宽融资渠道和提高融资能力、加快林业产业结构调整、吸引国内外高级林业专业技术人员、加快林业产业营销体系建设、创建创新型林业产业体系、加强林产品物流基地建设、加快林业产业国际合作步伐等可以提升广西林业产业区域竞争力水平。

1.4 研究方法

拟采取文献研究、理论借鉴、全面调查和典型调查、定性与定量研究结合等方法开展研究。

(1)文献研究：通过文献研究，了解广西林业产业集聚程度和林业产业区域竞争力水平评价的已有的研究情况以及明确进一步研究的方向，同时为课题研究寻找一些恰当的理论基础。

(2)理论借鉴：借鉴产业经济学、区域经济学、发展经济学等理论，借助西方经济学中的社会分工、交易费用、制度变迁等理论以及马克思社会分工与协作理论等为课题研究构建一个相对完整的理论框架结构。

(3)资料收集：主要是通过收集广西林业系统的汇总资料以及产业发展计划等资料。主要资料调查范围是1999~2007年广西林业统计资料以及选取2003~2007年的《中国统计年鉴》、《广西统计年鉴》、《中国林业统计年鉴》。

(4)研究方法：通过理论与实证分析相结合的方法，分析了林业产业集聚以及影响林业产业区域竞争力水平评价的因素，建立林业产业区域竞争力评价指标并采用主成分分析法对林业产业区域竞争力水平综合评价以及继续用弹性模型分析了广西林业产业集聚对广西林业产业区域竞争力水平的影响。

1.5 技术路线

本文在阅读大量有关产业集聚、产业集群以及产业区域竞争力的相关文献的基础上，确定研究内容以及研究的方法。在查阅了中国林业统计年鉴以及广西林业统计资料等年鉴资料后，收集了近万条有关广西林业产业集聚与广西林业产业区域竞争力水平的数据并进行整理，运用主成分分析法进行评价，得出结论，最后形成论文。

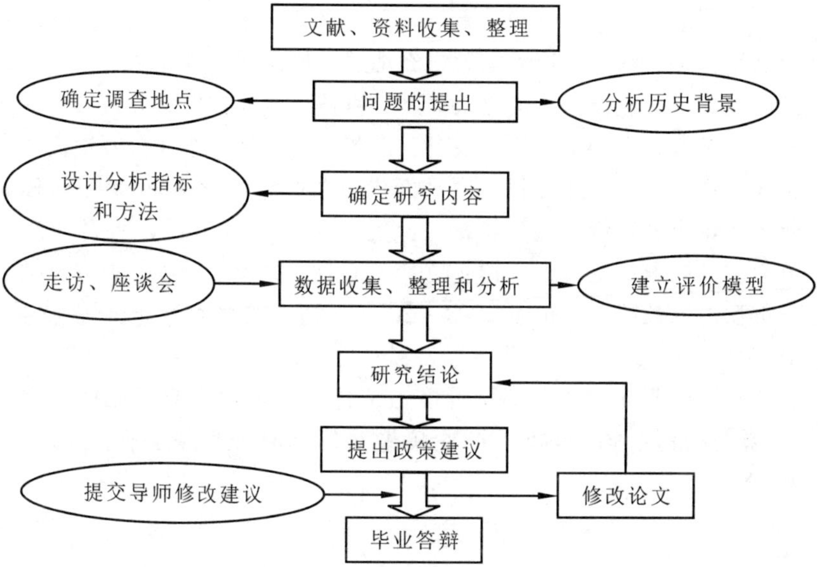

图1.2 研究的技术路线

Fig. 1.2 Research technology routes

1.6 论文的独创或新颖之处

根据目前所掌握的有关林业产业集聚程度和区域竞争力评价的相关研究文献表明：当前国内对林业产业集聚研究主要集中在产业化的概念及政策的研究，而对林业产业集聚的动因以及影响因素、度量林业产业集聚的方法等的研究极为有限，同时对林业产业区域竞争力评价的实证研究相对缺失。因此，本课题属于一个创新的研究选题。本文的相关研究可能成为独创或者新颖之处的有以下几点：

①基于广西林业统计资料和广西统计年鉴的资料，运用产业区域集中度、基尼系数、*HHI* 系数以及 $E(G)$ 产业集聚系数系统地分析了广西林业产业集聚水平。

②本文首次把林业产业区域竞争力细分为林业产能竞争力、林业资本竞争力、林业技术竞争力、林业市场竞争力以及林业生态贡献力五个系统层，并构建了林业总产值、林产品工业销售产值、林产工业总产

值、林业劳动生产率、林业从业人员年均收入、林业产业市场占有率、林产品销售率、林业总产值与地方经济总产值比重、林业从业人员、林业技术人员、林业技术人员投入强度、科技交流与推广服务人员、林业固定资产投资、人均固定资产投资、设备投资、林业企业自筹投资、森工企业投资、林业用地面积、森林面积、森林蓄积量等20个广西林业产业区域竞争力评价的变量指标，此后，评价2007年的广西林业产能竞争力、林业资本竞争力、林业技术竞争力、林业市场竞争力以及林业生态贡献力以及综合评价了2003～2007年的广西林业产业区域竞争力水平。

③根据广西林业产业集聚程度，结合广西林业产业区域竞争力水平，运用弹性原理，分析了产业集聚对广西林业区域竞争力的影响程度。

2 产业区域竞争力与产业集聚研究的理论渊源

在面临百年不遇的世界金融危机以及国际经济日趋低迷形势下，企业竞争压力剧增，我国出口增幅出现了明显回落，经济增速呈明显回落态势。此时，党和政府给予了高度重视，在世界经济处在危机之时，国家制定实施十大重点产业调整振兴规划，推动企业兼并重组，努力提高产业集中度和资源配置效率。由此可见，面对世界金融风暴和强大的市场竞争压力，党和政府坚信：产业集聚和提高区域竞争力是推动区域经济增长的必由之路。

2.1 产业区域竞争力理论

国内外学者对产业区域竞争力的认识基本上是“产业竞争力”+“区域竞争力”的组合，到目前为止，还没有一个科学的、得到普遍认可的定义。概括起来，国内外学者均认为“产业区域竞争力”问题，理论渊源涉及区域经济学、发展经济学、产业经济学等诸多学科的方面内容。本文对众多经济学者的产业区域竞争力概念以及产业区域竞争力的内容结构及评价指标体系的相关理论和竞争力模型进行评述。

2.1.1 关于产业竞争力涵义的论述

关于产业竞争力的理论最早源于亚当·斯密。他认为，每一个国家均有其绝对有利的、适合某些特定产品生产的条件。如果各国都按照其绝对有利的生产条件去进行专业化生产并彼此交换产品，那么它们就能有效地利用各自的资源、劳力和资本，从而有效地提高生产效率，增加各自的福利。因此，亚当·斯密的理论被称为绝对优势论，或绝对成本说。此后，李嘉图从成本比较优势的角度分析了产业竞争力。他认为，即使是在生产上没有任何绝对优势的国家，因为这个国家与其他国家在生产各种商品上相对成本不同，仍可通过专门生产其相对成本较低的产品以换取它自己生产中相对成本较高的产品，从而得到利益。这里的关键在于比较，即不同商品的相对成本的比较，国际贸易的利益及其流向都取决于每种最终产品的机会成本差异，即为了得到更多的这类商品，而在贸易中放弃的其他产品的数量。

随着国际竞争压力不断增大，特别是20世纪90年代以来，一些发达国家和发展中国家纷纷开始重视对竞争力的研究，有关竞争力方面的研究正逐渐成为各国关注的热点问题，且随着越来越多的研究机构与专家学者加入这个研究领域并取得了丰硕的研究成果，有关竞争力研究理论不断被延伸与拓展。当前，在国际上对于竞争力的研究中，具有一定影响和较有代表性的观点主要来自于迈克尔·波特等学者以及洛桑国际管理发展学院（IMD）、世界经济论坛（WEF）和经济合作与发展组织（OECD）等国际机构。

WEF在1985年的《国际竞争力报告》认为，国际竞争力是“企业主目前和未来在各自的环境中以比它们国内和国外的竞争者更有吸引力的价格和质量来进行设计、生产并销售货物以及提供服务的能力和机会”。该组织在1994年的《国际竞争力报告》中进一步指出，国际竞争力的定义是“一国一公司在世界市场上均衡地生产出比其竞争对手更多财富的能力”。在1997年的《全球竞争力报告》中又将国际竞争力定义修正为，“在人均实际收入方面达到持续高增长的能力，就像以不变价来测定人均GDP一样”。IMD在1997年的《国际竞争力年鉴》中将竞争力定义为：“一国或一公司在国际市场上均衡地生产出比其竞争对手更多财富的能力。”或者一个国家在其特有的经济与社会结构里，依靠自然资源禀赋以创造附加价值，或者着重于改善国内经济环境条件以吸引国外投资，或者依靠国内内部型经济和发展国际型经济，以创造并提高附加价值、增加一国财富的能力。这一概念以在世界市场上获得更多财富为目标。经合组织（OCED）将竞争力描述为一国或地区能在自由和公正的市场条件下，生产产品和服务，而这些产品和服务既能满足国际市场的检验标准，同时又能长期保持和扩大该国人民的实际收入的能力。哈佛大学商学院教授迈克尔·波特则认为：一个国家的竞争力是在经济社会结构、价值观、文化、制度、不同的政策等多种综合因素作用下创造和维持的，在这个过程中，国家的作用在不断上升，最终形成一个综合性的国家竞争力来实现其在国际竞争中的地位。

在国内学者对国际竞争力的研究中，金碚（1996）从中观的角度来定义了国际竞争力，她在《中国工业国际竞争力——理论、方法与实证分析》中提出，“国际竞争力的核心就是比较生产力，国际竞争的实质就是生产力的竞争”。裴长洪(1998)则认为“产业竞争力是指属地产业的比较优势和它的一般市场绝对竞争优势的总和”；1996 年国家体改委经济体制改革研究院与综合开发研究院(中国深圳)及中国人民大学统计系和国际经济系组成中国国际竞争力研究课题组开始对国际竞争力进行研究，在 1997 年发布的《中国国际竞争力发展报告》的定义是：“所谓国际竞争力实际上也就是企业或企业家们在各种环境中成功地从事经营活动的能力。”1999 年又进一步强调，“国际竞争力是一个国家在世界市场经济竞争的环境和条件下，与世界整体中各国的竞争比较，所能创造增加值和国民财富的持续增长和发展的系统能力水平”。在 2001 年《中国国际竞争力发展报告》中完善了国际竞争力的含义，“国际竞争力是在追求持续、最大地提高人民生活质量的目标下，通过竞争形成和促进一国的整体发展能力”。

2.1.2 关于区域竞争力涵义的论述

国内学者对区域竞争力的认识基本上是“区域”+“竞争力”的组合，目前为止，还没有一个科学的、得到普遍认可的定义。

国家和区域都是一个不同行政管理层次的地域概念，借鉴国内外学者对国家竞争力内涵的研究来确定区域竞争力的内涵，是具有一定科学性和合理性的。区域竞争力的本质是对资源的吸引和配置能力，同时区域竞争力又是内涵丰富的概念，所以区域竞争力的强弱直接或间接的关系到该区域各种资源的数量和质量，而这些因素是广西林业产业区域竞争力的形成和发展的必要条件。从现有研究资料分析，我国对区域竞争力的理解主要有以下几种观点。

2.1.2.1 财富创造论

郝寿义、倪鹏飞(1998)等认为：“竞争力是一个城市在国内外市场上与其他城市相比，所具有的自身创造财富和推动地区、国家或世界创造更多社会财富的现实的和潜在的能力”；王国贞(2001)分析区域竞争力时指出：区域竞争力是指一个区域“在一定的社会经济制度和人文自然条件下，创造出比其他地区更多的有效经济财富增加值的能力”；“一个国家在世界市场的环境和条件下，与世界整体各国的竞争比较，所能创造增加值和发展的系统能力水平”(曹远征，1997)等等。

2.1.2.2　资源配置论

有些研究者将区域竞争力定义为区域的配置资源能力。王秉安教授(2000)认为：区域经济实力是指一个区域(省、市、县或其他)在大区域中与同一类型区域争夺市场和资源的能力，或者说是一个区域在大区域中相对于其他同类区域的资源优化配置能力。《中国县域经济实力评价》认为县域经济实力是县域单位进行资源配置来获取竞争优势的能力。主要强调区域综合经济实力。河北经贸大学李宝新(2001)对区域竞争力分析时指出：区域竞争力是一个区域在政治、经济、社会基础建设、环境、科技等各个领域所能达到的先进程度的综合反映。国家统计局严于龙(1998)认为区域经济实力是一个区域(省、区、直辖市)国民经济在国内竞争中表现出来的综合实力的强弱程度。费洪平(1998)概括区域竞争力的含义为主要强调一区域在国内外贸易、金融、投资中的地位，强调一区域所提供的基础设施，所达到的科技水平、社会发展水平和经济发展状况，以及政府行为和对策干预等因素，为国际资本流动创造的条件。

2.1.2.3　经济实力论

阳国新(1995)认为区域竞争力是指各经济区域所提供的商品在某一特定区域市场中占领的市场份额。王国辉(2001)和赵修卫(2001)则从核心竞争力的角度来研究区域竞争力。王国辉认为区域竞争力是指“区域在内部软、硬环境等方面具有明显优于且不易被其他区域模仿的，能够给区内企业提供良好的发展条件，并形成区域经济特色，不断促进区域经济快速、协调、健康发展的独特综合能力”。赵修卫教授认为区域核心竞争力是区域经济实力的优势表现，是指区域所特有的，在资源利用、产品开发、生产、市场开拓及服务中，与其他区域相比具有较大的竞争优势，且不易被其他区域所模仿或学习的综合能力与素质。很多研究者用区域经济实力来定义区域竞争力。他们认为，区域竞争力是指一个地区与国内其他地区在竞争某些相同资源时所表现出来的综合经济实力的强弱程度；城市竞争力是一个城市在与国内外其他城市竞争中所表现出的综合实力，往往可以用“城市竞争力”来描述和概括。“区域经济实力即区域竞争力”一说极易引起争议，因为在 IMD 和 WEF 的竞争力构成体系中，经济实力被列成是竞争力构成要素之一。宋泓(1999)认为经济实力表现为当期宏观经济的运行状况，着眼于现在，竞争力更侧重于经济发展的可持续性，着眼于未来。张巍(2006)认为区域产业竞争力是指一国内部特定区域的特定产业在国内市场上的竞争力。陈晓红、解海涛、常燕等(2006)在研究中小企业竞争力时指出，区域竞争力归根到底是区域内企业竞争力的强弱表现。慕静、张臻竹、武开、张俊等(2008)学者在分析区域竞争力动态模型时认为，区域产业竞争力是指该产业在与竞争对手竞争中所处的优势及其战胜对手的能力。

2.1.2.4 综合论

从综合实力的角度出发，王秉安与李莉、高志刚分别给出了自己的定义。王秉安(2003)认为：①区域竞争力是一种立足现在、面向未来的能力——以区域的经济和社会的客观现状为基础，支撑区域经济发展为导向；②区域竞争力是一个相对性的能力——竞争力分析是一种比较研究；③区域竞争力是一种综合性的能力——由区域的直接性竞争力要素(如企业竞争力等)、间接性竞争力要素(如国民素质竞争力等)、显在性竞争力要素(如经济实力竞争力等)、潜在性竞争力要素(如可持续发展竞争力等)、物质性竞争力要素(如基础设施竞争力等)和精神性竞争力要素(知识经济竞争力等)综合形成；李莉、高志刚认为：区域竞争力是指在系统分析区域现状基础上，一个区域与其他区域相比，在资源环境、经济实力、产业市场、对外开放、基础设施、人力资本、科技创新和管理服务等方面表现出来的一种相对的综合能力，是一种通过比较所具有吸引、争夺、转化资源和控制、占领市场的能力，亦即能够为区域发展提供资源配置和市场导向功能的能力。据此定义，可将区域竞争力分解为8种竞争力：资源环境竞争力、经济实力竞争力、产业市场竞争力、对外开放竞争力、基础设施竞争力、人力资本竞争力、科技创新竞争力和管理服务竞争力。蔡雪雄、陈新艺(2006)在对农产品市场竞争力分析时指出，农业产品竞争力是农产品从生产到销售的一系列生产经营活动中，在生产效率、产品质量、产品价格、市场营销和满足消费者需求中表现出来的生存、发展和获利的能力。王呈斌(2006)在区域产业竞争力模型分析时将从区域产业竞争力划分为经营规模、经营效益、市场能力和资本实力等方面的能力。

在实证研究方面，陈国生(2003)在分析旅游产品市场竞争力时提出提高旅游产品市场竞争力将成为旅游持续发展的重要途径。夏春华、高金环(2004)应用解释结构模型法，以西安市邮政局为例，在构建市场竞争力关键要素系统结构模型的基础上，对其进行布尔运算和可达矩阵的分解，得出相应的结构矩阵和多级递阶结构模型图，初步探讨了影响地区邮政企业市场竞争力的各要素。姚舜、温海涛、樊雪梅等(2008)从网状钻石模型角度构建了区域物流业竞争力系统理论模型。张洪营(2007)基于在 Tim Padmore 和 Hervey Gibson 对钻石模型进行改进，提出了一种分析区域产业竞争力的模型——GEM 模型。牛晓东(2006)从企业竞争力理论出发，结合建筑企业行业特点，构建了建筑企业市场竞争力评价模型。付娟(2008)基于波特钻石模型的基础上分析了农业国际竞争力的影响因素时认为，辽宁农业国际竞争力机遇与挑战并行。此外，还有众多的学者对竞争力模型研究并结合产业发展给予了实证分析产业区域竞争力发展水平。

2.1.3 林业产业区域竞争力的内涵

参照上述关于产业竞争力与区域竞争力的相关理论，本文认为，林业产业区域竞争力是指基于区域(省、地区)林业产业的区位特点，以自然资源禀赋的比较优势为基础，通过提高科技水平等手段实现产业的合理分工、协作、优化区域资源配置，用以创造并提高附加价值，增加区域林业产业经济实力，不断提升和转化为各省市的林业产业发展优势在区域的竞争能力。从产业看，一个区域的林业产业是这一区域国民经济的主要组成部分，而区域的林业产业竞争力是区域内林业产业总体竞争力集合的重要组成部分。而研究林业产业区域竞争力，意义在于寻求区域林业产业发展的比较优势，包括自然资源比较优势和后生资源发展的比较优势，并以此作为产业发展重点，不断营造产业竞争优势，占有市场份额，获取竞争收益。

2.2　产业竞争力评价指标体系理论

2.2.1　产业竞争力评价指标体系

关于竞争力评价的方法与实践，在20世纪80年代初，WEF和IMD就已经形成了各自成熟的国际竞争力评价理论、评价方法和评价指标体系，并且随着世界经济和社会的发展不断地做出调整。国外大多数发达国家都通过政府或与企业合作建立了自己的国际竞争力研究机构，同时学术界又从竞争力的决定因素出发，通过单因素或多因素分析法进行了大量的实证研究，为国家或企业界提供了国际竞争力评价的理论依据。在竞争力评价方面，迈克尔·波特竞争力评价体系以及世界经济论坛(WEF)和瑞士洛桑国际管理学院(IMD)是两家最权威的机构。

迈克尔·波特经过对许多国家的产业国际竞争力的比较研究后认为，一国的特定产业是否具有国际竞争力，取决于要素条件，需求条件，相关与辅助产业的状况，企业策略、结构与竞争者，机遇以及政府行为六个因素。波特将这六个方面的因素绘成一个菱图，来表明它们之间的相互关系，由此构成了产业国际竞争力的“钻石体系”。其中，①生产要素是指生产某种产品所需要的各种投入，其中包括：自然资源、人力资源、知识资源、金融资本及基础设施；②需求状况是指国内市场某种产品或服务的需求。一个国家的消费需求特性，影响该国企业在国际市场上的竞争优势。这种优势一是来自于各国消费的“时间差”，二是来自于各国消费需求结构的“规模差”。③相关与辅助产业的状况主要是指原材料、零部件等上游产业及其他相关产业的发展水平。上游产业的存在为下游产业提供及时、高质量的原材料和零部件。上下游产业的紧密合作，也会增强双方产业的国际竞争力。④企业的经营战略、结构与竞争方式是指企业的组织结构、战略决策特点及竞争程度所赖以存在的国家环境。⑤机遇是那些超出企业控制范围内的突发事件，如技术的重大创新、石油危机、世界金融市场和汇率的重大变化、世界或地区需求的高涨、外国政府的政治决策、战争等。机遇可以打破现存的竞争环境、竞争秩序，创造出“竞争断层”。⑥政府行为是政府通过在资本市场、补贴、生产标准、竞争条例等方面的政策直接影响到企业、产业的国际竞争力(朱小娟，2004)。

WEF在2000年的《全球竞争力报告》中设计了四个反映国际竞争力的指数：即增长竞争力指数、当前竞争力指数、经济创造力指数和环境管制体制指数，并分别对其进行排名，排名的依据是对影响和决定国际竞争力的8类主要因素：开放程度、政府、金融、技术、管理、基础设施、劳动和法规制度。数据来源于有关机构的统计数据和问卷调查。为了使评价结果更客观，在进行竞争力指数排名时，8大要素内部的子要素均具有不同的权重。

IMD认为，国家间的竞争是处在特定环境下的产(企)业的竞争，IMD也确定了八类评价要素，它们是国内经济、国际化程度、政府政策及运行、基础设施、金融环境、科学技术、企业管理、国民素质。

在研究国内区域制造业竞争力的学者中采用综合指标评价竞争力的较多，但在指标的建立和选取上略有差别。例如辛立国等建立的指标体系包括：产业实力指标、产业效益指标、技术水平指标和市场绩效指标；陈红儿等人构建的指标体系包括：产业投入方面的指标、产业产出方面指标、产业技术水平及其进展方面指标、产业市场绩效方面的指标和产业可持续发展方面指标；吴玉鸣等人提出的区域工业竞争力指标体系包括：工业经济实力、经济绩效、政府竞争力、科技进步与技术创新能力、人力资源、产品竞争力、市场化程度、资源组织供给能力、管理能力、环境状况；赵玲玲等提出的指标体系包括：总量竞争力、产业结构竞争力、市场竞争力、市场竞争力、涉外竞争力、技术创新能力、企业竞争力、集中度竞争力、支撑工业产业竞争力等。

2.2.2 对现有竞争力主要评价体系的评论

2.2.2.1 对WEF及IMD的评论

从1980年创立，WEF和IMD的指标体系经过几十年不断地完善和发展，时至今日，仍然具有重要的借鉴意义，并因此被很多国家采用，作为评价本国国际竞争力的重要依据。该体系从竞争力的理论研究出发，凭借坚实的理论基础设计了完整的定量的竞争力的评价指标，对于各国学者和政府机构从不同角度探讨不同层面的竞争力问题提供了重要参考，尽管如此，该评价体系还有很多问题值得探讨(王浩，2008)。

(1)评价指标设置欠合理。在评价方法方面，一些评价指标设置和处理不够合理。一些指标设置重复，如国内经济实力中关于GDP设置了7个不同的指标来重复反映；在指标处理方面对关键指标和相关指标分析和筛选不够仔细，致使指标多的评价要素在排名中所起的作用大于指标少的要素；对不同层次、重要性不同的数据用统一的权重来计算，影响结果的科学性。另外，设置的评价指标未能反映竞争力的本质。

(2)评价体系滞后性。竞争力是动态变化的，但现有评价项目锁定的是评价确定的当前时间，缺少对未来发展速度的预测，有些国家虽然暂时看某些指标不如其他国家，但是其增长速度是很快的，所以在未来时间里，它的竞争力水平将可能很快提升，所以，从这一点来看，评价体系有一定程度的滞后性。

(3)评价过程神秘性。对于这些国际权威部门的评价体系所涉及的详细内容，普通的研究人员是得不到的，因此对研究有一定影响，既然是科学研究，其成果就应该公之于众，让普通人也能接触到，否则，仅仅是一些类似于情报机构掌握的内部资料，就失去了评价的意义。

2.2.2.2 对国内评价体系的评论

众多国内学者对竞争力评价体系业进行了大量研究，并取得了很多成果，但是绝大多数的竞争力评价指标体系都是在借鉴 WEF 和 IMD 评价体系的基础上提出的。从研究的层面和范围来看，对产业竞争力国际层面的评价研究得较多，对区域层面的评价研究得较少；评价的指标主要根据竞争力的来源、竞争力的影响因素、竞争力的表现等几个方面进行设计，其基础还是波特的钻石模型；在指标的设置上，有一些软指标难以量化，缺少操作性，而且多数指标体系偏重于评价产业过去竞争力的表现，对未来产业国际竞争力的预测功能不强，这也是我们面临的一个非常棘手的问题。

综上所述，对产业区域竞争力评价体系的研究应是多角度的，对区域产业竞争力评价指标体系的研究，更要充分考虑产业竞争力的区域特性，注重产业竞争力的实证研究。力求抛开产业竞争力的表象指标，从根源解决问题。

2.2.3 构建本文的林业产业区域竞争力评价体系

林业产业既具有一般产业的产出功能，同时又具有生态环境的维护功能以及保持社会稳定的功能，是集经济、社会、生态功能于一体的产业体系。也就是说，林业产业不仅由相当多的林业企业组成的，具有众多林产品类型，拥有不同的市场结构，同时，以及安排林业职工劳动就业，维护地区社会稳定，同时，林业发展的生态特性决定了林业产业发展将有别于其他的产业，即林业产业不仅具有经济贡献力，而且也具有生态贡献力。因此，对林业产业区域竞争力进行分析和评价，要站在产业的经济和社会整体的角度来进行，同时也要站在生态贡献力的角度进行评价。既要对产业竞争力的显示性指标进行分析，也要对产业竞争力的决定和影响因素进行研究。根据基于波特的竞争力菱形理论以及众多经济学者研究的产业竞争力模型的基础上，本文建立起林业产业区域竞争力评价体系，其由产能竞争力、市场竞争力、技术竞争力、资本竞争力、生态竞争力五个部分组成，如图 2-1 所示。

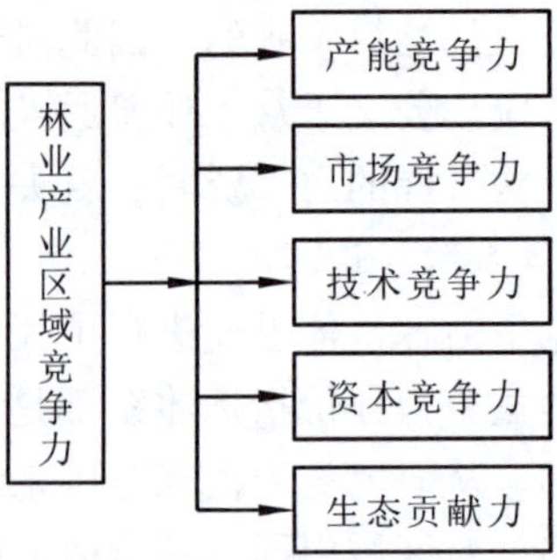

图 2-1　林业产业区域竞争力体系

Fig. 2-1　System of forestry industry regional competitiveness

2.3　竞争力评价模型

从 20 世纪 80 年代开始，国外就已经开始对竞争力评价模型的研究，其理论已有越趋成熟。而国内学者也异军奋起，在竞争力评价模型研究领域取得丰硕的成果。

2.3.1　竞争力评价的主要模型

2.3.1.1　钻石模型评价模型

关于区域竞争力评价体系，迈克尔·波特认为，区域竞争力集中体现在一个区域的产业竞争力上，即其产业在大市场中的竞争表现。而一国的特定产业是否具有国际竞争力取决于六个因素，即生产要素，需求状况，相关产业与支持机构，企业战略、结构与竞争，机遇作用以及政府作用，这六大因素就构成了著名的“钻石模型”，即波特区域竞争力模型。

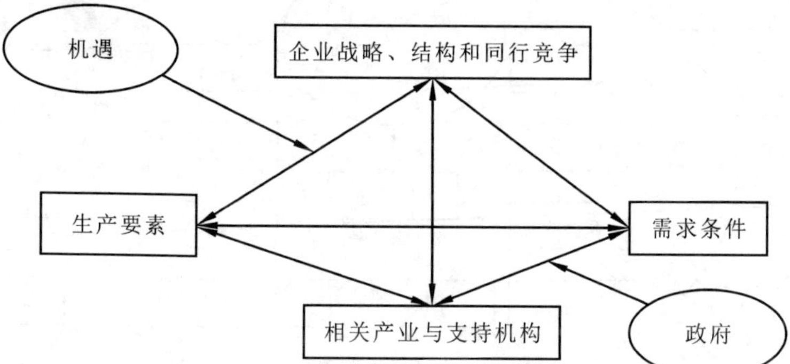

图 2-2 钻石理论模型

Fig. 2-2 Diamond theoretical model

2.3.1.2 IMD 区域竞争力模型评价体系

IMD 区域竞争力模型将区域竞争力分解为八大方面，包括企业管理、经济实力、科学技术、国民素质、政府作用、国际化度、基础设施和金融环境，其核心是企业竞争力，关键是可持续发展，并从八个角度对一个国家竞争力的特征进行分析；本地化与全球化、吸引力与扩张力、资产与过程、和谐与冒险。

2.3.1.3 “直接一间接”竞争力评价模型

开此类研究先河的是王秉安教授。这类研究成果体现了波特国家竞争优势理论的基本思想，认为区域内产业及企业在国内外市场上的竞争力是区域竞争力的核心，而资源禀赋不构成竞争力的硬性约束。其区域竞争力评价体系中包括七个准则，产业、企业、涉外三准则为直接竞争力要素，经济综合实力、科技、基础设施、国民素质为间接竞争力要素。而徐宏、李明则将地方政府的区域管理能力视为重要的竞争力要素，同时考虑到国内的工业化进程，他们指出自然环境对区域经济发展和竞争力形成具有重要意义自然环境与基础设施共同构成区域环境竞争力，其评价体系包括产业、企业、涉外三个直接要素，以及经济综合实力、区域管理、环境、科技、国民素质五个间接要素。

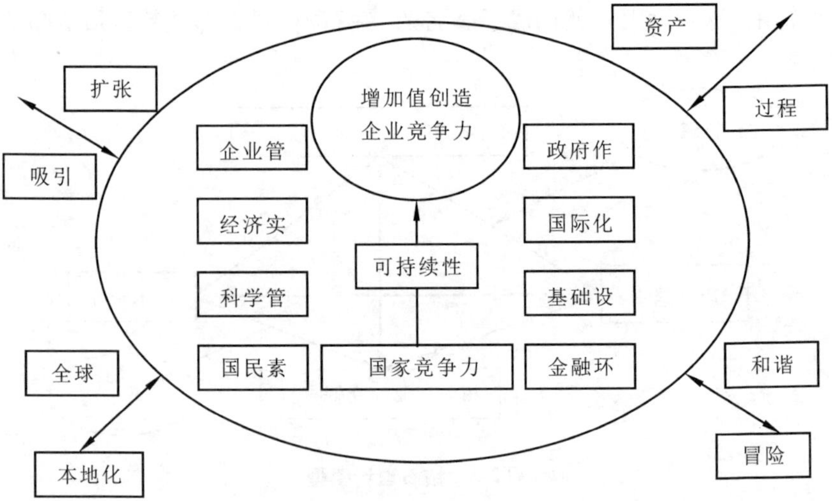

图 2-3　IMD 区域竞争力模型

Fig. 2-3　IMD model of regional competitiveness

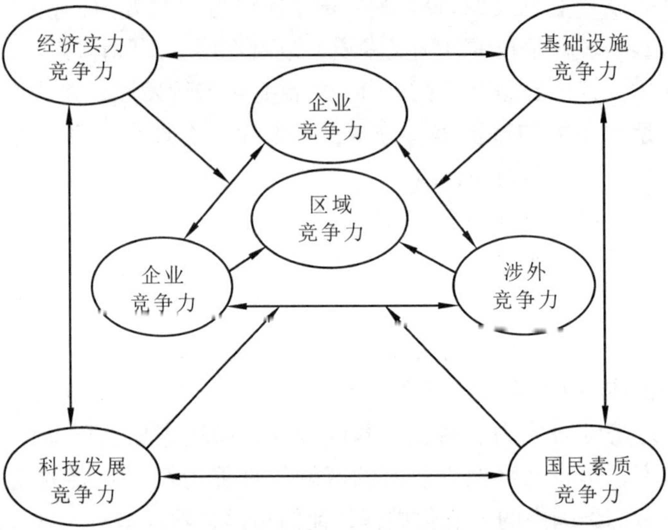

图 2-4　“直接-间接”竞争力评价模型

Fig. 2-4　“Direct an indirect” competitive evaluation model

2.3.1.4　“三力体系”模型

“三力体系”模型是由中国人民大学竞争力评价与研究中心组提出的。这类评价体系是基于区域经济有效运行和持续发展的宏观视角，依据不同因素在区域发展中的作用形式对 IMD 早期评价体系进行的重构。他们认为：

区域竞争力 = 核心竞争力 + 基础竞争力 + 环境竞争力

核心竞争力是指生产增加值的竞争力，包括全部公司或企业和产业结构两方面的竞争力，其水平取决于竞争资本的水平和竞争过程的水平；基础竞争力是支持核心竞争力的基础设施和国民素质竞争力的基础；环境竞争力包括市场竞争环境和政府提供的社会组织和结构的环境。在竞争力的构成要素中，不仅包括竞争力实力要素，还包括竞争力的潜在要素；不仅包括竞争力的硬要素，还包括推动竞争力成长的软要素，竞争力是一个整体的竞争水平的系统提高。

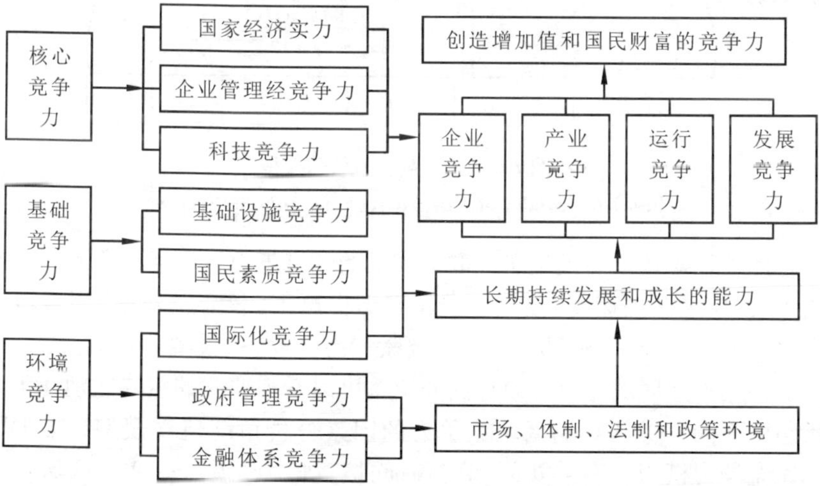

图 2-5　区域竞争力“三力体系”模型

Fig. 2-5　Model of “three power systems” regional competitiveness

2.3.1.5　城市竞争力“弓弦”模型

该模型主要用于研究城市竞争力，为我国城市竞争力研究权威——倪鹏飞博士所创。他认为，城市竞争力(UC) $=f$(硬力，软力)，硬分力为弓，软分力为箭，他们相互作用形成城市竞争力，弓弦质量越好，搭配越恰当，所形成的力就越大，城市产业这支箭就射得越远。

其中：

硬分力 = 劳动力 + 资本力 + 科技力 + 结构力 + 设施力 + 区位力 + 环境力 + 聚集力

软分力 = 秩序力 + 文化力 + 制度力 + 管理力 + 开放力

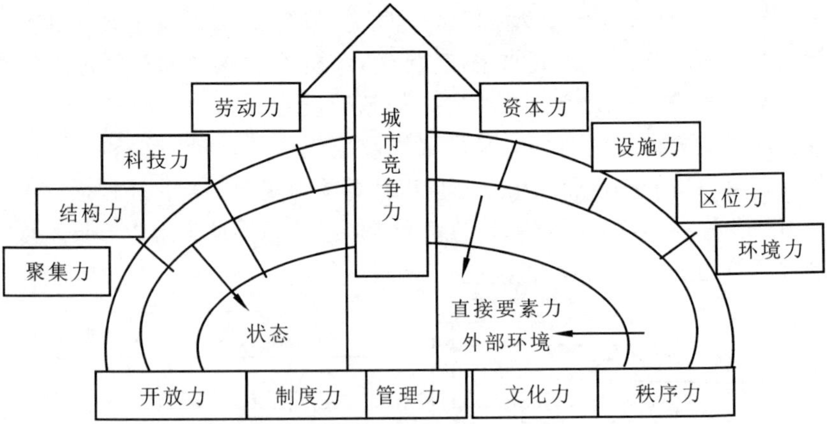

图 2-6　区域竞争力弓弦模型

Fig. 2-6　Model of Yuzuru regional competitiveness

此外，对竞争力模型研究取得成果的还有丁力、宁越敏等。丁力提出了“经济增长加速度”模型；宁越敏等提出了“核心—外围”因素城市竞争力模型以及张辉等提出的“三要素静态—动态”模型。

根据上述区域竞争力模型的介绍，可以看到彼此的主要区别在于分析角度不同：①从影响区域竞争力的因素分析角度建立模型，如 IMD 国家竞争力模型、王秉安的“直接—间接竞争力”模型；②从区域竞争力的构成或结构角度建立模型，如“三力体系”模型和“弓弦理论”模型；③从区域竞争力的微观基础——企业竞争力角度建立模型，典型代表为波特教授的“钻石体系”模型；④从区域竞争力系统论的角度建立模型，如张辉的区域竞争力静态模型和动态模型；⑤从便于区域竞争力评估的角度建立模型，如丁力研究员的“经济增长加速度”模型。

2.3.2 对各种分析模型的评论

无论是国外还是国内的竞争力评价模型，大都是在波特钻石模型的基础上，结合本国实际所进行的不同程度的改进和创新，或者是对原影响因素的细化和分解，或者是增添了新的影响因素，只是各自强调的侧重点和研究的视角有所不同。波特的钻石模型没有考虑多国活动，只适用于经济发达国家，如美国、日本和欧盟；而对于市场的小规模经济和开放的国家则必须对钻石模型进行改进才予以利用，如韩国提出的八要素竞争力评价模型；我国学者的竞争力评价模型主要针对我国的国情而提出，尽管他们的研究成果极大地推动了产业竞争力研究理论的发展，但是，仍然存在继续探索的空间。专家和学者应针对不同的国家，不同的产业，不同的经济发展阶段，建立适合本国国情和经济发展的分析框架。

2.4 产业区域竞争力的评价方法

国内外研究评价竞争力的方法很多。其主要表现在：①波特“钻石模型”的介绍。波特教授最早从规范的角度来分析产业集群竞争力，他通过构建产业集群竞争力影响因素的“钻石模型”，开创了产业集群竞争力评价的基础性工作，并得到普遍的应用。波特认为，决定国家竞争优势的宏观因素共有6各方面：要素条件、需求状况、企业战略、结构域竞争、相关产业与辅助产业、机遇作用与政府作用。在对产业集群竞争力进行评价时，他将焦点集中在产业集团内部和产业集团之间的联系上，分析地区生产结构的竞争力，并最终规划宏观层面上一个国家或者地区经济范围的专业化模式(骆静，聂鸣，2002)。②投入产出法。投入产出法(input - uotput)在产业集群竞争力评价方面的应用比较广泛。投入产出法是一种研究经济问题的方法，其创始人是美国当代著名经济学家沃西里·里昂惕夫(瓦西里·里昂惕夫，1990)。③GEM模型。Padlnoer和Gibosn(1998)在波特钻石模型的基础上，建立了对产业群竞争力评价的GEM(grundings enterprises makrets)模型。该模型与钻石模型相比更强调地方政府在集群发展中的作用，并认为外因素对内因素之间具有互补作用，各因素之间具有相互关联性，而且GEM模型还可以通过数学方法使竞争力水平得到量化，这要比其他的竞争力分析模型更加直观、方便。这些特点使得GEM模型成为量化评价产业集群竞争力的有力工具(Padmore and Gibson，1998)。④产品全生命周期工程数据分析法。产品全生命周期工程数据分析(LCEDA)是基于产品的全生命周期对产品的技术先进性、绿色性和经济性指标数据进行分析评价，从而发展、规划和管理绿色产品，实现真正意义的绿色制造。但是，LCEDA具有多指标和多阶段等复杂性，目前对产品全生命周期数据分析评价停留在多指标的复杂性研究上。⑤DEA分析方法。其是用来评价多个具有多种投入(称为输入)、产出(称为输出)的生产部门或组织(称为决策单元Decision Making Units，简记为DMU)的相对有效性的一种方法。由于具有很强的经济背景和明显的经济解释，DEA方法已经成为管理科学、系统工程和决策分析、评价技术等领域一种常用且重要的分析工具和手段。但对竞争力的研究，在最近的研究，DEA分析法也取得了丰硕成果(官建成、王军霞，2003)。⑥层次分析法。(任剑新，2003；吴维库、赵平，1998；中国企业联合会课题组，1999；柴小青，1998；陈蔓生，1999；杨亚琴，1998)层次分析法(The Analytic Hierarchy process，缩写AHP)由美国著名运筹学家、美国匹兹堡大学学者萨蒂(Thomas. L. Saaty)于20世纪70年代所创立。它是一种定量与定性相结合的决策方法，它首先将复杂问题层次化，根据问题和需要达到的目标，将问题分解为不同的组成因素，并按照因素的相互关联及隶属关系将各因素按不同层次聚集组合，形成一个多层次的分析结构模型。根据系统的特点和基本原则，对各层的因素进行对比分析，引入1~9比例标度方法构造出判断矩阵，用求解判断矩阵最大特征根及其特征向量的方法得到各因素的相对权重。

2.5 产业集聚理论

“产业集聚”主要涉及三个方面的内容：一是研究的范围是区域，因此必须系统掌握区域经济学方面的理论。二是研究的对象是产业，所以要认真研究产业经济学方面的理论。三是研究的目标是发展，还要认真研究发展经济学的理论。因此，在构建产业集聚理论框架时，要以区域经济学、产业经济学和发展经济学为基础，并根据它们的主要理论来指导产业集聚发展研究(周震虹，2005)。当然，对产业集聚的理论研究除了上面所论述的基础理论外，还要必须以西方经济学中的规模经济理论和交易费用理论等理论作为研究的核心理论，这些内容将为林业产业集聚研究提供强有力的理论支撑。

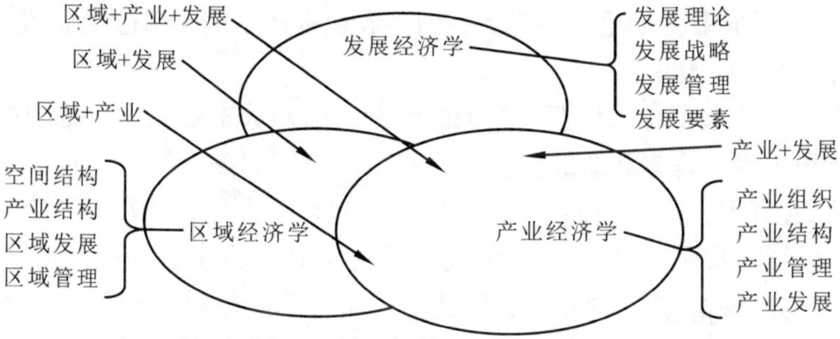

图 2-7　区域经济学、产业经济学、发展经济学的理论框架

Fig. 2-7　Theoretical framework of regional Economics, Industrial Economics, development economics

产业集聚是个复杂的过程，从其发展历程来看，主要有两条主线，其中一条以“产业化”科学的发展机理为主线，另一条以产业集聚与集群机理为主线。

2.5.1　产业化发展理论

产业化发展研究主要涉及的理论有社会分工与协作、交易费用、产业化等内容。

2.5.1.1　社会分工理论

社会发展史是基于社会大分工出现的。对丁社会发展的理论研究则始于亚当·斯密。而马克思在批判继承斯密分工思想的基础上深入的对了专业化分工与协作进行了分析，此后，作为集大成者的马歇尔在研究报酬递增与工业组织理论中促进了社会分工理论进一步的提升，并提出了自己的分工理论。

第一，亚当·斯密：确立了分工在经济学中的首要地位。在斯密之前，虽然也有学者注意到了分工的重要作用，但第一次把分工放到了经济研究首要位置的是斯密。斯密的分工经济思想主要体现在如下几个方面：

(1)分工是提高劳动生产率，促进经济增长的源泉。“劳动生产力上最大的增进，以及运用劳动时所表现的更大熟练、技巧和判断力，似乎都是分工的结果。”(亚当·斯密，1972)[①]他通过制针工厂的例子，向人们展示了分工大大提高劳动生产率的效果；又通过农业和制造业的比较，说明了农业劳动生产率低下是因为农业生产不能向制造业那样采用比较高的分工制度。

(2)分工起源于人们互通有无的倾向，因而分工受到市场范围的限制。“引出上述许多利益的分工，原不是人类智慧的结果……这种倾向就是互通有无，物物交换，互相交易。”(亚当·斯密，1972)[②]“分工起因于交换能力，分工的程度，因此总受交换能力的大小限制，换言之，要受市场广狭的限制。市场要是过小，那就不能鼓励人们终身专务一业。”而市场大小由运输效率决定，他说：“水运开拓了比陆运所开拓的广大得多的市场，所以从来各种产业的分工改良，自然而然地都开始于沿海沿河一带。”(亚当·斯密，1972)[③]

(3)资本是在各间接生产部门发展分工的工具。“大大改进劳动生产力，预储资财是绝对必要的。”(亚当·斯密，1972)[④]

第二，马克思：对分工与协作的研究。马克思在批判继承斯密分工思想的基础上，对专业化分工与协作进行了深入的研究，提出了自己的分工理论，主要包括：

(1)强调分工的极端重要性。他说：“一个民族的生产力发展的水平，最明显地表现于该民族分工的发展程度。任何新的生产力，只要它不仅仅是现有生产力的扩大(例如开垦新的土地)，都会引起分工的进

---

① 亚当·斯密．国民财富的性质和原因的研究[M]．上海：商务印书馆，1972：5.

② 亚当·斯密．国民财富的性质和原因的研究[M]．上海：商务印书馆，1972：12.

③ 亚当·斯密．国民财富的性质和原因的研究[M]．上海：商务印书馆，1972：16.

④ 亚当·斯密．国民财富的性质和原因的研究[M]．上海：商务印书馆，1972：17.

一步发展。”（亚当·斯密，1972）①

（2）马克思还指出分工与协作能够产生一种集体力形式的生产力。“工场手工业通过手工业活动的分解，劳动工具的专门化，局部工人的形成以及局部工人在一个总机构中的分组和结合，造成了社会生产过程的质的划分和量的比例，从而创立了社会劳动的一定组织，这样就同时发展了新的、社会的劳动力。”（马克思，1979）“通过协作提高了个人生产力，而且是创造了一种生产力，这种生产力本身必然是集体力。”（马克思，1975）②与亚当·斯密不同的是，马克思把分工提高劳动生产率的原因归结为分工组织所产生的协作力。

（3）揭示了社会分工与工场手工业内部分工的联系和区别。“工场手工业分工以生产资料积累在一个资本家手中为前提；社会分工则以生产资料分散在许多互不依赖的商品生产者中间为前提”（马克思，1975）马克思称前者为第一类分工，后者为第二类分工，对于二者的联系，他在《1861～1863年经济学手稿》中写道：“很清楚，①这种分工（暗指第二类分工）以社会分工为前提。……②同样也很清楚，第二类分工又必然会发生反作用，扩大第一类分工。”（马克思，1975）③其中，第①点即社会分工对工场内部分工的促进作用，可以看做是“斯密定理”中分工以市场的扩大为前提的再现。对于二者之间的矛盾关系，马克思提供了如下重要的论述：“在（资本主义）工场手工业中，保持比例数或比例的铁的规律使一定数量的工人从事一定的职能；而在商品生产者及其生产资料在社会不同劳动部门中的分配上，偶然性和任意性发挥着自己的杂乱无章的作用。”（马克思，1975）④因此，马克思认为这两类分工既有统一的一面，又有冲突的一面，而冲突的一面正是私有制市场经济中必然存在的根本矛盾在分工制度上的集中体现。

（4）分工不仅是单个企业的生产组织制度，也是整个经济活动的生

---

① 亚当·斯密．国民财富的性质和原因的研究［M］．上海：商务印书馆，1972：254.

② 马克思恩格斯全集第23卷［M］．北京：人民出版社，1975：393.

③ 马克思恩格斯全集第47卷［M］．北京：人民出版社，1975：304～305.

④ 马克思恩格斯全集第23卷［M］．北京：人民出版社，1975：394.

产组织制度。同时，分工不是没有历史背景的生产要素组织，而是以特定的经济制度，尤其是生产资料所有制为前提的，是所有制在具体生产组织上的反映。

第三，马歇尔：对分工与工业组织的探讨。马歇尔是19世纪末的经济学集大成者，对分工经济思想的贡献主要体现在报酬递增与工业组织上。“可把因任何一种产品的生产规模之扩大而发生的经济分为两类，第一类取决于产业的一般发展；第二类取决于从事工商业的单个企业的资源，它们的组织以及它们的效率。”（马歇尔，1982）随着杨格、斯蒂格勒、杨小凯等人对分工的阐述和研究的逐步深入，从某种程度上看，分工在经济学中的地位正得到逐步回归。

第四，其他经济学家对分工研究的有益补充。杨格（1928）在发表的《递增报酬与经济进步》一文中指出：“首先，观察个别产业和个别企业的规模变化效应，是弄不清楚报酬递增机制的，因为产业的不断分工和专业化是报酬递增得以实现过程中一个基本组成部分。必须把产业经营看做是相互联系的整体。其次，报酬递增取决于劳动分工的发展，现代形式的劳动分工的主要经济，是以迂回或间接方式使用劳动所取得的经济。三是劳动分工与市场规模相互作用。经济进步的可行性就存在于上述条件中，人们除了从获取新知识取得进步外，也有取得这种经济进步的可能性，不论他们所追求的是经济利益或非经济的利益。”（阿林·杨格，1988）而斯蒂格勒（1951）则从产业生命周期角度解释了“市场容量决定分工”这一命题的正确性。在分工与经济组织的研究上，杨小凯继承并发展了斯密和杨格的分工思想，将消费者—生产者、专业化和交易费用结合起来，并用专业化经济与分工所需的合作可靠性之间的两难困境重新解释了许多经济组织问题（杨小凯，1998）。

对于社会分工的认识，我国国内学者也有他们的见解。张振伟、林海燕（2009）指出：这不仅是因为分工是整个社会关系的基础，而且是因为分工是人类社会不断进步的杠杆。精神劳动与物质劳动分工的确立标志着原始的自然分工完成了向社会分工的转变。顾成东（2008）认为中国的社会分工已发生了根本性变化。分工在推动生产力快速发展、创造大量物质财富的同时，也在慢慢变革着生产关系。杨芳（2008）认为不同学科、不同学者对社会分工关注的着眼点是不一样的。社会分工理论的实质是人的本质、人的发展与人的解放理论。杨芳(2008)还认为社会分工是构建和谐社会的现实条件，这是因为，社会分工制约着各种社会关系，制约着社会结合的方式并促进着社会结构的优化。社会分工规律全面调节社会生产和流通，价值规律是社会分工规律作用的内在机制；建立在现代工业技术基础之上的产品创新和部门创新是社会分工扩大的推进力(罗文花，2008)。

经历了亚当·斯密、马克思、马歇尔等不同时期的研究与发展，分工理论已经非常丰富，而随着现代经济学家和学者对分工研究的有益补充，社会分工理论将以日趋成熟(马中东，2007)。然而，社会分工提高专业化使得企业报酬递增的同时却产生巨大的交易费用。

2.5.1.2 交易费用理论

社会分工的出现，使得专业化程度提高，企业报酬递增。但是社会交易的密度却增大很多，增加了企业与市场之间的社会交易成本。由此交易费用理论提出并论证了市场交易费用是组织结构和组织行为产生与变化的决定因素。在对交易费用理论的研究中，科斯、威廉姆森、诺思等人作出了重大贡献。

交易费用是新制度经济学的核心范畴。交易费用理论提出了一个不同于新古典研究的新范式。在新古典经济学看来，市场是完全竞争的市场，交易费用为零，私有产权是健全的，非货币收入可以忽略不计。科斯是交易费用理论的开创者。1937 年，美国芝加哥大学教授罗纳德·哈里·科斯发表了著名的论文《企业的性质》，(Ronald H. Coase，1988)首次用一种全新的交易费用理论来探讨企业作为一种经济组织的意义。由于“市场的运行是有成本的，通过形成一个组织，并允许某个权威来支配资源，就能节约某些市场运行成本。”(Ronald H. Coase，1988)在他看来，企业就是为了市场交易费用而存在的。企业是市场的有益补充，科斯进一步研究了企业的界限问题，“当企业扩大时，对企业家的功能来说，收益可能会减少，也就是说，在企业内部组织追加交易的成本可能会上升。自然，企业的扩大必须达到这样的一点，即在企业内部组织一笔额外的交易的成本等于在公开市场上完成这笔交易所需的成本，或者等于由另一个企业家来组织这笔交易的成本。”(Ronald H. Coase，1988)在这一个边际点上，企业才停止扩张。科斯随后将交易费用与产权界定联系起来，详细探讨了交易费用对产权界定与资源配置的影响。(Ronald H. Coase，1937)他认为只有在产权明确的基础上，引入市场机制，才能有效地根除或降低因外部性而带来的损失，改进经济效率。(Ronald H. Coase，1960)在不同的经济、法律环境下，外部性问题存在不同的解决办法，因此，“我们必须考虑各种社会格局的运行成本，不论它是市场机制还是政府管理机制，以及转成一种新制度的成本。在设计和选择社会格局时，我们应考虑总的效果。”(Ronald H. Coase，1984)这就是科斯的“制度选择思想”，它既包括契约、规则、权利的安排和选择，又包括社会制度、经济组织的选择。

然而，关于交易费用的定义，新制度经济学家可谓是仁者见仁，智者见智。最先使用“交易费用(transaction cost)”这个词的是 K. Arrow (1969)，他把交易费用定义为“利用经济制度的成本”，显然，这一定义既包括利用组织制度的成本，也包括利用市场制度的成本。在对交易费用的概念进行定义时，交易费用理论的代表人物威廉姆森对交易费用作了较为明确的概括，将交易费用分为事前交易费用和事后交易费用。所谓“事前交易费用”，指由于未来存在不确定性，因而需要事先规定交易双方的权利、义务和责任而在明确这些权利、义务和责任的过程中是要花费代价的这种代价的大小与某种产权结构的初始清晰度有关。所谓“事后交易费用”，指交易已经签订契约后，为解决契约本身所存在的问题，从改变条款到退出契约所花费的费用。迈克尔·迪屈奇从组成要素的角度对界定了交易费用的含义：调查和获得信息成本、谈判成本、制定和实施政策成本。巴泽尔从交易费用发生过程对其进行含义界定为与转让、获取和保护产权有关的成本。

此后，德姆塞茨(1964)、克莱因(1985)等人从企业规模的角度对交易费用理论进行了研究并发展了理论。他们认为特定的交易要用特定的规制结构来组织以节约交易费用，企业和市场是两种可以相互替代的规制结构，企业与市场的替代取决于交易与规制结构的匹配。而杨小凯和黄有光(1995)则基于科斯的理论逻辑，从交易效率的角度，来探讨企业和市场的关系，如果交易效率很低，则由分工和专业化所带来的好处会完全被交易费用抵消，人们会选择自给自足的生产方式(企业)，如果交易效率很高，则分工和专业化的好处会大于交易费用，人们会选择劳动分工的生产方式(市场)。企业也是一种交易方式，可以把一些交易费用极高的活动纳入到分工体系，但同时却可以避免这类活动的直接定价和直接交易。

诺思(1976)、张五常(1982)则从企业契约的角度发展了交易费用理论。他们认为企业是一种契约，这种契约是生产要素所有者签署的(间接定价)，而市场上的契约则是中间产品商签署的(直接定价)，当间接定价某项交易的治理结构决定交易的不同特性不同的交易成本的费用小于直接定价的费用时，企业才会出现。

在交易费用方法研究上，威廉姆森进行了独到分析。威廉姆森形象地将交易费用比喻为“经济世界中的摩擦力”，是“维护和运行与从贸易中获取收益相联系的制度结构的资源消耗。”威廉姆森的贡献在于发现了交易的维度(即交易的主体、客体所共同决定的交易特性。交易主体的特征有：行为主体的有限理性和机会主义；交易客体的特征有：交易环境的不确定、交易频率、资产专用性)，建立了一条“因果链”，将交易的特性与交易的治理结构联系起来，从而成功解决了“为什么有些交易在市场中完成，而有些交易在企业中完成”的难题。

而哈特(1986)、格罗斯曼(1986)、莫尔(1988)发展了一个所有权结构模型，试图更精确地分析在什么情况下企业更具效率。在他们看来，市场交易的低效率主要是因资产专用性而使得机会主义行为变为现实。用纵向一体化来替代现货市场交易，就是一种保证专用性投资达到最优的有效办法。在国内的交易费用研究的学者中，孙洛平、孙海琳从企业间的决策结构和市场规模间的关系建立了一个交易费用模型，用以分析性和实证性地形式化交易费用，可以提供一个全新而又根本的视角来考察市场结构。路世昌、樊星、邵良杉在对产业集群交易费用分析的基础上，构建产业集群交易费用超边际模型和逻辑模型，并通过模型的超边际结构模式分析得出：产业集群有助于减少交易间服务费用和学习费用，使得交易费用降低，促进产业分工进一步深化，提高企业的竞争优势。

此外，国内的许多学者从交易费用内容的角度发展了交易费用理论。刘天祥(2007)、金玉国(2008)指出：从交易费用理论来看，企业的存在是对市场的一种替代。企业集团发展的本质是进一步节约交易成本。彭志群、赵坚(2008)认为较为合理地应用交易费用理论进而将引致产业的集聚和扩散。基于交易费用——功能比率的最小化的原理,(陆杉,2008)产业化发展的供应链理论也在我国得到了丰富和发展。吴晨(2009)认为中国实施的渐进式改革为交易费用经济学的引进、消化、深化及运用提供了难得的时机,并取得了令人瞩目的成绩,虽然这一理论还不是十分完善,但丝毫也不影响对中国经济改革的研究热情。李学(2009)则认为由于受契约的不完全性和交易费用的影响,市场化公共服务改革思潮所倡导的市场理性并不必然在现实中得到实现。陈扶宜、贾楠(2009)认为从提高城市化水平、缩小城乡差距、推进经济体制改革和政治体制改革等方面入手限制交易费用的过快增长。

在对交易费用理论的运用上,国内学者对交易费用的运用也拥有自己独到的见解,吴德进(2006)在基于交易费用的视角分析了企业间专业化分工与产业集群组织发展问题时指出:发生在产业关联企业间而不是企业内的专业化分工是产业集群组织发展的基本动力。大量的产业关联企业在区域内聚集发展,不仅能够降低企业内生交易费用,而且能够降低外生交易费用。徐长青(2007)运用交易费用理论分析了大学与产业科研合作的可能性时指出:尽管产学科研合作交易费用成本的高昂,但是通过不断进行高校制度创新,建立合理的学校经营制度,产学科研合作依然可行。张春娥(2008)在分析交易费用理论的基础上对旅游产业的形成和演进进行了经济学解析。陈柳钦(2006)认为,产业集群作为中间性组织形式之一,其存在和发展不仅可以用交易费用理论来解释,而且产业集群本身又可以降低交易费用。

2.5.1.3 林业产业化理论

在对国外林业产业化发展的研究中,汪祖潭等学者(1996)在对巴西人工林集约经营和管理考察报告中提到,巴西现有人工林大部分为私有企业集团或跨国股份制公司所有。这些公司都是林、工、商一体化经营。他们不仅拥有自己的工厂和金融资本,包括自主造林,自主采伐,自主加工利用,自主进出口贸易。这种林、工、商结合,一体化经营的体制,使营林生产者有了明确的经营目的和培育方向,同时又得到了公司雄厚资金的支持,减少了营林投资的风险性。反之,营林生产又保障了公司工业生产有稳定的充足的高质量的原材料供应,从而减少了公司工业原材料采购、运输和仓贮资金的支出，也较好地解决了林业科研为生产服务问题和营林生产效益返还问题。苏春雨、李怒云(2005)认为，美国国际纸业公司的林浆纸一体化的发展战略和经营模式，代表了发达国家林浆纸企业的经营模式，林浆纸一体化，各项业务相对独立又互为依存，形成从森林培育经营到终端产品较长的产业链，各项业务按照各自的特点充分发展，整体间相互配合，降低了总体成本，提高了总体效益。Jose. Antonio Prado、Carlos. Weber(2003)在《促进实现森林可持续经营的方法——智利的案例》一文中指出，智利是通过速生人工林(通过速生树种的使用使每一单位土地面积在一定时间内产生大量的木材)高效地创造森林资源最早的国家之一，采用的方法是林工贸一体化，人工林创造了新的资源，促进了森林工业的发展，从而带动了国际贸易的快速发展。杨守坤(2004)在考察新西兰林业发展时认为新西兰鼓励发展人工林、大力发展木材加工业和积极开拓林产品贸易市场的做法值得借鉴。美国惠好公司在20世纪30年代就认识到森林永续经营是公司的生命线，稳定的原料基地保证了工业巨额投资17%~18%的收益率。葡萄牙和澳大利亚也是由于纸浆和造纸工业发展才带动了人工林发展的(林迎星，2000；周昌祥，2000；张志达，1994)。

从上述国家的林业经营实践来看，林工结合是普遍采用的经营方式，主要有以下几种：第一种方式完全一体化，即组建林工联合企业统一经营，生产活动包括森林培育、木材采运和木材加工；第二种方式是准一体化，即林产工业企业同人工林所有者或经营单位签订长期的木材购销合同，以合同形式确定林业同工业在经济上的依存关系；第三种方式是锥形一体化，即林产工业企业自己营造和经营一定面积的工业人工林基地，作为工业原料的主要来源，其余原料来源通过同其他人工林经营单位签订合同而获得，形成自营基地与合同林基地相结合的原料供应体系。

由于我国对林业产业化的理论研究和实践运用较晚，大多数研究理论主要集中停留在林业产业化的概念研究，目前可归纳为以下几种有代表性的观点：1997年9月国家林业局产业司在山东召开的林业产业工作会议上提出的林业产业化是指“以国内外市场为导向，以提高经济效益为中心，正确选择林业主导产业并实行区域化布局、专业化生产、一体化经营、社会化服务、企业化管理，通过市场牵动龙头、龙头带基地、基地连林户的形式，把产供销、贸工林、林科教紧密结合起来，形成一条龙型生产经营的产业体系”。而华南农业大学蒋海(1998)等提出林业产业化是“以市场为导向，以林业产业系统的经济效益为中心，以高度分工基础上的专业化生产为条件，以现代科学技术为手段，将林业的产前、产中、产后诸环节通过产业链有机地联合起来，形成一个以主导产业为核心，以龙头企业为骨干的产供销一条龙、林工商一体化的完整的产业系统，实行林业的专业化、社会化、规模化生产，实现林业资源的有效配置和规模效益，使林业走向高产、优质、高效的现代化发展道路”。吴越(1997)提出，林业是大农业概念中的一部分，因此林业产业化的规定性与农业产业化是相同的，林业产业化包括：围绕主导产业的合理的区域经济规划；能带动农村经济其他方面发展的主导产业体系；市场机制和利益机制为纽带的各生产经营主体及各生产环节间的联系。而浙江林学院朱永法等学者提出，林业产业化是以森林资源为依托，以市场为导向，以效益为中心，根据市场需要，依靠科技手段，坚持多元化，林、工、贸、商、旅游业齐发展，以优势产业为基点，逐步发展其他产业，做到造林营林、木材生产、林产工业、多种经营“四根支柱”协调发展。东北林业大学教授耿玉德等(2001)认为，所谓林业产业化是指以市场需求为特征的社会需求为导向，以森林资源及环境产业为基础，正确选择主导产业和支柱产业，分区、分类生产，协同经营，实行企业化管理、社会化服务，形成上连基地、下连市场的由结构合理、有机构成的多条足够长的产业链组成的产业体系。王尚明(2003)认为林业产业化是以市场为导向，提高林业比较效益为中心，以龙头企业(基地)带动林农和林场为组织形式，优化组合各种林业生产要素，对区域主导林业产业实行专业化生产、系统化管理、社会化服务逐步形成种植、加工、销售、经济、科技一体化的生产经营模式。其核心是以林业产业发展来拉动森林资源培育，把林业产业发展作为生态环境建设的支撑以产业发展推动林业全局发展。徐桂英、苏胜利、周敏等(2006)研究指出林业产业化是指以市场需求和社会需求为导向，以生态、经济、社会效益为中心，以森林资源及生态环境产业为基础，正确确定主导产业和支柱产业，分区分类生产，协同经营，实行企业化管理、社会化服务，形成市场牵龙头、龙头带基地、基地连林农，产供销、贸工林、林科教相结合的一体化经营体系，是林业组织形式和经营方式的根本变革，是林业发展的一项重要战略举措。陈穆光(2007)在对湛江林业发展研究时指出林业产业化是当今发达林业国家普遍使用的一种将林地集约经营与林产品深加工紧密结合，从而形成林业产业链条的一种林业经营模式。许文兴、王春辉(2007)对黑龙江省林业发展研究中指出认为林业产业化经营是以市场为导向，以提高经济效益为中心，对林业产业建设确定主导产品，实行区域化布局、专业化生产、一体化经营、社会化服务和企业化管理，把产供销、贸工林、经科教紧密结合起来，形成一条龙的经营体系，实现多业并举，立体开发，充分发挥森林资源的综合效益，走可持续发展之路。胡伟、金颖若等(2008)对贵州林业发展研究时认为林业产业化是现代林业的标志，产业化的实施可以确保林业的生态、经济、社会3大效益得到最大限度发挥。林业产业化是符合林业可持续发展要求的现代林业经营模式，是实现林业可持续发展的重要途径。

另有一些学者对林业产业化的具体实现形式也进行了研究，雷加富(2002)在《论中国的森林资源经营》一文中指出，东南沿海地区是我国森林资源相对较丰富的地区，这一地区要以提高森林质量为中心，加大对中幼龄林抚育和林种、树种的改造力度，在这一地区的平原、丘陵地区要大力发展短周期工业原料林，可参照“法正林”的思想，按照农业经营模式，实现高投入、高产出的集约经营，鼓励公司加农户、林工、林纸结合，实现贸工林一体化。林业产业化必须整合林木培育并加以利用的内在联系，以产品加工企业为龙头，以资产和产品之间内在联系为纽带，以“公司＋林场(农户)”的形式把林业的加工、采运、营林联结起来(周昌祥，2000；张良谱等，2003；兰灿堂等，2000)。

此外，我国林业专家和学者辜天保(1971)、梁建平(2000)、崔先江(2002)、徐桂英(2006)等也对林业产业化概念及内涵进行了研究。

曾玲英(1999)认为在加快林业产业化的进程中，应着力抓好六个环节：第一，抓好观念更新，增强产业化认识；第二，抓好主导产业确立，明晰产业的发展方向；第三，抓好资源培育，夯实产业基础；第四，抓好龙头企业，带动产业运行；第五，抓好科技兴林，提高产业科技含量；第六，抓好扶持、引导，加快产业化进程。耿玉德(2002)还对林业产业化模式进行了总体设计，并对资源基地、主导产业及市场体系等进行了分析，提出了林业产业化发展的对策。大力推进林业与其他产业的融合，是实现林业产业化的新路径。杨文杰、葛超、陈晓非(2007)等对吉林省林业产业化探讨时指出林业产业化发展的三种模式：林业产业化过程中，提出了林业产业化3种模式：林业生态产业化模式、林木产品加工产业化模式、森林非木质资源利用模式。林业产业化经营的主要特征是：资源依托性；生态环保性；经济性和公益性；产业关联性(徐桂英，苏胜利，周敏，赵红梅，2006)。

综述国内外学者对林业产业化开展的大量研究中，对资本市场与林业产业化关系的研究极少反映。近些年来，林业产业化经营的目的是实现林业产业组织的合理化与林业整体效益的提高，资本市场是促进林业产业化发展的关键(谢红，2008)。我国学者对我国林业产业化发展的融资问题也有一定的研究。苑雅文、黄清(2008)认为我国林业企业普遍存在着生产规模小，加工链条短，技术落后的问题，森工集团产业集中度低，集团管理幅度过大，企业间经济联系松散，集团控制力差，存在"集而不团"的现象。高岚(2007)、谢永水(2006)、王春辉(2007)等认为由于林业生产周期长，经济效益受生态效益和社会效益的制约，中国林业发展面临的最大难题之一是资金缺乏。此外，林业产业化发展过程中还存在以下突出问题：一是基础薄弱，设施老化；二是资源短缺，发展不保；三是缺少支持，发展受制；四是机构不全，服务断层(蒋勇，钱栋宇，2008)。

2.5.1.4 规模经济理论

从经济学说史的角度看，一些重要文献为揭示规模经济的本质提供了有益的启示。早期的经济学说虽然还没有明确的"规模经济"概念，但已经认识到：生产规模的扩大会导致成本的下降和劳动生产率的提高，并对规模经济进行了初步的分析和阐述。斯密(Smith A.)以扣针制造业为例，分析了在一定规模基础上的分工对提高劳动生产率的作用，认为"劳动生产力上最大的增进，以及运用劳动时所表现的更大的熟练、技巧和判断力。似乎都是分工的结果"。米勒(Mill J. S.)认为，在很多情况下，大规模生产可以大大提高生产效率。他继承了斯密关于分工的观点，认为："当工作的性质允许，市场的规模足够大时，更需要进行细致的分工。企业愈大，分工也就可以愈细。这是大型制造厂存在的主要原因之一。"与斯密不同，穆勒从节约生产成本的角度论述了大规模生产的好处。他以邮政局的业务为例说明，用大生产体制代替小生产体制所节省的很大部分劳动，是资本家的管理劳动。

马克思批判地继承了斯密的观点，并做了进一步的发展。在分析相对剩余价值生产方法时，他指出，在协作生产中，较多的工人共同使用一部分生产资料，这些生产资料转移的总价值要同时分配在较大量的产品上，因此它们转移到单个产品上去的价值部分较小；工场手工业分工产生了局部工人和劳动工具的专门化，提高了劳动生产力；在机器生产中，机器使产品变贵的程度取决于产品的数量。一切规模较大的直接社会劳动都需要指挥，一旦从属于资本的劳动成为协作劳动，这种管理、监督和调节的职能就成为资本的职能。机器生产创造了一种"兵营式的纪律"。使监督劳动得到充分发展。

马歇尔(Marshall A.)第一次明确提出"规模经济"的概念。他用规模经济来解释报酬递增的现象。认为报酬递增的原因，是由于企业"扩大其不动产而获得了种种新的大规模生产经济，从而在相对低廉的成本上增加了产量"。他还系统地论述了大规模生产的主要利益，这些利益包括"技术的经济、机械的经济和原料的经济"等。他试图建立一个统一的、对称的规模报酬分析公式。并对各个方面作了系统的阐述，由此形成了迄今仍普遍流行的新古典经济学的规模报酬理论。他把组织看做是与土地、劳动和资本同等重要的生产要素。认为"组织的改进增大劳动和资本的使用效率"。而布洛克(1902)曾建议以"组织的经济"这个名词来代替报酬递增。强调组织改进对规模经济的重要性。

新制度经济学发展了从交易费用理论创新规模经济的理念。科斯(Coase R，1937；1960)认为，市场和企业是两种不同的资源配置方式，市场通过价格机制配置资源，而企业通过企业家的组织管理配置资源，前者需要支付一定的"交易费用"。而后者需要支付一定的组织管理费用。企业的产生是为了通过外部交易的"内部化"节约交易费用。随着企业规模的扩大，内部管理费用逐渐上升，当节约的市场交易费用刚好被内部管理费用所抵消，企业规模就达到一个均衡点，这一点决定了企业的边界。规模经济的产生是由于企业规模扩大而节约的交易费用大于增加的组织管理费用。威廉姆森(Williamson，1985)发展了科斯的观点，用交易费用的概念解释企业的纵向一体化，认为纵向一体化的关键在于资产的专用性，资产专用性越高，潜在的市场交易费用越高，纵向一体化的可能性就越大。

在规模经济理论的运用上，我国汽车产业、电机产业、电子信息、网络型产业以及流通产业等均产生规模经济效应。其中，于良春、姚丽(2006)利用规模经济理论分析我国民航业后认为，民航业是一个具有强规模经济性的产业。陈勇、王雪松(2006)认为我国汽车产业获得规模经济单纯通过扩大企业的组织规模与生产规模是无法实现的，而优化生产和经营的规模是企业成长有效途径。江茜(2009)分别从生产产量的规模经济实现程度、销售收入的规模经济实现程度、劳动生产率的规模经济实现程度、平均资产的规模经济实现程度分析我国电机产业的规模经济时得出我国电机产业的规模经济实现程度比较低的结论。徐伟、陈莲芳(2008)在分析电子信息产业的规模经济时指出，电子信息产业中大企业容易做大，该行业容易进入，但竞争激烈，也容易被淘汰，尤其是不具规模效益的小企业。中型企业在市场上占据着一席之地。近年来大企业数目较稳定，但规模有越来越大的趋势。尽管我国电子产业仍有很大的发展空间，尚未达到经济规模。李晨阳、欧国立(2007)分析网络型产业的网络效应时指出，网络型产业增长尽管存在离散性，但是却更注重内部协同性以及溢出效应。黄漫宇(2007)也运用规模效应理论实证分析了我国物流产业，得出中国流通产业规模经济效益并不明显这一结论。

综合以上文献可以发现，规模经济的根源在于，随着生产规模的扩大，生产资料价值在更大数量产品上分摊而带来的单位产品生产成本的节约，这一点在机器生产上表现得最为明显；分工和专业化的发展，有利于提高劳动生产率(杨国亮，2008)。但是，任何规模较大的生产活动都需要组织管理，而组织管理需要支付一定的费用，组织管理费用构成对企业规模和规模经济的限制。斯密讨论了一定规模生产中分工的利益，但未能正确区分生产组织内部分工和社会分工，因而没有认识到协作在规模报酬递增中的重要作用。马克思从简单协作、分工基础上的协作和机器生产等角度考察了生产规模扩大的内在机理，为进一步深入研究规模经济问题指明了方向。马歇尔对规模经济问题进行了全面分析。并对规模经济现象做了经典性的表述。但新古典学派由于把企业看作“黑箱”，缺乏对企业内部成本结构的分析因而对规模经济问题的探讨也无法深入，使规模经济问题本身也成为一个“黑箱”。尽管穆勒已认识到早期生产组织规模扩大带来管理成本的节约，马歇尔、布洛克等人已认识到组织管理因素对规模变动的影响，但新古典经济学过分倚重技术经济分析的传统始终没有实质改变，从而不能正确解释“规模”与“经济”之间的内在的和本质的联系。新制度经济学关于交易费用和企业边界的观点对研究规模经济有一定借鉴意义，但这一学说只是从交换的视角出发，将企业规模的决定归结为企业内部组织管理成本和外部市场交易成本的比较，忽略了企业的生产功能和生产成本，从根本上说，是企业“黑箱”论的延续，其应用范围和学术价值被远远夸大了。

2.5.2 产业集群理论

区位理论是对产业集群最早的研究理论之一。英国经济学家马歇尔(1981)从产业组织理论角度出发，在他的《经济学原理》一书中将相关部门的企业在特定地区形成的集群称为“产业区”，并把那些“有许多性质相似的小型企业集中在特定的地方所能获得的分工上的充分的经济”称为外部经济。克鲁格曼(2006)在《国际经济学：理论与政策》中进一步将外部经济的主要表现归为以下三个方面：首先是具有专业技能的劳动力市场；其次是在产业生产环节中的中间产品；最后是可以获得技术和信息。因此，目前他的观点已成为现在许多产业集群研究的基本假设——历史的偶然性，和重要的研究思路——外部规模经济和路径依赖，并为主流经济学所接受。法国经济学家弗朗索瓦·佩鲁(1955)于20世纪50年代在《略论“增长极”的概念》一书中提出了增长极理论，他指出现实世界中的经济要素的作用完全是在一种非均衡的条件下发生的，经济的增长首先出现于一些点或极核上，在增长的过程中，通过不同的渠道向外扩散。之后，法国经济学家布德维尔进一步完善了增长极理论，强调了城市经济综合体对经济增长的作用。美国战略竞争理论大师迈克尔·波特(M. Poter)从企业竞争力角度于1998年在《哈佛商业评论》中提出了产业群具有增强一国竞争力的“根基”(homebase)的作用。

在他先前的《国家竞争优势》(另又译作《国家竞争实力》)一书中也提出了具有优势的产业对一国的国际竞争力的重要作用，并且提出了著名的“钻石模型”。

对于产业集群的研究，还有很多是侧重于从物质资源要素以及人力资源领域进行，虽然近期沿着这个方向与有关通讯等交易成本要素也被纳入考虑之中(Krugan，1995；2001)，但这个方向的主流思想依然是从要素投入成本与收益关系对产业集群进行研究，因而生产的成本收益是其基本的出发点和归宿，产业集群的存在在于某种或某些要素的禀赋优势，即使是人力资源也被认为是一种可以在一定程度上等同于物的生产要素(Kruglnan，2001)。从制度安排角度出发，Scott 在 The Collective Order of Flexible Production Agglomeration：Lessons for Local Economic Development Policy and Strategic Choice 中通过运用交易成本理论，解释了产业群形成的机理。Harrison(1992)在 Industrial Districts：Old Wine In New Bottle 一文中强调了植根于地方社会的企业间的相互信任和经济关系。随着经济理论的发展，知识与信息传递在产业集群的研究中得到了重视，成为集群研究的内生变量，而且知识与信息的形式也得到了关注。阿罗(Kenneth J. Arrow)(1962)是最早尝试将技术进步作为经济发展的内生变量的经济学家之一。Cusmano(2000)在演化经济学的理论假设上，认为企业是异质的，技术互动是知识和创新的重要来源，企业学习互动的效率受企业拥有知识情况和认知距离的影响，探讨了运用演化互动思想研究集群内企业间相互学习的能力，这是在集群形成研究方面，从根本上切入微观机制的探讨。

对于产业集群的含义，在最近几年我国也有很多学者提出了自己的见解，不过主要还是引用国外的研究成果(雷声，2006)。比如钱志新认为，产业集群是在产业发展过程中，特定领域内相互关联的企业与机构在一定地域内的集中所构成的产业群。在他看来，这些产业群应同处于一个产业链上，呈现横向或纵向延伸的专业化分工格局，彼此具有紧密的共性与互补性，使得技术、人才、产业要素等资源能够充分共享。仇保兴(1999)认为产业集群就是一群自主独立又相互联系的小企业依据专业化分工和协作建立起来的组织，这种组织的结构介于纯市场和层级两种组织之间，它比市场稳定，比层级灵活。王缉慈(2001)也指出，集群是企业的空间集聚现象，它既有本地社区的历史根源，又经常取决于本地企业之间的既竞争又合作的关系集合。徐康宁(2001)和洪文生(2003)等学者认为产业集群是指在相同的产业高度集中于某个特定地区的一种产业成长现象。

长期以来，国内产业集群研究一直是区域经济研究领域的重点，近期研究主要集中在产业集群与经济发展的相互作用方面。其中，有的对具体的典型产业集群进行个案分析(李永刚，2001；杨建梅，2002；朱英明，2002；潘镇，2005；池仁勇，2005)，也有将产业集群理论用于对我国经济体制研究之中（林金忠，2001）。还有对产业集群理论和对区域经济发展趋势与产业集群关联的分析(王缉慈，2001；2002)。

近期对产业集群的形成机理方面的研究逐渐得到了更多的关注，其中，学习创新是一个重点。王缉慈(2001)等认为产业集群理论突出技术进步与技术创新，是一个聚集—学习—竞争的演进过程；顾远飞(2002)注意到，以知识共享和信任为基础的集群可以充分利用各种“明晰知识”和“默示知识”以降低信息交易成本；魏江(2004)对产业集群学习机制进行了分层次的研究解析。

还有是产业集群研究理论方法的创新，如将具有类比意义的生态学理论方法用于产业集群研究之中，如武晓辉(2007)采用生态位理论用于产业集群的对比研究；同时，武晓辉(2006)依据调查得到的数据，以具体产业集群为例，针对产业环境氛围、个体差异以及社会网络等，对影响产业集群内个体学习的有关因素进行了相关性分析并对其进行排序。金祥荣(2002)针对非特定性要素的多行业竞争采用生物种群竞争模型解释了地方产业集群的“分散”或“集聚”等。

在对产业集群的度量研究方面，朱宪辰等(2002)通过在对个案的关于集群发育过程的指标度量设计及其实施以及与浙江等其他省市的典型的产业集群的对比总结中得出了“有较明显的借鉴、学习效应”的结论。并在其《中小企业集群化特征与发育程度》一文中进一步对中小企业集群化特征进行了一般性的描述，初步提出了对集群化特征与发育过程以及发育程度的度量框架。朱英明(2002)采用公开统计数据对长江三角洲地区外商投资的产业集群与区域经济增长进行了统计分析。当前国内产业集群理论基本研究进展为：20 世纪 80 年代初实施改革开放政策后，我国各地区域经济的发展非常活跃。

随着产业集群在社会经济发展的作用不断增大，产业集群作为一种特殊的企业间网络形式已日益成为国内学者的研究热点，如梁琦(2004)的《产业集聚论》对产业集群现象进行了翔实的研究。另外，产业集群研究的一个新动向——企业集群风险开始受到关注。蔡宁、杨门柱、吴结兵(2003)对集群的网络风险进行了详细的研究。

2.5.3 林业产业集聚的内涵

产业集聚是提高产业国际竞争力的重要条件。国家林业局副局长雷加富在木博会开幕式上指出，作为我国林业产业集群又一新的板块，木博会要在推进全国木材工业乃至林业产业发展中发挥出积极而重要的影响。程宝栋、宋维明(2006)首先通过产业集聚的博弈分析，指出了产业集聚所具备的内在形成机制；然后从理论角度出发探讨了产业集聚对木材产业竞争力的影响：产业发展的区位品牌效应、资源利用的共享效应、产业的分工与合作效应、产业创新能力的提高效应等因素军队木材产业产生影响。通过对中国木材产业区域布局现状的测度，得出了中国木材产业只处于产业集聚初级阶段的结论。黄家铭、唐忠(2006)提出以森林工业为重点，发展林产工业产业集群。以资源培育为重点，发展后续资源产业集群。以市场营销为重点，发展林业信息产业集群。以森林公园为重点，发展森林旅游产业集群。由此可见，林业产业可以产生集聚。孙建(2008)在介绍了我国林业产业的发展现状后指出：林业产业的社会贡献率凸现，森林食品和药材、种苗花卉等新兴产业迅速崛起，产业集群逐步形成。桂俊煜(2008)基于价值链治理角度进行的林业产业集群问题理论和实证研究的状况，由于完整全面的研究林业价值链结构及治理问题具有很大的难度，在中观层面绝大多数研究者多采用相对单一的方法定性或定量的研究林业产业中发展中的局部问题，以产业集群的研究而言，产业集群的识别标准、集聚度和绩效评价都需要进一步深入。孔祥智(2008)则认为林业产业化龙头企业林业产业集群伴随着林权改革迅速发展。陈宏毅、于战平、刘杰(2008)还分析了创意林业产业集群的形成机制。此外，我国其他林业专家和学者分别从区域产业集聚的角度给予了分析，并得出自己的对林业产业集聚的观点。

在对江浙地区的产业集聚研究中，早在21世纪初，秦天堂、聂影

(2001)就开始分析了南浔地区林业产业发展的特殊现象。南浔拥有被誉为“华东地区最大胶合板集散中心”和“全国最大的实木地板产销基地”的建材市场。南浔木地板产业集群从产业分工度，可以分成制造业的产业集群和专业市场两个子集群。产业集群和专业市场的良性互动使市场拥有了产业的支撑而持续兴旺，也使产业得到了大力的发展。施蔚等(2007)就江苏杨树加工产业发展中存在的规模问题及其原因进行了深入分析，从产业集聚等方面提出了江苏杨树加工产业规模发展的具体策略。杨树加工产业是资源高度依赖型产业，重视原料基地的建设是杨树加工产业发展的必要前提。在加速集聚的过程中，要集中有限资源大力扶持发展新产品、大品牌、大企业，引导一批企业达到经济规模并发展横向经济技术联合。姜伟军(2007)提出浙江经济发展的主要动力来自于产业集群。浙江林业产业只有少数区域在木竹加工项目上形成了产业集群，其他项目虽有较大规模，但尚未形成真正的林业产业集群，与浙江经济的发展不相适应。应在现有基础上培育、发展林业产业集群，提高林业产业竞争力，实现可持续发展。要实现地方政府职能创新，建立和完善相应的支撑机构，促进林业产业集群的形成与发展。张金凤(2008)认为，近年来湖州市的林业产业化建设卓有成效，一二三产业发展迅猛，已构建了具有湖州地域特色的竹木主导产业、花卉苗木和森林旅游新兴产业、经济林常规产业三大特色产业集群。

在对闽赣地区的产业集聚研究中，孔凡斌、宋城英(2005)分析了江西省林业产业发展现状及存在的主要问题。研究认为，江西省林业产业基础良好，但是整体发展阶段仍然处于工业化、现代化初期阶段，制造业和林业第三产业发展相对滞后，产业结构矛盾突出。提出了振兴江西林业产业的主要策略和措施：变革传统的林业产业发展观，树立竞争意识和产品品牌意识，确定林产工业优先发展思路，大力调整林产工业结构，创新所有制结构，实施林产工业企业战略性结构调整，形成优势产业集群。石大立、叶玉琴(2007)以福建莆田林业产业集群为例，从分工的角度，运用制度经济学理论分析了在缺乏林业资源的地方，通过培育专业市场、促进产业集聚，获得内生比较优势的机理，为提升林业经济竞争力提供新的发展思路：莆田的林业专业市场不仅为加工业提供原材料和产品销路，而且降低交易费用、促进分工，有利于创立区域品牌、构建产业链、促进产业集聚，从而提升产业竞争力。陈益民、张智光(2007)在对南平市进行实地调查的基础上，通过案例研究和系统分析，提出要实现南平林业“十一五”规划目标，促进林业第二产业健康发展，实现集约型增长，应该全盘统筹，侧重从科学制定产业发展规划，大力发展主导产业；通过技术创新，延长产业链；推行清洁生产，提供绿色林产品；实施名牌战略，提升产品价值；培育产业集群主要是培育木竹制品产业集群、纸业产业集群，提高林业竞争优势等方面采取相应措施，积极应对。陈科灶(2008)分析了福建林业产业发展后指出尽管福建已经形成了南平竹木制品产业集群、三明林产加工产业集群、莆田木材加工贸易产业集群，集群优势初步显现，但是，产业集群规模小，产业集聚效应不明显，整体竞争力不强。提出了加强集群内企业的整合，制止产业内无序竞争，提高集群内企业间的相互协作水平的建议。刘文英(2008)在分析了福建三明市产业发展后认为，林业、冶金、机械三大产业集群是三明市重点培育、扶持的支柱产业。对三明市工业发展、增加财政收入和解决就业都具有举足轻重的影响。突破资源制约实现三大产业集群经济持续发展。林产品出口势头良好，在省外市场竞争力较强。

通过以上研究理论分析，本文认为，林业产业集聚主要是指基于现代化林业产业分工基础上的一定区域的林业产业，出于规模经济、市场份额扩张、竞争力优势增强、知识溢出等因素的吸引，通过政府引导或自发行为，使得具有前向、后向关系相关林业产业集中于某一区域，从而达到提高企业经济效益以及抵抗经济风险能力的目的，并最终提升区域内的企业或产业在区域中的竞争力。

3 广西林业产业发展现状

3.1 研究区域概况

广西地理位置为北纬 20°54′ ~ 26°24′，东经 104°24′ ~ 112°04′，北回归线横贯中部。南临北部湾，东连广东，东北接湖南，西北靠贵州，西与云南接壤，西南与越南交界。行政区域面积 23.67 万平方千米。

3.1.1 地形地貌

广西地处云贵高原东南边缘，地势由西北向东南倾斜，四周山地环绕，向东南呈开口盆地状，有"广西盆地"之称，盆地边缘多缺口，桂东北、桂东、桂南沿江有大片谷地。有中山、低山、丘陵、台地、平原和石山六种地貌类型，境内最高海拔猫儿山为 2142 米。海拔 800 以上的中山山地面积约 5.6 万平方千米；海拔 400 ~ 800 米的低山山地面积约 3.9 万平方千米；海拔 200 ~ 400 米的丘陵地约 2.5 万平方千米；200 米以下的台地约 1.5 万平方千米；谷地宽 5 千米以上，坡度小于 5°的山谷平地的平原，约 4.9 万平方千米；石山地区约 4.7 万平方千米。中山、低山、丘陵和石山约占广西陆地总面积的 70.8%。境内石灰岩地层分布广，岩层厚，质地纯，褶纹断裂发育，加上高温多雨的气候条件，形成典型的熔岩地貌。

3.1.2 山系水系

广西的山系主要有盆地边缘山脉和盆地内部山脉两类。边缘山脉主要有：桂北以凤凰山、九万大山、大苗山、大南山、天平山等为骨架，山系有猫儿山、越城岭、海洋山、都庞岭、萌渚岭等；桂东北有大桂山、大荣山、云开大山；桂南有六万大山、十万大山；桂西多为岩溶山地；桂西北为云贵高原边缘山地，有金钟山、岑王老山等。内部山脉主要有：东翼有东北—西南走向的驾桥岭、大瑶山，西翼有西北—东南走向的都阳山和大明山，两列山脉在镇龙山会合，构成完整的弧形。弧形山脉内缘，构成以柳州为中心的桂中盆地；弧形山脉的外缘构成沿右江、郁江和浔江分布的百色盆地、南宁盆地、郁江平原和浔江平原。广西河流众多，总长度约3.4万千米，水域面积约4700平方千米，分属珠江、长江、红河、滨海4大流域，以珠江流域为主，面积约占广西陆地总面积的68%。河流的主要特征是：山地型多，平原型少；水量丰富，季节性变化大；水流湍急，落差大；河岸高，多弯曲，多峡谷险滩。

3.1.3 气候水文

广西地处低纬度，面临热带海洋，北接云贵高原，属亚热带季风气候区。从北到南年均气温在17～24℃，太阳年总辐射量达90～100千卡/平方厘米·年，日均量≥10℃，积温在5000～8300℃之间，持续日数位240～358天；降水量1100～2800毫米，4～9月间降雨量占年降水量的75%，雨、热同季。

3.1.4 行政区域

现有南宁市、柳州市、桂林市、梧州市、北海市、防城港市、钦州市、贵港市、玉林市、百色市、贺州市、河池市、来宾市和崇左市等14个地级市，7个县级市，57个县，12个民族自治县，32个市辖区，750个镇，576个乡(其中61个民族乡)62个街道办事处，1555个居委会，14443个村委会。

3.1.5 行政区经济发展

广西属于中国西部地区，经济较为落后。2000年以来，广西各族人民在党中央和国务院的正确领导下，坚持以经济建设为中心，艰苦奋斗，经济建设取得了长足的进步，2000年国内生产总值为2050亿元，在全国31个省、直辖市、自治区中均名列16位，居中等水平。但由于广西人口众多，人均GDP在31个省、直辖市、自治区排名仍然很靠后。而到了2007年，广西国内生产总值到达5956亿元，同比2000年增长了2.9倍，经济建设取得巨大进步。

总而言之，广西地形地貌是“八山一水一分田，外加一片海”，热量充足，雨量充沛，交通便利，劳动力资源丰富，具有发展林业的良好条件。

表 3-1 广西国内生产总值及其构成

Tab. 3-1 Guangxi GDP and its Composition 单位：亿元、%

项目	2000 年	2001 年	2002 年	2003 年	2004 年	2005 年	2006 年	2007 年
国内生产总值	2050	2231	2455	2733	3320	4076	4829	5956
第一产业比重	26. 30	25. 20	24. 30	23. 00	24. 44	22. 39	21. 38	20. 83
第二产业比重	36. 50	35. 50	35. 20	36. 80	38. 80	37. 16	39. 72	40. 72
第三产业比重	37. 20	39. 30	40. 50	40. 20	36. 76	40. 55	38. 90	38. 45

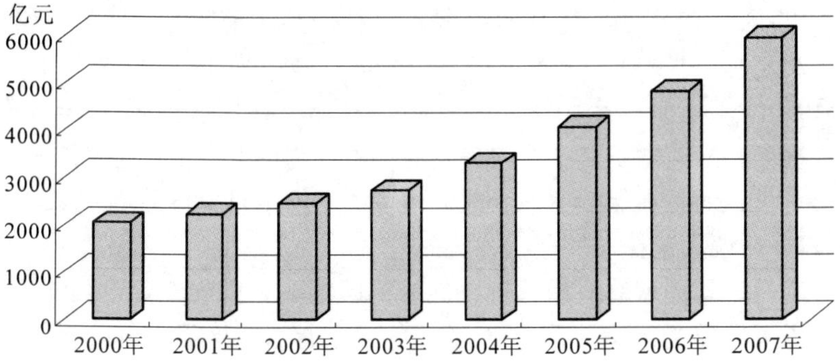

图 3-1 广西国内生产总值及其构成

Fig. 3-1 Guangxi GDP and its composition

3. 2 广西森林资源现状

3. 2. 1 广西森林资源现状

广西地处亚热带，年降雨量为 1250 ~ 1750 毫米，年平均气温在 17 ~ 22℃，雨热同季，无霜期长。林木平均生长率达 8%，相当于全国平均水平的 2 ~ 3 倍。(金大刚，2007)广西土地总面积 2366. 61 万公顷，山地、丘陵、台地占 74. 6%，水面、平地占 25. 4%，故有“八山一水一分田”之称。据森林资源连续清查第七次复查统计：林地面积 1509. 44 万公顷，森林面积 1252. 50 万公顷，占林地面积的 82. 98%，森林覆盖率 52. 71%。活立木总蓄积 51056. 78 万立方米，其中森林蓄积 46875. 18 万立方米，占 91. 81%。全区土地总面积居全国各省(直辖市、自治区)第 9 位，森林面积、活立木蓄积均居全国各省份第 6 位，森林覆盖率居全国第5位，人均森林面积0.2579公顷，是全国平均水平的2倍；人均森林蓄积9.651立方米，达到全国平均水平。以森林资源为原料的林产工业企业8千多家，全社会林业总产值达526.63亿元；国有林场151个，经营面积116.31万公顷，占广西国土面积4.91%；乡村集体林场，到1997年，发展到5966个，经营面积达88.45万公顷；初步形成了木竹加工、林产化工、林业造纸、林副产品加工及森林旅游为主体的林业产业体系和以自然保护区、森林公园及国有林场为主体的森林生态建设体系。目前，广西的人工林、经济林、速丰林面积以及八角、玉桂、茴油、桂油、桐油、松香等林产品产量均居全国第一(刘代汉，2006)。自2001年至2007年底全区累计发展人工速生丰产林1851000公顷，位居全国第一，全面完成“十五”计划目标，使全区速生丰产林面积迅速增长。林业快速发展，不仅为广西经济社会发展做出了突出贡献，而且在保护生态、改善环境中发挥了重要作用。

3.2.2 广西人工林发展现状

广西地处优越的地理位置，气候温暖湿润，阳光充足，雨水充沛，具有得天独厚的培育和发展人工林的自然地理条件。“十一五”期间，全区共完成人工造林和迹地更新面积100多万公顷，飞播造林面积近2万公顷，封山育林面积100多万公顷，低产低效林改造面积3.88万公顷。2007年底人工林面积由2000年的449.62万公顷增至600多万公顷。其中人工乔木林面积达400多万公顷，人工林蓄积由12093.24万立方米增至18000万立方米。

3.2.3 广西现有国有林场发展概况

广西现有国有林场151个。根据2001年林业分类经营划分，属于生态公益型林场48个，商品经营型林场103个；按隶属广西分有中央直属1个，自治区直属14个，地级市属10个，县(县市级)属126个。按地级市行政区域分布情况如表3-2所示。根据不同隶属划分，自治区级管理的14个，地级市管理的有14个，县(市、区)管理的123个。国有林场现有职工3.19万人，其中在岗职工2.54万人。离退休人员1.93万人。

表 3-2　广西国有林场分布表

Tab. 3-2　Guangxi national forest farm distributed table　单位：个

行政区域	按经营性质划分			按隶属关系划分				
	合计	生态公益型	商品经营型	合计	中央直属	自治区直属	地级市属	县属
合计	151	48	103	151	1	14	10	126
南宁	11	2	9	11	0	3	1	7
柳州	13	3	10	13	0	3	1	9
桂林	14	9	5	14	0	0	1	13
梧州	8	0	8	8	0	0	0	8
北海	4	2	2	4	0	0	2	2
防城港	3	1	2	3	0	0	0	3
钦州	4	0	4	4	0	1	0	3
贵港	6	1	5	6	0	0	0	6
玉林	12	5	7	12	0	2	1	9
百色	25	12	13	25	0	1	2	22
贺州	7	5	2	7	0	1	0	6
河池	16	0	16	16	0	0	1	15
来宾	13	3	10	13	0	1	0	12
崇左	15	5	10	15	1	2	1	11

从表 3-2 可以看出，广西国有林场主要分布在南宁、柳州、桂林、百色、河池、崇左、来宾等主要城市，8 个市的国有林场数达 119 个，占全区国有林场总数近 80%。15 个中央、自治区直属林场中的 9 个分部在柳州、南宁、崇左，桂林、河池、梧州、玉林、贵港、北海没有自治区直属林场。

3.2.4　广西外资林业企业概况

随着经济全球化发展，广西逐步实现林业产业的深化改革及对外放开，国际资本大量流向广西林业，以跨国公司为主体直接来广西投资建厂的形式越来越多，且规模越来越大。目前，投资于广西林业的外资林业企业数量很多。其中具有代表性的五家跨国公司是：①丰林国际有限公司；②嘉汉林业国际有限公司；③亚洲浆纸业有限公司(APP)；④王子制纸集团；⑤斯道拉恩索集团。这五家公司已在广西成立了各自的子公司，并已投资大量林业产业建设资金，现均具有一定规模的林地。2004 年 6 月，广西丰林林业集团公司与 IFC 公司合作入股共同投资丰林国际，双方共同出资 6130 万美元建设广西百色丰林年产 20 万立方米薄型高密度板和 33333 公顷速生丰产林项目；广西桂嘉林业有限公司成立于 1994 年 7 月，在广西主要经营造林，现已投入造林资金 5.59 亿元；APP 于 1995 年进驻广西林业，2003 年 7 月 APP 决定在广西打造中国最大的林浆纸一体化项目基地，计划投资总额达 500 亿元人民币；2001 年 11 月 30 日由两家世界 500 强企业日本王子制纸株式会社(90%)和日本国丸红株式会社(10%)共同投资的广西王子丰产林有限公司成立设立，在广西投资的资本金为 367 万美元；广西斯道拉恩索林业有限公司成立于 2002 年，并于 2006 年 5 月 22 日，林浆纸一体化项目在广西北海铁山港工业园落户，该项目总投资 220 亿元人民币。

3.3 广西林业产业体系建设

广西林业坚持生态优先，突出产业发展，步入了生态建设与产业协调发展、资源培育与开发利用同步推进、资源总量与林业产值同步提高的良性循环发展轨道，林业得到了长足发展。特别是林业产业取得了飞跃性发展，形成了具有广西特色、以大项目带动大工程，以大工程推动大发展，着力发展以林浆纸一体化、木材综合加工、林产化工、竹藤加工、林特副产品加工、森林旅游、花卉、野生动植物驯养繁殖利用等八大优势产业，实现了“以林促工、以工带林、林工一体”一、二、三产业齐发展格局。2007 年全区实现林业产业总产值 526.62 亿元，比上年增长 27.57%。其中，第一产业 299 亿元，增长 19%；第二产业 215.62 亿元，增长 42.28%；第三产业 11.99 亿元，增长 19.9%。林业第一、二、三产业产值增长对总产值增长贡献率分别为 41.95%、56.3%、1.75%。林业第一、二、三产业按产业总产值的构成比重分别为：57%、41% 和 2%。

3.3.1 大力发展第一产业，壮大地方特色经济

2007 年全区实现林业第一产业产值 299 亿元，比上年增长 19%，其中：林木培育与种植收入达 20.58 亿元，比上年增长 19.16%，占林业第一产业产值比重 6.8%；木材与竹材采运产值 60.94 亿元，比上年

增长36.75%，占林业第一产业产值比重20.38%；经济林产品的种植与采集收入151.51亿元，比上年增长6.06%，占林业第一产业产值比重50.67%；花卉的种植收入8.11亿元，比上年增长14.98%，占林业第一产业产值比重2.71%；沼气及其他产值53.66亿元，比上年增长49%。占林业第一产业产值比重17.94%。2007年全区营造用材林18.32万公顷，比上年增长7.99%。其中，营造速生丰产用材林15.76万公顷，比上年增长11.45%。全区商品材产量779.65万立方米，比上年增长28.35%，其中杉木产量274.34万立方米，桉木产量258.09万立方米，松木产量212.29万立方米；全区竹材产量21160.32万根，比上年增长2.38%，其中：毛竹产量6455.89万根，簕竹产量14704.43万根，小杂竹产量37.79万吨。

广西有林副产品400多种，许多产品产量居全国前列。松香、八角、玉桂、茴油、桂油、栲胶等林副产品产量全国第一，茶籽油产量全国第三，其中茴油、桂油产量占全国90%以上，分别占世界贸易量的80%和30%，广西现有实验灵长类养殖动物8万头，年出口1.5万头，养殖老虎1400多头，均居全国第一。2004年，防城区、苍梧、金秀、宁明、德保、那坡等地荣获国家林业局授予"中国八角之乡"，防城、藤县、岑溪等地荣获"中国肉桂之乡"，横县荣获"中国茉莉之乡"的称号。经济林产品喜获丰收。2007年收获木本水果528.37万吨，比上年增长14.19%，其中柑橘156.01万吨，龙眼40.69万吨，荔枝50.24万吨；干果与坚果产量24.56万吨，比上年增长10%，其中板栗6.16万吨；林产饮料产品2.96万吨，比上年增长12.11%；林产调料产品10.74万吨，比上年增长1.05%；八角8.42万吨，产量居全国之首。森林食品产量丰富，其中：竹笋干2.12万吨；木本药材5.25万吨；木本油料12.25万吨。林产工业原料52.98万吨，比上年增长15.84%，其中松脂43.51万吨，比上年增长12.8%，产量居全国之首（李潇晓，2009）。

3.3.2　不断深化林产工业体系，积极培育和扶持龙头企业

2007年全区实现林业第二产业产值215.62亿元，比上年增长42.28%。其中人造板制造业80.06亿元，比上年增长89.86%，占林业第二产业产值比重的37.13%；林产化学产品制造业42.84亿元，比上

年增长 37.07%，占林业第二产业产值比重的 19.86%；木竹浆造纸业 27.84 亿元，占林业第二产业产值比重的 12.91%；锯材、木片加工业 35.4 亿元，比上年增长 51.61%，占林业第二产业产值比重的 16.41%；木制品制造业 10.47 亿元，比上年增长 14.85%，占林业第二产业产值比重的 4.85%。到 2007 年止，全区共建成林产规模以上工业企业 650 多家，人造板生产能力 800 万立方米；竹木浆造纸生产能力 80 万吨；松香生产能力 60 万吨。

人造板制造业是广西林产工业的支柱产业，同时也是林板一体化建设的主体。北部湾经济区的建立为广西发展人造板制造业创造机遇。近几年来人造板产量快速增长，据统计，2007 年广西人造板产量达 659.17 万立方米，比上年增长 60.38%，为 2000 年 80 万立方米的 8.7 倍，1978 年的 1 390 倍，跨进了全国人造板大省行列，中纤板产量居全国第三，广西人造板工业实现了跨越式发展。在人造板产量中：胶合板 306.39 万立方米，比上年增长 73.3%；纤维板 263.54 万立方米，比上年增长 42.15%；刨花板 11.01 万立方米，与上年产量持平。其他人造板 78.23 万立方米，比上年增长 111.29%。在县域林产工业发展中，至 2007 年末，容县已建成投产的异型胶合板企业 65 家，年加工木材约 45 万立方米，年销售收入 6 亿多元，上交税金 1 200 多万元。“一块异型板带动一个大产业”，容县已成为我国异型胶合板的重要生产基地。荔浦县木衣架生产企业达 79 家，年产木衣架 8 亿多只，有 1000 多个品种，90% 出口美国、日本、韩国、澳大利亚、新西兰、西欧各国，近年来荔浦县的木衣架销售收入近 10 亿元。2006 年，荔浦荣获中国轻工总会“中国木衣架生产基地”称号，木衣架产业已成为该县的经济支柱产业。

木浆造纸业是广西林产工业体系建设的重点产业。制浆造纸是一个技术和资金密集、规模效益显著的产业，在国民经济中与众多产业的关联比较广泛。制浆造纸产业主要原料是木材，自治区人民政府在对外开放加快引进国外资本、技术、管理经验的同时，从广西实际出发，招商引资引进了日本王子、香港桂嘉、印尼金光、芬兰斯道拉恩索等国内外林浆纸一体化的商家财团。经过十多年的努力，到 2007 年广西速丰林面积达 160 多万公顷，其中速丰桉 93 万多公顷，为“沿海林浆纸一体化"项目打下了良好的资源基础。北部湾经济区建设林浆纸一体化项目是北部湾经济区建设的重点项目之一，印尼金光集团还投资400亿(人民币，下同)元建造了年产180万吨浆、310万吨纸的林浆纸一体化企业，投产后年总销售收入224亿元，上缴税款18.8亿元，2007年底，30万吨浆、60万吨纸的第一期工程即将竣工、运行；钦州金桂林浆纸一体化项目纸浆厂正在建设当中；芬兰斯道拉恩索公司在北海铁山港投资220亿元，年产浆板120万吨、纸90万吨项目已完成前期工作（黄永平，2008）。

林产化学制造业是广西林产工业体系的主要组成部分。广西是全国最大的林产化学产品生产和出口基地，林化产品产量居全国首位，松香、栲胶产品产量占全国松香总产量的50%以上，同时也是广西林产工业的优势产业之一。2007年广西林产化学工业产值42.84亿元，比上年增长37.07%。一直以来广西是我国松香最主要的生产省份，2007年，广西松香产量59.1万吨，比上年增长46.29%；松香深加工产品5.07万吨，比上年增长51.65%；松节油产量3.67万吨，比上年增长34.67%；栲胶产量0.86万吨，比上年增长2.08%。广西年出口松香、松节油和深加工产品30多万吨，占全国总产量的40%，出口量占全国的50%，占世界贸易量的35%，出口创汇近1亿美元(周泽建，2007)。

3.3.3 加快第三产业发展，继续推进生态文明建设

2007年，广西林业认真贯彻落实《国家林业局关于加快森林公园发展的意见》，进一步加强森林公园的开发建设管理，规范设立自治区级森林公园行政许可项目，积极开展森林公园"全国生态文化教育基地"的申报和建设工作，推进我区生态文化的繁荣发展。据不完全统计，2007年全区已建立森林公园48个，其中国家级20个，自治区级22个，市(县)级6个。林业旅游收入5.48亿元，旅游人数621.19万人次，直接带动其他产业产值17.65亿元。广西将大力推进以森林公园、自然保护区和湿地公园为主的森林生态旅游产业发展，到2010年森林旅游景点接待游客量达800万人次，直接旅游收入5亿元，带动社会旅游收入40亿元。

3.3.4 加速林产品贸易进程，积极参与国际竞争

2007年广西林产品进出口贸易总额为48476万美元，比上年增长

55.92%。其中：林产品出口额31235万美元，比上年增长18.86%，林产品进口额17240万美元，比上年增长258.31%。林产品进出口贸易顺差13994万美元。木质林产品、纸及纸制品及松香类制品出口额占林产品出口总额比重分别为：48.9%、12.7%和38.34%，其中，木质林产品出口额占林产品出口总额的比重由上年的40.88%上升到48.9%，占全区林产品出口的主导地位，松香产品出口额占林产品出口总额的比重由上年的45.65%下降到38.34%。

3.3.5 加大林业产业投资，充实林业产业建设资金

2007年广西林业发展围绕生态体系、产业体系和生态文化体系的建设目标，不断加大对广西林业产业的投资。2007年争取中央与自治区本级资金投入18.80亿元，比上年增长8.14%。林业第一、二、三产业投资占总投资的比重分别为23.51%、76.28%、0.21%。其中：中央资金14.07亿元，比上年增长4.26%，自治区本级投资4.73亿元，比上年增长21.57%。2007年广西林业行业完成固定资产投资103.45亿元，比上年增长41.28%，其中第一产业24.32亿元，比上年增长5.14%；第二产业78.91亿元，比上年增长58.31%，第三产业0.22亿元。

此外，随着东盟博览会落户广西以及泛北部湾经济开发区建设的不断深入，广西林业开放程度不断扩大，招商引资成效显著。广西林业主动顺应全球化发展趋势，不断扩大对外开放，林业投资呈现多元化发展格局。2007年广西获得世界银行贷款，实施并建设了16亿元的广西林业综合发展和保护项目。在国内外资本的带动下，广西林业社会固定资产投资103亿元，同比增长41%。非公有制经济成为社会投资主体，广西80%以上的造林面积以及90%以上的林业二、三产业的企业属于非公经济。招商引资带动了区域林业经济的发展。

3.3.6 努力培育林业产业品牌，提升广西林业产业核心竞争力

近年来，广西林业产业大力培育名牌产品和龙头企业作为林业产业发展的战略重点之一，积极引导企业组织标准化生产。在2006年年底，三威林产工业有限公司荣获“中国名牌产品”、“国家免检产品”、2006年度“广西名牌产品”荣誉称号；丰林林业开发有限公司荣获“国家免检产品”、2006年度“广西名牌产品”荣誉称号；高峰人造板有限公司荣获

“国家免检产品”、2005 年度“广西名牌产品”荣誉称号；荔浦利林木业有限公司荣获 2005 年度“广西名牌产品”荣誉称号；梧州松脂股份有限公司荣获 2005 年度“广西名牌产品”荣誉称号；梧州日成林产化工有限公司荣获 2005 年度“广西名牌产品”荣誉称号；林业荔浦纸业有限公司荣获 2004 年度“广西著名商标”荣誉称号；贺达纸业有限责任公司荣获 2004 年度“广西著名商标”荣誉称号(李建新，2008)。

4 广西林业产业集聚水平分析

4.1 产业集聚的动因分析

尽管产业集聚具有历史的偶然因素，但是，在经济发展过程中，规模经济、市场份额扩张、增强竞争优势等原因均成为产业集聚的真正诱引(臧旭恒，2007)。

4.1.1 产生规模效应

规模经济是指企业随着生产规模不断扩大而使得单位产品成本下降，最终实现企业收益上升的现象。规模经济分为内部规模经济和外部规模经济。英国经济学家马歇尔首次提出了外部经济的概念。他认为外部经济是由全社会的分工作为一个整体产生，而不是由一个企业或部门的规模产生的。而内部规模经济是在一定技术条件或生产要素投入价格相对不变的情况下，单个企业在生产或经营单一产品过程中，由于企业生产规模不断扩大而减少了产品生产或经营的单位成本而产生的经济性。对于产业集聚来说，其产生的规模效应的体现主要是企业外部规模经济。在科技进步和市场竞争日渐激烈的情况下，具有批量生产实现规模经济的广西林业企业(特别是林产工业企业)，市场的风云变化使其难以继续实现内部规模经济。基于对价值链的理解与应用，广西林业企业具有前、后向关联性并可以实现在一定区域空间内的集聚，促进了营林、林浆纸、林化、木材加工等具有前后向关系的企业的科研、生产与销售等活动的合作，从而实现企业继续保持市场份额或开拓新市场。

从企业对内部经济规模来看，在一定的生产技术条件下，每一个企业均存在最佳的生产规模，当产生产业集聚时可以使得产业区内的企业获得更大的经济效益。设两个企业通过合并使得：

$$\frac{c(q_1 + q_2)}{(q_1 + q_2)} < \min\left(\frac{cq_1}{q_1}, \frac{cq_2}{q_2}\right) \tag{4.1}$$

则产业集聚使得企业对市场控制权增加了：

$$\left(\frac{c(q_1+q_2)}{(q_1+q_2)}-\min\left(\frac{c(q_1)}{q_1},\frac{c(q_2)}{q_2}\right)\right)(q_1+q_2) \tag{4.2}$$

因此，当产生产业集聚时，产业区内的企业可以通过实现规模经济，来达到产业经济效益增效。

4.1.2 市场份额扩张效应

假设某一产业区只存在两个林业企业：企业1和企业2。它们生产相似的产品，有得到所有生产要素的同等机会，产品在市场上的价格由两个企业的产量决定，则追求利润最大化目标的两个林业企业在产品市场上进行的就是古诺博弈。

假设 $q_i \in [0,\infty]$ 代表第 i 个企业的产量，$c_i(q_i)$ 代表成本函数，$p = p(q_1+q_2)$ 代表逆需求函数，则第 i 个企业的利润函数为：

$$\pi_i(q_1,q_2) = q_i p(q_1+q_2) - c_i(q_i), i = 1,2 \tag{4.3}$$

其纳什均衡 (q_1^*, q_2^*) 需满足：

$$q_1^* \in \operatorname{argmax}(q_1,q_2^*) = q_1 p(q_1+q_2^*) - c_1(q_1) \tag{4.4}$$

$$q_2^* \in \operatorname{argmax}(q_1^*,q_2) = q_2 p(q_1^*+q_2) - c_2(q_2) \tag{4.5}$$

令上两式的一阶导数为零，则有

$$\frac{\partial \pi_1}{\partial q_1} = p(q_1+q_2) + q_1 p'(q_1+q_2) - c'_1(q_1) = 0 \tag{4.6}$$

$$\frac{\partial \pi_2}{\partial q_2} = p(q_1+q_2) + q_2 p'(q_1+q_2) - c'_2(q_2) = 0 \tag{4.7}$$

若假定两企业都具有相同的不变单位成本，即：

$$c_1(q_1) = c \cdot q_1, c_2(q_2) = c \cdot q_2 \tag{4.8}$$

需求函数为线性形式：$p = a - q_1 - q_2$，代入上面两式可得：

$$a - (q_1+q_2) - q_1 - c = 0 \tag{4.9}$$

$$a - (q_1+q_2) - q_2 - c = 0 \tag{4.10}$$

得其反应函数分别为：

$$q_1^* = R_1(q_2) = \frac{1}{2}(a - q_2 - c) \tag{4.11}$$

$$q_2^* = R_2(q_1) = \frac{1}{2}(a - q_1 - c) \tag{4.12}$$

解得纳什均衡为：

$$q_1^* = q_2^* = \frac{1}{3}(a - c) \tag{4.13}$$

相应利润为：

$$\pi_1(q_1^*, q_2^*) = \pi_2(q_1^*, q_2^*) = \frac{1}{9}(a - c)^2 \tag{4.14}$$

因激烈的市场竞争而使得两个林业企业形成一个利益共同体，这时最优产量和均衡利润可通过下式求得：

$$\max\pi = Q(a - Q - c) \tag{4.15}$$

据其一阶导数为零，可得 $Q^* = \frac{1}{2}(a - c) < q_1^* + q_2^* = \frac{2}{3}(a - c)$；而其利润 $\pi^m = \frac{1}{4}(a - c)^2 > \frac{4}{9}(a - c)^2$。于是通过林业企业之间的合作可给产业区域内的企业带来 $\frac{1}{4}(a - c)^2 - \frac{2}{9}(a - c)^2 = \frac{1}{36}(a - c)^2$ 的市场需求控制的增加。显然通过产业集聚，产业区内的企业合作水平增加，林业企业对市场份额将实现扩张而给企业带来更大的经济效益。

4.1.3 促进竞争优势增强

具有前、后向关联的林业企业在一定区域空间内的集聚，可能通过竞争优势转移而产生更大的收益。在竞争激烈的市场中，产品差异、品牌、特殊的销售技能、专利技术、优越的组织结构以及利用低息资本的能力等均可以成为林业企业的竞争优势。按照 $C-D$ 原理，把这些竞争优势分成两种，一种是林业企业经营管理技术优势，是由林业经营管理者的能力决定的；另一种是林业生产技术的优势，是企业科技进步或行业水平决定的。通过产业集聚可以实现产业区内的企业实现增强竞争优势。

取 $C-D$ 生产函数作为两个企业的生产函数模型，即：

$$q = A \cdot L^{\alpha} \cdot K^{\beta} \tag{4.16}$$

其中 L 代表劳动力，K 代表资本。

现把 A 分解为 A_m 和 A_p，其中 A_m 代表林业经营管理技术水平，A_p 代表林业生产技术水平，则有：

$$q = (A_m + A_p)L^{\alpha}K^{\beta} \tag{4.17}$$

设企业 1 和企业 2 的生产函数分别为：

$$q_1 = (A_{m1} + A_{p1})L^{\alpha1}K^{\beta1} \tag{4.18}$$

$$q_2 = (A_{m2} + A_{p2})L^{\alpha2}K^{\beta2} \tag{4.19}$$

在未发生产业集聚时，两个林业企业的经营管理技术水平 A_m 和林业生产技术水平 A_p 各不相同，由于两者处于竞争状态，因此，很难使两个林业企业产生合作并共享每个企业所拥有的竞争优势(A_m 与 A_p)。如果发生产业集聚现象，则为两个林业企业之间竞争优势的转移提供了条件。一般情况下，产业集聚使 A_{m1} ，A_{m2} 逼近 $\max(A_{m1},A_{m2})$ ，而 A_{p1} ，A_{p2} 逼近 $\max(A_{p1},A_{p2})$ ，结果使两个部门的 (A_m,A_p) 都增加，也就是说通过产业集聚使具有前、后向关联的两个林业企业均实现了(管理和生产)技术的跳跃。由此可见，产业集聚增强了林业企业的竞争优势。

4.2　影响广西林业产业集聚变动的因素分析

从理论是上讲，影响广西林业产业集聚因素是有规律可循的。自然资源禀赋、政府宏观政策引导、交通运输成本、科技发展与技术进步、知识溢出和产业自身因素构成等均对产业集聚产生重要的影响。

4.2.1　自然资源禀赋

自然资源禀赋是林业产业集聚的原动力。自然资源禀赋是林业企业生产要素的重要组成部分，其分布状况对产业的空间布局产生了基础性的引导作用，当地的自然资源禀赋决定了一个区域最初的林业产业结构形成。由于自然资源禀赋的稀缺性及其分布的非均衡性，企业发展必然将产生交通运输成本和相关的交易成本等。依据经济效益最大化原理，林业企业为获得最大利润必须合理地控制成本，因此，在选址时，受资源条件的限制，国有林场建设没有对选址的不会有太大的要求，但是，对林产工业企业来说，首先考虑的就是选择是否拥有丰富的自然资源禀赋的区域作为生产基地，其次还要考虑自然资源供应是否便利。由此可见，早期的林业工业的产业集聚得益于各地在自然资源禀赋优势。直到现在，林业企业特别是林产工业仍然以自然资源禀赋供给的便利性作为选址的标准之一。当然，自然资源禀赋是一种资源，并非取之不尽用之不竭的。随着集聚规模的愈来愈大，进入广西的林业企业不断增加，势必造成自然资源禀赋供应紧张，从而可能成为制约区域林业经济发展的瓶颈。然而，随着技术进步，尤其是交通和通讯技术的发展，自然资源在产业集聚形成中的影响力逐步趋于减弱。可见，林业产业集聚与自然资源禀赋并非是一种简单的对应关系。自然资源禀赋与林业产业集聚之间的关系是非常复杂的，随着林业生产技术、市场等因素的改变，会产生新的资源禀赋，而新资源将起到自然资源禀赋短缺性的极大互补作用，这些新的资源禀赋也将影响区域林业产业集聚演变。如果说以基本生产要素为主建立起来的产业集聚是利用了某个方面的纯资源优势，从而获得了一定的静态比较优势而区别于自然禀赋，那么新型的以创新和知识等高级要素(无性繁殖技术以及更先进的生产工艺)为主形成的产业集聚则建立了更具生命力的动态竞争优势，这种优势的取得是培养其长久竞争力的根本支持要素。而且这种新型的资源优势正日益成为广西林业新一轮经济增长的主要动力来源。因此，自然资源禀赋对林业产业集聚形成的发展起到一个基础性的作用但并非是决定性作用。

而从现有的自然资源禀赋来看，广西林业产业具有比较强的资源优势，这些资源禀赋为广西林业产业集聚提供了坚实的物质基础。总而言之，广西所具有的“八山一水一分田，外加一片海”的地形地貌，热量充足，雨量充沛，交通便利，劳动力资源丰富，广西所具有的得天独厚的自然资源禀赋优势为广西林业产生产业集聚创造了条件。

4.2.2 政府宏观政策引导

波特认为，在产业集聚的萌芽和成长初期，通常是自然形成的，并无政府政策的影子，但产业集聚一旦成型，政府就有强化它的责任；在产业集聚的形成过程中，地方政府扮演着不可或缺的角色。就目前国际上存在的产业集聚区域而言，无论是欧美发达国家的产业集聚区，还是中国、印度等发展中国家的产业集聚区在形成发展过程中，相当比例的产业集聚的形成和演变都受到了政府政策的引导甚至是强制力的影响。而对于广西林业产业发展来说，首先，政府通过提供公共产品和完善基础设施来提高集聚企业的经济效率和集聚区的吸聚力。广西自治区政府规划北部湾经济开发区为林浆纸一体化生产基地、贵港和玉林等地区规划为木材加工基地、桂林为水果业以及林产手工艺品生产基地、梧州地区规划为林化产业发展基地、贺州市规划木材物流园，政府及其行政主管部门的这些规划行为使林业产业获得了外部经济效应从而促进了林业产业集聚。在产业集聚区内，广西区政府兴建了大量的公共物品和完善了很多基础设施，这些公共产品的共享和完善的基础设施不仅可以为集聚林业企业节约生产成本，提升生产效率，提高经济，而且客观上也增加了区域对区内外乃至国际企业的吸引力，吸引了诸如丰林国际有限公司、嘉汉林业国际有限公司、亚洲浆纸业有限公司(APP)、王子制纸集团、斯道拉恩索集团等知名的国际林业集团及其相关的产业进入本区域，从而产生林业产业集聚，提高产业集聚优势和竞争力。其次，广西自治区政府为林业产业集聚区所有企业营造公平竞争和合作环境，政府制定的有关广西林业产业发展的宏观政策为产业集聚区的企业创建了沟通技术信息和市场信息的平台，构建集聚区的企业与政府相关机构之间联系的机制，免费为集聚区内的林业企业提供经济发展指导服务，构建有利于企业开展分工和协作的网络。第三，政府制定保障市场经济正常运转和公平有序的规则。尽管政府规制具有与直接干预企业经济活动的政企不分旧的经济制度的性质，但是，在市场经济条件下，政府及其行政主管部门为广西林业产业发展的所作所为更多的是一种宏观调控和监管。

4.2.3 交通运输成本

交通运输的便利与运输成本的降低是吸引广西林业产业集聚的原因之一，运输成本的高低约定了生产要素流动范围和服务范围。Weber 是第一位系统地研究工业集聚理论的经济学家，Weber 的区位理论认为，集聚只是区域因素引起的结果，而运输成本是首要的区位因素。林产工业的发展便是与之理论的重要体现。交通业的发达带动了林产工业以及与其有前向和后向关联的营林、森工企业以及林产工业市场的繁荣发展，这些企业和市场大部分都与交通发达的地区具有千丝万缕的关系，或者集聚于与交通网络比较近的地方，由此产生集聚效应，引起典型的外部经济和规模经济。然而，广西自治区政府对基础设施建设的重视以及科技进步促使了广西交通越来越发达，铁路横穿东西、贯穿南北，发达的公路网让广西陆路四通八达，优良的海港成为大西南林产品出海的便捷通道，广西林业企业运输成本因此将逐步下降，不断促进生产要素、产品和服务的流动型增强，自然资源禀赋优势观念在产业集聚中的重要性逐步淡化。尽管交通运输的便利性给予广西林业产业带来了企业运输成本下降的优势，为林产工业提供产业集聚的机遇，但是，对于营林企业来说，其与生俱来的发展条件并未因此产生集聚现象。

4.2.4　科技进步和管理水平提高

科技是第一生产力，科技进步促进经济结构调整与优化，区域科技水平的高低使广西林业企业特别是林产工业区位敏感点产生较大差异。①从对影响资源禀赋的角度来看，林产工业企业对区位选择是有成本的，但是，无性繁殖技术、先进的林业工业设备以及生产工艺水平等科技进步提高了对森林资源的生产、加工利用水平，延伸了林产品的产业链，提高了林产品附加值，增强了林业企业的经济效应，加强对区外的生产资本、劳动力、自然资源等生产要素的吸引，不断提高区位的集聚容量，促进了原有产业的持续发展。②科技进步的效果提高了林产工业企业对林产品研发与林业发展技术储备的重视。科技进步吸引了产业集聚，林业无性繁殖技术进步使林业生产周期缩短了 2～3 倍，森林资源生产经营水平不断提高，为营林生产向产业发展源源不断地提供物质生产要素。随着外资资本的强势进入以及先进的林产工业生产技术的不断引进，广西林业产业的生产技术水平不断提高，知识溢出效应使得林业自主研究能力和水平得到提升，桉树等速生丰产林等的生产技术的创造效益日渐显现，科技进步在林业企业生产经营中的地位越显重要，广西林业日益认识到新产品研发和生产技术创新成为林业企业存在和发展的关键。进而，推动林业科技进步快慢又有赖于林业产业集聚水平的提高，高度产业集聚可以促进研发规模投入和科技研发队伍的不断壮大。在某种程度上，林业科技进步促进了产业集聚。③先进的经营管理理念转变了企业的生产经营方式。广西林业发展经历了垦荒造林阶段、采育结合阶段和多种经营体制。在垦荒造林阶段(20 世纪 70～80 年代中期)。主要是垦荒造林和中幼林抚育、管理，每年的生产资金由中央政府或地方政府实行直接投资拨款，林场管理费部分则实行事业费预算拨款。整个管理体制属于计划经济体制。20 世纪 70～80 年代中期，广西林业进入采育结合阶段。林业生产以第一代林木陆续进入间伐、主伐，林场生产以采伐更新为主。木材生产按国家下达的任务进行，国家对林场管理按“差额拨款”事业单位对待，林业企业开始实行企业化管理，但管理体制仍是计划经济体制。1986 年以来，广西林业进入多种经营管理。从此以后，广西林业不断加快发展步伐，进入林业经济起飞阶段。国营林场经营逐步形成了“以林为基础，林、工、贸齐发展”的格局，实现了由传统林业向现代林业的转变。这一阶段林业经济收入逐步由单一的木材收入向木材生产、木材加工、林产化工、林浆纸一体化等多种经营跨越。林业企业内部管理经历了由生产定额管理向生产承包经营责任制转变。林业企业出现了“自营经济”、“股份制”、“股份合作制”、“公有经济”、“私营经济”并存的局面。

4.2.5 知识溢出

新经济地理学家认为，产业集聚具有历史的偶然性。国内外经济学家通过对产业集聚研究发现，这种偶然中实际上也蕴含着某种必然，知识溢出效应是产业集聚区企业集聚的重要动力之一。经济学家马歇尔指出：知识溢出是驱动产业集聚的重要力量，产业集聚具有外部性，知识与信息的外部性是导致产业集聚的重要原因，并且产业集聚的层次越高，知识溢出的作用就越重要。集聚是一个知识的转移和共享过程：一是共享过程聚集场所的集中；二是转移为双向交流。其中“集中场所”是产业集聚区的知识蓄水池，任何一个企业均可以在知识持有者不在现场的情况下能够实现显性知识转移；“双向交流”是指企业的隐性知识与个人技能密切相关，隐性知识的互补性越强就越需要空间上的接近。隐性知识的转移和共享需要面对面的接触和连续地、重复地交流和联系。由于面对面的接触和交流可以降低隐性知识交换的成本，因此，空间接近就显得尤为重要。

产业集聚与知识溢出存在着互动机制与内外交流机制。首先，产业集聚区内的产业之间的知识溢出存互动效应。一方面产业将自己的部分知识技术溢出，这种外溢有可能是主动的也有可能是被动的；另外一方面又通过这种知识技术的流动获得其他产业的外溢知识，各个产业将自身的知识与其他产业的外溢知识进行整合。其次，产业集聚区与外部也存在知识交流与互动效应。尽管产业集聚中的特定性知识具有一定的根植性，但这并不意味着特定性知识是交流与发展仅仅局限在产业集聚内部，而是这些特定性知识以产业集聚区作为一个整体，在物流、信息流、资金流等方面与集聚区外的企业进行交流与互动。事实证明，这些特定性知识在集聚区内的共享与在产业集聚区外的交流，通过不断地相互促进推动了创新的过程。其次，产业集聚与知识溢出存在积累与循环效应。知识在空间的流动是有成本的，产业集聚的知识溢出根植特性使产业集聚区的企业不断共享与交流溢出的知识，这些知识共享与交流中不断得到创新与发展，促进了区域的科技进步，与此同时，又带动了区域资本和劳动的流动，使产业集聚区的企业产生更高的集体效益、更大的关联强度、更丰富的社会资本和空间接近程度，提高基于知识的产业集聚能力，形成产业集聚独特的竞争优势。

4.2.6 企业自身运行状况

企业自身的运行状况影响着企业区域的选择。首先是企业自身因素，根据企业生命周期理论，任何企业都将经历产生、成长、成熟和衰退的客观发展过程，处于不同阶段的林业企业发展速度不同，不同的生命周期的企业的竞争力不同，因而，应用齿轮效应，产业集聚可以避免林业企业间的激烈竞争，通过知识溢出效应，以强扶弱，弱势林业企业可以在具有较强竞争力的企业的知识溢出的支持下不断发展壮大，或者企业通过产业集聚还可以实现强强联合，促进产业集聚水平不断提高。比如由于地理位置处于劣势以及经营管理不善的林业企业，其经济一蹶不振，但是桉树的技术进步以及丰林国际有限公司、嘉汉林业国际有限公司、亚洲浆纸业有限公司(APP)、王子制纸集团、斯道拉恩索集团等国际林业集团的进驻广西为林业企业带来了大量的发展资金以及先进的生产技术，企业在吸取国内外先进技术的基础上，通过经营管理的自我改善，逐步实现不断发展壮大。其次，林业产业特征对产业集聚模式产生一定的影响。按照生产要素的组合比例和密度来划分产业的类型，可以分为劳动密集型、资本密集型和技术密集型。产业的不同特征导致企业对区位选择敏感点的不同。比如劳动密集型营林企业对劳动力的需求比较敏感，往往会倾向于劳动力成本低廉的林场基层分场等营林生产区域，有些劳动力密集型产业由于其手工性较强，对有手工技术的工人非常敏感，所以在区位选择上，广西林业的手工艺产业会倾向于具有历史和文化渊源的桂林等区域；而技术密集型的林产化工和林浆纸企业，由于高科技人才的供给是这些产业部门的立身之本，它们对科研机构云集南宁市以及国家重点建设的北部湾经济开发区等地区感兴趣；资本密集型产业则会考虑政府给予优惠待遇以及交通条件便利运输成本较低的地区，比如陆路和海运均比较发达的北部湾经济开发区等。

总之，随着社会不断向前发展，科技的不断进步，人民生活水平不断提高，人们对林产品需求逐步呈现多样化、个性化。科技进步促进了林业企业生产技术的变革，企业的区位选择标准也发生了转变，企业经济活动的约束条件随之发生改变。在市场策略作出重大调整，林业企业的区位选择也将产生重大变化，这充分说明了产业集聚是一个动态过程。

4.3 广西林业产业集聚水平的实证分析

产业集聚水平的科学度量是产业集聚实证研究的基础和出发点。从20世纪90年代，国内产业集聚研究开始逐渐增多，但多集中在国外产业集聚理论的介绍，而实证性研究却相对缺乏，而且基本属于描述性的，按照标准的统计学方法和经济计量方法，对产业集聚的研究仅有少数几项(吴学花，2006)。按照产业集聚指标要求，本文选取了从1999年到2007年的广西林业统计资料的有关林业产业发展的统计数据资料，主要采用产业集中度、区位基尼系数(又称空间基尼系数，Psatial Gini coefficient)、$E-G$产业集聚指数等国际惯用的产业集聚方法，反映广西各林业产业发展的产业集聚动态变化趋势。

选择理想的产业集聚指标应该满足如下五点性质：第一，不同产业的产业集聚指数应该具有可比性；第二，控制了行业的产业集聚的影响；第二，剔除市场集中度对产业集聚的影响；第四，规模和空间加总上具有无偏性，或者说企业规模对集聚指数准确性的影响不大(Duranton G. and H. Overman，2002；Duranton G. and H Overman，2005)。根据这些性质，现有的产业集聚指数可以划分为三种类型：第一，前两个性质的集聚指数；第二，满足前三个性质的集聚指数；第三，满足全部四个性质的集聚指数。其中，第一种类型的指数最常见的是集中度系数，第二种类型的指数最常见的是区域基尼系数与HHI指数，第三种类型的指数最常见的有$E-G$产业集聚指数。(Ellison G. and E. Glaeser，1997；Ellison G. and E. Glaeser，1999)可以说，产业集聚的经济计量方法的每一步发展，标志着人类更进一步的认识和掌握产业集聚现象及其规律(张卉，2007)。

4.3.1 产业集聚方法分析

从产业集聚方法的发展过程来看，产业集聚衡量指标经历了由简到繁的过程，产业集聚研究过程经历了从最简单的区域产业份额变化发展到地区集中度指标、赫芬达尔指数、空间基尼系数、$E-G$ 产业集聚指数以及动态的集聚指数。

(1) 产业区域集中度。产业区域集中度简便易行，因此，成为研究产业组织首要指标。产业区域集中度是指规模最大的前几位企业(或区域)的有关数值 X(销售额、增加值、职工人数、资产额等)占整个市场或行业的份额。计算公式为：

$$CR_n = \frac{\sum_{k=1}^{k} X_i}{\sum_{i=1}^{n} X_i} \tag{4.20}$$

其中：CR_n 为代表 i 行业中前 k 家最大企业(区域)的有关数值的行业比重；X_i 为每一地区的销售额、增加值、职工人数、资产额等的经济水平；k 的取值计算需要决定，通 $k=4$、6 或 8。

在产业集聚研究中，往往借用该指标反映某一产业在该产业规模最大几个区域的集中程度。徐康宁(2001)用地区集中度 CR_5(即规模最大的5省市某产业占全国同类产业的比值，以销售收入指标衡量)作为产业地区性集中的主要界定标准，对中国28个大类的制造业的 CR_5 集中度进行了衡量。并得出了文教体育用品制造业集中度最高、医药制造业集中度最低的结论。行业集中度指标不是一个全面综合性指标，因为它只反映了前几位省份产业的规模情况，不能反映其他省份的产业规模分布情况(徐康宁，2001)。它没有考虑其他产业的空间分布，因而它是一个绝对集中度指标。

(2)赫芬达尔指数(或 N 指数)。产业集聚程度越高意味着产业布局越不均匀。赫芬达尔指数最初是产业经济学中衡量市场结构的一个主要指标，主要用于衡量市场竞争和垄断关系的指数。美国司法部和联邦贸易委员会从20世纪80年代开始使用赫芬达尔指数来评估企业兼并，并定期发表各产业赫芬达尔指数的统计资料，赫芬达尔指数也日益受到经济学界的重视。近年来经济地理学家们将其引入产业地理集聚方面的研究，如 Davies 和 Lyon(1996)将赫芬达尔指数应用于对欧盟地区产业的空间分析；Karl 和 Michael(2004)也曾使用其分析欧共体成立前后欧洲制造业的地理集中动态变化，赫芬达尔指数逐渐成为衡量产业集聚度的一个指标之一。赫芬达尔指数计算公式：

$$HHI = \sum_{i=1}^{n} \left(\frac{X_i}{T}\right)^2 \tag{4.21}$$

其中：T 为市场总规模；X_i 为各个企业(区域)的相关数值；n 表示企业(区域)总数。

HHI(赫芬达尔指数)也是产业经济学中衡量市场结构的一个主要指标。*HHI* 用平方和的形式统计，目的是给予了前几位较大的权重，如果产业在前几位特别是第一位区域集聚性较强(即 CR_1)，则 *HHI* 指数体现得更为明显。*HHI* 值越大，表明产业集聚程度越强，反之则越弱。如果某产业只集聚在一个区域内，那么 *HHI* 的值为 1。赫芬达尔的优点是能够比较准确地反映产业地区集中程度，因为它考虑了地区数目和地区产业规模两个因素的影响；而且赫芬达尔指数计算上比较简便，容易理解。但是赫芬达尔指数的不足在于它没有考虑其他产业的空间分布，从而也是一个绝对集中度指标，这就使得不同产业之间难以进行比较。此外，这一指数没有考虑不同地区的地域面积差异，因此难以反映产业分布的实际情况，而下面介绍的基尼系数在一定程度上弥补了这些不足。

(3)区位基尼系数。基尼系数(Gini coefficient)本来是经济学家用来反映收入分配不平等程度的一个指标，它是由洛仑兹曲线引申而来。美国统计学家洛仑兹(M. O. Lorenz)提出了著名的洛仑兹曲线，曲线越弯曲，代表国民收入分配越不平等。1922 年意大利经济学家基尼(C. Gini)依据洛仑兹曲线，提出了用系数的计算来反映收入分配不平等程度，这一系数命名为基尼系数。后来产业组织学家则利用它来反映行业内部企业规模的不均匀程度。当洛仑兹曲线呈现出一条 45°线时，基尼系数值为 0，说明该产业在空间分布完全均匀，不存在产业集聚的现象。如果各地区的产业专门化水平不相等，则洛仑兹曲线就会偏离 45°线，当各区域产业专门化水平差异达到极大时，基尼系数为 1。区位基尼系数的值在 0 与 1 之间变动，越接近 1 表明产业集聚程度越强。

当一个产业在全国各地的专业化水平都相等时，区位基尼系数等于 0，而如果一个产业全部集中在一个地区时，基尼系数达到最大值 1。一般情况下，很多学者用区位商区位基尼系数（spatial Gini coefficient）来分析产业集聚水平，计算公式：

$$LQ_{ij} = \frac{\frac{q_{ij}}{q_j}}{\frac{q_i}{q}} \tag{4.22}$$

其中：LQ_{ij} 为行业专业化基尼系数；q_{ij} 是 i 地区第 j 产业的产值或者劳动就业人数；q_i 是 i 地区的产业总产值或劳动就业人数；$q_j i$ 地区是 j 产业总产值；q 是 i 地区所有产业总产值。

基于对 Krugman（1991，1992）等人用基尼系数的测算美国制造业集聚程度度量的认识，本文采用的基尼系数是区位空间基尼系数，计算公式如下：

$$G = \sum_{i=1}^{n} (s_i - x_i)^2 \tag{4.23}$$

其中：G 为空间基尼系数；s_i 是 i 地区某产业占全国该产业的产业产值或者就业人数的比重；x_i 是 i 地区产值总产值或就业人数占全国的比重。

实际研究中经济学家们构造了多种区域基尼系数计算方法将其运用于实证研究。Keeble 等（1986）使用洛仑兹曲线和基尼系数用于测度产业在地区间的分布均衡程度。Krugman（1991）对美国制造业产业的产业集聚程度进行测算。Amiti（1999）将基尼系数应用于对欧盟国家 1969 ~ 1990 年间制造业地区集中度变化的研究。此外，Kim（1995）以及 Audretseh 和 Feldman（1996）等也都曾使用基尼系数来研究产业集聚问题。随着中国制造业集聚现象的日益显著和微观数据可得性的加强，许多学者也开始使用基尼系数研究中国的产业集聚问题。梁琦（2003）基于在《中国工业经济统计年鉴》和国家统计局第二次基本单位普查的数据计算出我国制造业 24 个大类产业和 171 个中类产业的区位基尼系数，完善了我国制造业的工业产业集聚理论研究。文玫（2004）使用第二次和第三次工业普查的数据计算我国工业产业集聚的区位基尼系数后表明：

至1995年我国的许多制造业都高度集聚在沿海地区；从整体上看，自改革开放以来，在空间地理上，我国制造业日益集中，这与白重恩等(2004)的研究一致。张同升等(2005)计算了1980～2000年26个大类制造业的区域基尼系数。需要注意的是，不同学者计算区域基尼指数所使用的指标不同，国外的一些学者如Krugman等使用的是就业数据，国内学者梁琦(2003)、白重恩等(2004)使用的是产值数据，而张同升等(2005)使用的是以户业增加值数据来计算区域基尼系数。正如文玫(2004)所说，“喜欢用增加值的人说：由于产值中所包含的要素投入和中间投入可以是从别的省份或国家进口来的，它并不反映该地区对一个产业的真实贡献，所以用增加值计算更能说明问题；喜欢用总产值的人则说：厂商地理位置的选择已经考虑来了中间投入的运输费用并与其生产规模紧密相关，而总产值能更好地反应生产规模，所以用总产值更合适”；而选择用就业人数的人说，就业不需要进行物价调整，因此能够更好地度量集聚。

区域基尼系数把地区面积对地理集中度的影响考虑进去，而且将全部产业的地理分布作为比较基础，使得不同产业间集聚程度具有可比性，是一个相对集聚度指数。而且基尼系数计算相对简单，对数据的要求也不高，因而被广泛使用。然而，区域基尼系数也存在一定不足，这主要表现在它只考虑了产业在地区间的集聚程度，忽略了不同产业的组织状况、企业规模或地理区域大小差异，容易造成跨产业比较上的误差。如果某个产业只有少数几个企业且规模上存在差异，那么这个产业的地区集聚程度自然就会很高；而如果某个产业内企业数量很多，那么这个产业的地区集聚程度也就会较低。

(4) $E(G)$产业集聚指数。这是1997年以后出现的产业集聚程度测度方法。随着区域经济的发展以及经济学者对区域经济理论认识的不断深化，以前的测度方法逐步暴露一些缺点：其一是测度在产业发展的总体趋势上认识不够；其二，传统的产业集聚程度的测度只能测度产业区域的不平均，而对产业集聚的动态发展认识不足。1997年，Ellison和Gaeser令人信服地解决了这一问题，他们研究的指数解决了这两个缺陷，且在所有产业之间都是可比的。需要指出的是，在测度过程中，Ellison和Glaeser之所以将产业的赫芬达尔指数放入$E(G)$指数中，原因在于区位基尼系数存在着一个缺陷：即不能分清产业的区域集聚是由于行业中只有少数几个大厂商导致，还是因为大量中小厂商集中在少数几个地区而形成。$E(G)$ 指数消除厂商数量对产业集聚的影响，以弥补空间基尼系数的缺陷。(Ellison G. and E. Glaeser，1997；Ellison G and E. Glaeser，1999)此后，Maurel 和 sedillot 发展了具有相同属性的产业集聚程度测度指数。$E(G)$ 产业集聚指数的计算公式为：

$$E(G) = \frac{G - (1 - \sum_{i=1}^{n} x^2{}_i) * H}{(1 - \sum_{i=1}^{n} x^2{}_i) * (1 - H)} \qquad (4.24)$$

其中：$E(G)$ 为 $E-G$ 产业集聚指数；x_i 是一个地区的产业总产值占整个区域产业总产值的比重；G 为空间基尼系数；H 为赫芬达尔指数。

以上公式说明的是基于在自然优势、溢出效应、期望集聚水平的 $E(G)$产业集聚指数分析。$E(G)$ 对大于 0 时说明行业区集聚水平超出了该行业的企业集中度；$E(G)$ 大于 0.05 被视为产业高度集中，$E(G)$ 小于 0.02 被认为产业集聚水平一般，$E(G) < 0.02$ 时，说明该地区的产业集聚水平中度集中；$E(G)$ 小于 0 时，水平这个地区的产业没有集聚现象。

总体来看，$E(G)$ 产业集聚指数区分了企业随机集中和由于外部性和自然优势共享产生的集中，具有更明确的地理含义，弥补了区域基尼系数缺陷，适合于进行跨产业跨国的比较，许多经济学家开始使用指 $E(G)$ 产业集聚数来测度产业集聚程度。除了上述 Ellis 和 Glaeser (1994，1997)对美国制造业产业的地理集聚程度的研究以外，Henderson 等(1995)也曾应用 $E(G)$ 产业集聚指数测度美国三位数机械产业和高新技术产业的地理集聚情况，但是由于 $E(G)$ 产业集聚指数对数据的要求较高，国内在这方面的研究还不多见。罗勇等(2005)使用粗略估计的市场集中度，计算出中国 C 门类制造业 20 个大类产业四年的 $E(G)$ 产业集聚指数，来检验中国制造业集聚的动态变化。路江涌等(2006) 基于 Ellison 和 Glaeser(1997)的集聚指标体系上使用更为详尽的工业企业数据库考查了 1998 ~2003 年间中国制造业的发展趋势，在对中国本身分析的同时并与西方国家数据进行对比，结果发现中国目前的产业集聚水平仍低于西方国家近期的产业集聚水平(罗勇、曹丽莉，2005)。

由于我国的数据资料统计体系与西方国家有较大的差别，许多国外研究中普遍使用的集聚指标(如动态的集聚指数)在中国并不适用。

4.3.2 广西林业产业区域集中度水平测度

利用上面所述的几种测量产业集聚水平的指标，依据广西林业统计资料(1999～2007)，本文统计分析了广西林业产业集聚的指标值。借用产业组织学中的产业集中度 CR_n 指标来说明广西林业产业集中度水平，n 值分别取 1、2、3、4、5、6，考察各产业生产规模居于前六位的市区占全省的比重情况。此外，由于高峰林场、七坡林场、东门林场、热林中心、钦廉林场、派阳山林场、大桂山林场、六万林场、黄冕林场、三门江林场、维都林场、博白林场、雅长林场、良凤江森林公园、沙塘林场等十五家国有林场均属广西林业厅直属林场，行政指导具有一定的集中性且地理位置相对集中，故而在进行经济研究时，把他们作为一个区域整体进行产业集聚分析。下面对林业产业进行逐个分析，并进行归纳总结。

4.3.2.1 广西林业总产值区域集中度分析

从广西林业产业总产值区域集中度(见表 4-1)来看，在六条曲线中，从 CR_1 到 CR_6 曲线逐步趋于平缓，说明广西林业产业总产值随着参与市场集中度的区域越多，其产业集聚水平将逐步下降。总体趋势看，CR_6 从 1999 年的 0.6343 下降到 2007 年的 0.5794，下降幅度达到 8.66%，CR_6 覆盖的市区由 1997 年的玉林市、桂林市、南宁市、梧州市、百色市、贺州市转移到 2007 年的桂林市、贵港市、钦州市、梧州市、玉林市、百色市，其中变化最大的市区是贵港市、钦州市、梧州市。其原因在于在保持传统林业发展的基础上，这些地区的林产工业得到了迅猛的发展，林产工业总产值增长迅速促进区域林业产业产值的增长。从地理分布来看，林业总产值区域由 1999 年的桂东及桂东北一线向桂东与桂南的半环状发展。

表 4-1 广西林业产业总产值的市场集中度(1999～2007)

Tab. 4-1 Guangxi forestry industry total output value's market concentration ratio (1999～2007)

单位:%

集中度	1999	2000	2001	2002	2003	2004	2005	2006	2007
CR_1	13.08	15.85	15.71	17.05	17.29	16.24	14.33	18.25	18.37
CR_2	25.74	30.27	29.99	31.65	27.55	28.06	27.19	26.65	27.73
CR_3	36.46	41.35	39.14	40.80	35.74	36.17	36.77	34.79	35.61
CR_4	46.20	51.16	47.75	48.16	43.83	44.21	45.66	42.58	43.11
CR_5	54.89	59.02	55.18	55.10	51.29	51.56	53.27	50.21	50.57
CR_6	63.43	65.63	62.44	61.86	58.56	58.80	60.83	57.58	57.94

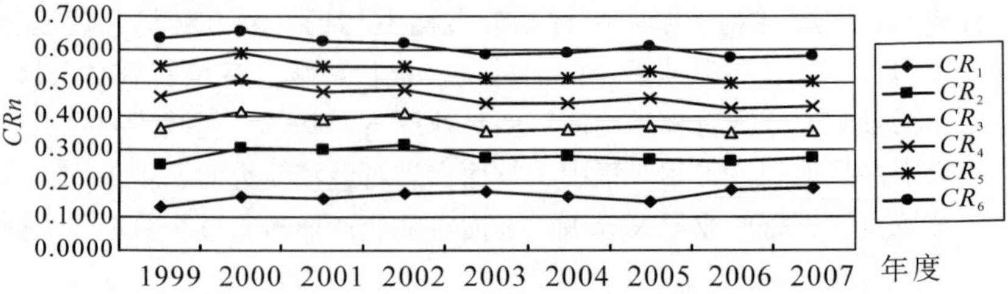

图 4-1 广西林业产业总产值市场集中度发展趋势(1999～2007)

Fig. 4-1 Trends of Guangxi forestry industry total output value market Concentration (1999～2007)

从广西林业产业总产值市场集中度的环比增长率(见图 4-2)来分析，尽管从 2003 年到 2007 年的各年间的环比增长率有起有落，但是，从 2006 到 2007 年的环比增长率却发生了很大的变化，从 2006 年到 2007 年增长了 6%。说明广西林业产业总产值的市场集中度在增长，产业集聚水平在不断提高。其原因在于：2000 年起，广西各地市逐步开始重视林业的发展，基于资源禀赋优势，在保持传统林业的基础上，林副产品业、林产工业等得到了迅猛的发展，区域林业产业产值的增长趋于均化，广西林业总产值的区域集中度开始下降，但是，随着国家对广西林产工业投资的增大(特别是林浆纸一体化)，广西北海、梧州等地市林业总产值得到了迅猛发展，产值不断提高，广西林业总产值区域集中度水平又开始提高。

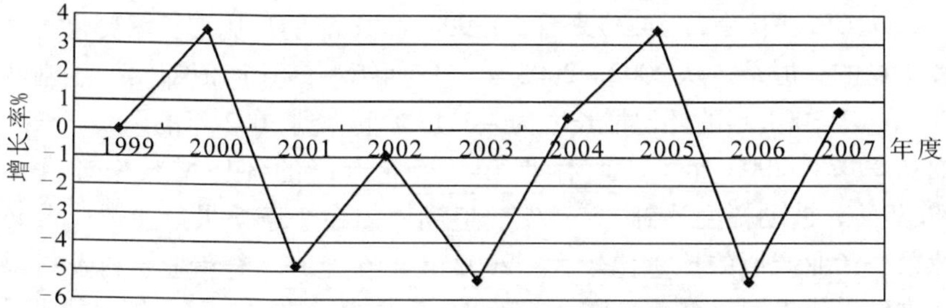

图 4-2 广西林业总产值 CR_6 增长率(1999~2007)

Fig. 4-2 Guangxi forestry total output value CR_6 increase rate (1999~2007)

4.3.2.2 广西林业第一产业产值区域集中度分析

广西林业第一产业产值在广西林业总产值中占有重要部分。1999~2007年，广西林业第一产业产值的 CR_6 一路走低，从1999年的69.89%下降到2007年的63.35%，下降幅度为9.36%，但是，第一产业产值的 CR_1 由17.59%提高到20.03%，提高幅度达到13.87%，表4-2的数据说明，随着经济发展，尽管广西各地市区都在努力发展林业第一产业，但是作为果业产业发达的桂林市，其对林业第一产业发展水平重视程度明显比其他市区高，产值不断增加，且增长幅度大于全区各地的发展水平。林业第一产业生产区域分布来看，1999~2007年，第一产业生产区域分布变化不大，生产区域以桂林、南宁以及白色地区为主。

表 4-2 广西林业第一产业产值区域集中度(1999~2007)

Tab. 4-2 Guangxi Forestry Industry total output value's market concentration ratio (1999~2007)

单位:%

集中度	1999	2000	2001	2002	2003	2004	2005	2006	2007
CR_1	17.59	21.30	20.81	10.47	20.60	21.24	20.96	20.51	20.03
CR_2	30.87	32.57	32.17	19.36	29.34	30.52	31.03	30.29	30.07
CR_3	42.39	42.11	41.55	19.50	37.74	39.64	39.99	39.23	39.14
CR_4	52.13	50.30	49.99	28.13	46.12	48.63	48.50	47.70	47.45
CR_5	61.23	58.31	57.55	36.39	54.42	57.06	56.42	56.06	55.67
CR_6	69.89	66.10	64.69	41.51	62.22	64.83	63.79	63.29	63.35

从 CR_6 增长率(图 4-3)来看，1999 ~ 2001 年的环比增长率变化是比较平稳的，但是，从 2002 ~ 2003 年，广西第一产业产值却发生了剧烈变化：从 2001 年的环比增长率为 -2.13% 下降到 2002 年的 -35.83%，而从 2002 ~ 2003 年，广西林业第一产业产值的环比增长率却高达 49.89%，波动幅度达到 85.72%。追溯原因在于茶桑果产业占广西林业第一产业产值的比重比较大，2002 年，在花卉、狩猎业、村及村以下木竹采伐未发生重大变化时，产果大区桂林、南宁、百色等地的水果产量水平下降所致，此后，在 2003 ~ 2007 年，环比增长率恢复到平稳状态。但是 1999 ~ 2007 年，整体区域集中度仍然下降了 9.36%，说明第一产业逐步遍及广西的千家万户，产值区域集中度逐渐下降。

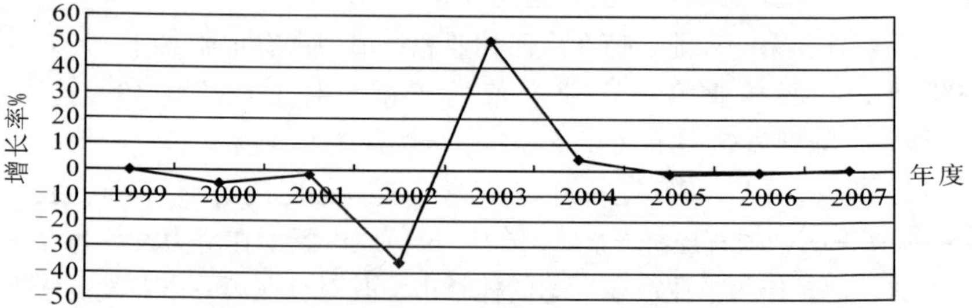

图 4-3 广西林业第一产业产值 CR_6 增长率(1999 ~ 2007)

Fig. 4-3 Guangxi forestry first industry CR_6 increase rate (1999 ~ 2007)

4.3.2.3 广西林业第二产业产值区域集中度分析

广西林业第二产业产值是广西林业总产值的主要组成部分。1999 年到 2007 年，不管是 CR_1 还是 CR_6，广西林业第二产业产值区域集中度都在不断地提高：CR_1 由 21.22% 提高到 39.26%，提高幅度达到 85.01%，CR_6 由 78.34% 提高到 83.11%。表 4-3 的数据说明，广西林业第二产业产值区域集中度逐步提高，且分布区域也发生了一定程度的变化，前六位市区由 1999 年的依次为玉林、贺州、梧州、区直林场、防城港、南宁等六市区转换成 2007 年的依次为百色、贵港、玉林、崇左、柳州、贺州等市区。究其原因在于，百色市是比较早发展林浆纸一体化的地区，造纸业产值占广西林业第二产业比重比较大，此外，在广西林木造纸业尚未发达的时候，林化产业和家具制造业占据了广西林业第二产业产值的半壁江上，因此，贵港、玉林等地市之所以排名高位在于当地的林化产业和家具制造业非常发达所致。

表 4-3　广西林业第二产业产值区域集中度(1999 ~ 2007)

Tab. 4-3　Guangxi forestry secondary industry region concentration ratio (1999 ~ 2007)

单位:%

集中度	1999	2000	2001	2002	2003	2004	2005	2006	2007
CR_1	21.22	23.14	23.47	29.76	21.80	25.23	18.89	32.34	39.26
CR_2	37.01	41.09	38.72	47.46	40.75	38.91	32.86	44.66	51.84
CR_3	52.04	56.22	53.77	60.86	56.23	51.30	45.34	54.95	60.25
CR_4	61.82	67.35	67.82	70.22	66.18	63.14	55.77	65.04	68.65
CR_5	70.85	78.30	76.30	74.78	71.96	70.25	64.71	71.99	75.97
CR_6	78.34	85.69	81.12	79.31	77.52	77.16	73.31	78.28	83.11

从 CR_6 增长率(见图 4-4)来看，1999 年到 2001 年的环比增长率发生剧烈变动，1999 ~ 2000 年林业第二产业产值的环比增长率为 9.39% 变化到 2000 ~ 2001 的 -5.34%，波动幅度达到 14.73%。此后，从 2001 ~ 2005 年，广西林业第二产业产值的环比增长率出在低位徘徊，其中，在 2005 年，环比增长率达到低点，为 -4.98%。2005 年以后，广西林业第二产业产值区域集中度的环比增长率出现了高速增长，其中 2005 ~ 2006 年的环比增长率达到了 6.78%。从整体上看，1999 ~ 2007 年，广西林业第二产业产值的区域集中度的环比增长率区域集中度提高 6.09%。第二产业区域集中度呈现两头高中间低的现象，分析原因在于：2000 年以前，尽管广西林产工业不发达，但是，广西林化产业却

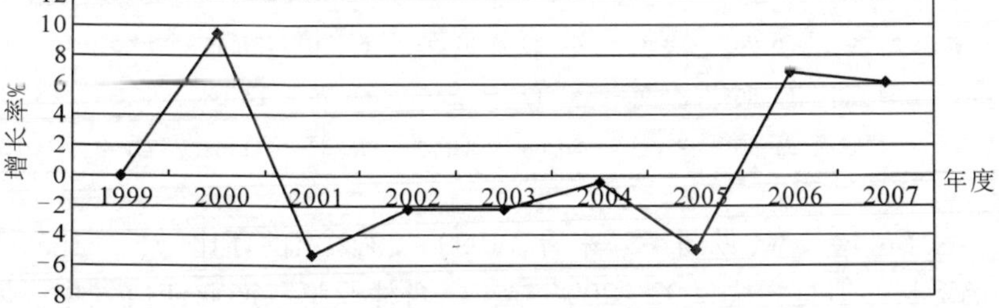

图 4-4　广西林业第二产业 CR_6 增长率(1999 ~ 2007)

Fig. 4-4　Guangxi forestry second industry CR_6 increase rate (1999 ~ 2007)

独树一帜，其中梧州等地市的林化产业发展非常发达，且势头不断增长；此后广西各地兴起木材加工业，林产工业产值不断增长的同时降低了区域集中度水平；2005 年以后，随着北海、钦州、百色等地的林浆纸一体化建设逐步推进且产出水平不断提高，协同梧州等地的林化产业，共同促进广西林业第二产业区域集中度水平的不断增长。

4.3.2.4 广西林业第三产业产值区域集中度分析

广西林业第三产业产值是广西林业总产值的主要组成部分。1999～2007 年，广西林业第三产业产值区域集中度(CR_6)变动比较平稳，从 1999 年的 71.35% 上升到 2007 年的 73.73%，变化幅度只上升 3.33%，但是，CR_1 却由 21.61% 下降到 16.90%，下降幅度达到 21.80%。表 4-4 的数据说明，随着经济发展，具有丰富的森林景观资源的市区不断开发森林资源建设森林公园，森林旅游业发展迅速，旅游业产值不断增长。尽管由旅游业发展带动的其他第三产业产值也在不断提高而使得第三产业产值不断增长，但是，第三产业产值增长较快的区域依然集中在森林旅游比较发达的地区，所以广西林业第三产业产值集中度也在不断提高。

表 4-4 广西林业第三产业产值区域集中度(1999～2007)

Tab. 4-4 Guangxi forestry tertiary industry region concentration ratio(1999～2007)

单位:%

集中度	1999	2000	2001	2002	2003	2004	2005	2006	2007
CR_1	21.61	21.37	16.68	20.66	18.46	23.47	26.35	18.92	16.90
CR_2	34.2	34.58	33.16	36.92	36.39	37.98	38.98	33.85	31.52
CR_3	45.66	47.27	46.64	52.07	49.49	50.93	48.31	46.82	45.40
CR_4	56.84	56.96	58.50	64.80	61.97	61.10	57.44	56.51	57.06
CR_5	64.60	64.86	68.96	73.12	72.97	69.75	66.08	64.32	66.21
CR_6	71.35	71.90	75.41	80.06	83.22	76.85	71.68	71.98	73.73

从 CR_6 增长率(见图 4-5)来看，1999～2002 年的环比增长率比较平稳的增长，但是，从 2002～2004 年，广西林业第三产业产值发生了剧烈变化：从 2002 年的环比增长率为 6.17% 集聚下降到 2004 年的 -7.65%，波动幅度达到 13.82%。尔后从 2004 开始，广西林业第三产

业产值的环比增长率又迅猛上升，其中，上升比较快的是2005到2006年，环比增长率从-6.73%上升到0.41%。此后在2006到2007年，环比增长率恢复到平稳增长状态。其原因在于，从2000年开始，作为森林生态旅游资源比较丰富且相对集中的广西，在全国各地兴起生态旅游热中受益匪浅，同时也带动了批发零售业的发展，因此，从2000～2003年，广西第三产业区域集中度逐步增长；2004年以前各地开始兴起兴建森林公园建设完工，开始产生经济效益，广西森林旅游业协同批发零售业等其他第三产业开始趋于分散，致使2004～2005年第三产业区域集中度水平下降。尽管各地均兴起森林生态旅游热，但是，第三产业产值增长较快的区域依然集中在森林旅游比较发达的地区，因此，从2005～2007年，第三产业市场集中度有逐步趋于集中桂林、贺州等地市。

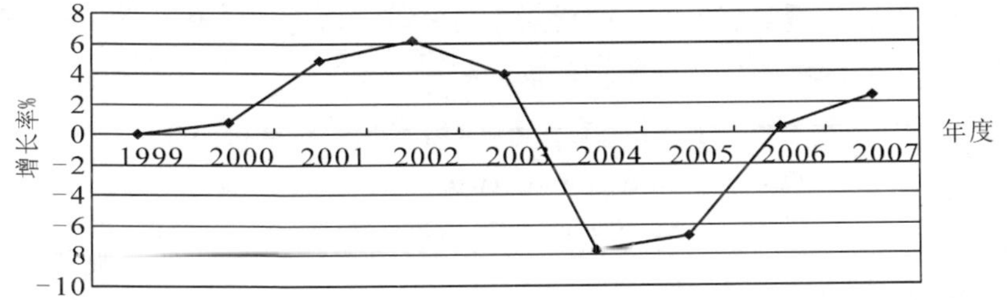

图4-5　广西林业第三产业产值 CR_6 增长率(1999～2007)

Fig. 4-5　Guangxi forestry third industry CR_6 increase rate (1999～2007)

4.3.2.5　广西林业固定资产投资区域集中度分析

表4-5的广西林业固定资产投资集中度的六条曲线有两个明显特征：一是六条曲线形状基本相同，二是 CR_n 数值起始点都很高。广西区直林场是广西林业发展的重要组成部分，因此，在广西林业发展过程中，国家以及地方对其林业固定资产投资也是最多的，CR_1 集中度水平达到49.89%。但是，由于在2000～2001年，国家开始明确了天保工程建设的重要性以及确定南方集体林区将成为国家的主要木材生产区。全区各地区便开始了轰轰烈烈的速生丰产林建设，林业固定资产投资近似平均分配到全区各市县，从而导致广西林业固定资产投资集中度下降，从1999年到2000年，CR_1 曲线从49.89%下降到14.17%，下降幅

度是达到252.29%；CR_6曲线的81.39%下降到60.00%，下降幅度为35.65%。此后，CR_1和CR_6均逐步提高，2001到2007年，CR_1曲线从14.17%上升到23.50%，上升幅度达到39.70%；CR_6曲线的62.39%上升到84.86%，上升幅度是41.43%，其原因在于：百色市和河池市林业固定资产投资占了广西全自治区的46.22%，说明两地区的林业产业正迅猛的发展。林业固定资产投资趋向也发生了很大的改变，从1999年重视对区直林场、桂林市、百色市、贵港市、柳州市、贺州市等地区的林业投资转变到2007年重视对河池市、百色市、林场、柳州市、南宁市、崇左市等地区的林业固定资产投资。投资分布区域由1999年的近似按指标分配逐渐转向桂西北以及北部湾地区。其原因在于：河池市、百色市、区直林场、柳州市、南宁市、崇左市等地区不仅林业用地比较宽阔，而且这些地区的气候比较适合桉树等速生丰产林的快速生长，为缓解国家经济建设对木材的需求压力，国家和地方政府都增加对上述地区的林业固定资产投资。

表4-5　广西林业固定资产投资集中度(1999～2007)

Tab. 4-5　Guangxi forestry fixed assets investment concentration ratio (1999～2007)

单位:%

集中度	1999	2000	2001	2002	2003	2004	2005	2006	2007
CR_1	49.89	15.72	14.17	19.33	13.34	17.05	25.28	21.34	23.50
CR_2	59.42	30.34	27.15	30.52	26.57	33.25	39.69	41.51	46.22
CR_3	67.21	38.64	36.53	39.99	39.18	47.88	50.32	58.25	62.13
CR_4	72.24	46.5	45.70	48.98	48.74	57.74	58.88	67.18	71.14
CR_5	76.86	53.47	54.82	56.98	58.24	65.83	66.51	75.88	78.98
CR_6	81.39	60.00	62.39	63.04	66.04	73.06	72.23	80.27	84.86

从CR_6的增长率(见图4-7)来分析，1999～2000年广西林业固定资产投资集中度急剧下降，下降幅度达到25%，但是2000年到2001年却又极大的提升。此后，2002～2007年，广西林业固定资产投资区域集中度增长率以螺旋式开始缓慢上升，并且到2006年，广西林业产业木材产量市场集中度增长率达到极顶。尽管2006～2007年，增长率有所

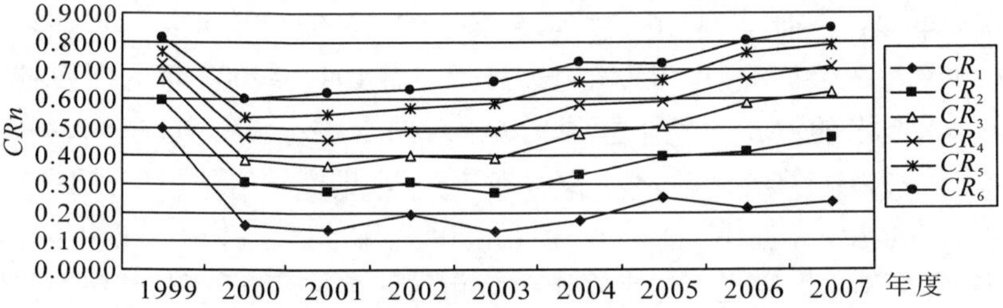

图 4-6 广西林业固定资产投资集中度发展趋势(1999～2007)

Fig. 4-6 trends of Guangxi forestry fixed assets investment Concentration (1999～2007)

下降，但是，广西林业固定资产投资 CR_6 仍然能保持在 84.86% 的基础上，以平均增长率为 0.05% 的缓慢的速度在增长。究其原因在于：2000 年以前，广西林业固定资产投资主要集中在生态公益林集中的珠江等大江大河水系及源头以及区直林场；2000～2005 年，随着速生丰产林建设的兴起，广西林业固定资产投资逐步分散；2006～2007 年，国家政策引导和广西政府的高度重视，林业投资由营林生产逐步过渡到林浆纸一体化建设，广西林业固定资产投资区域集中度水平不断提高。

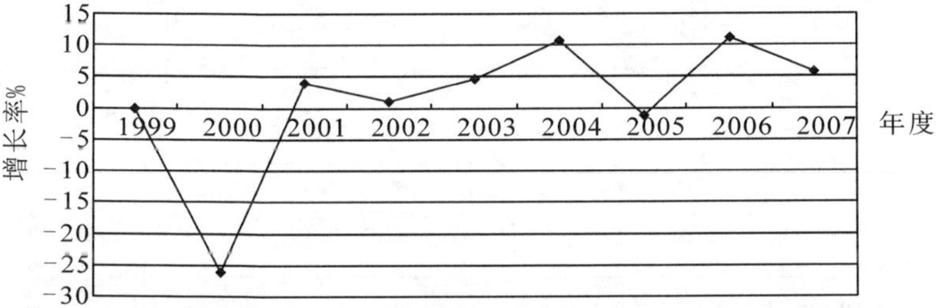

图 4-7 广西林业固定资产投资 CR_6 增长率(1999～2007)

Fig. 4-7 Guangxi forestry fixed assets investment CR_6 increase rate (1999～2007)

4.3.2.6 广西林业从业人员区域集中度分析

根据产业经济学原理，劳动就业的区域集中度应该是体现规模经济性和产业集聚的比较明显的指标之一。但是在广西林业从业人员的区域集中度的表现并非如此。从表 4-6 的数据以及图 4-8 中的曲线可以看出，9 年的林业经济发展并没有使广西林业从业人员在区域集中度的前几位市区的分布更加集中，甚至出现了一定程度的分散趋势。1999 到

2007 年 CR_1 分别为 23.76%、24.57%、22.16%、20.48%、19.29% 和 20.57%、20.54%、14.52%、13.35%。而 1999 ~ 2007 年的广西林业从业人员的 CR_6 分别是 62.56%、65.23%、63.92%、61.44%、64.23%、63.11%、60.93%、61.37%。CR_6 的波动均在 61% 到 65% 之间，波动幅度比较小。前六位市区由 1999 年的区直林场、贺州市、柳州市、河池市、百色市、来宾市等六市区转换成 2007 年的桂林市、区直林场、崇左市、河池市、贺州市、柳州市。1999 ~ 2007 年，林业从业人员分布区域变化不大。

表 4-6　广西林业从业人员市场集中度(1999 ~ 2007)

Tab. 4-6　Guangxi forestry practitioner market concentration ratio(1999 ~ 2007)

单位:%

集中度	1999	2000	2001	2002	2003	2004	2005	2006	2007
CR_1	23.76	24.57	22.16	20.48	19.29	20.57	20.54	14.52	13.35
CR_2	32.23	33.27	31.88	30.69	28.84	30.68	30.32	26.9	26.44
CR_3	40.35	41.47	40.99	39.13	37.93	40.29	39.30	37.27	37.75
CR_4	48.34	49.67	48.87	46.91	46.71	49.80	48.21	47.10	48.21
CR_5	55.89	57.85	56.51	54.27	53.95	57.12	55.81	54.8	55.63
CR_6	62.56	65.23	63.92	61.44	61.44	64.23	63.11	60.93	61.37

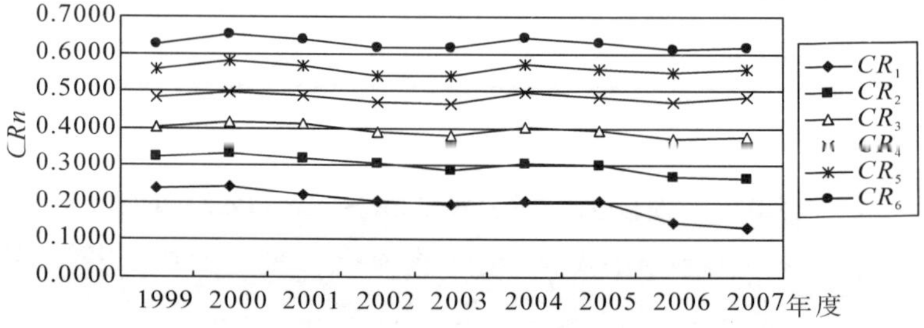

图 4-8　广西林业从业人员市场集中度发展趋势(1999 ~ 2007)

Fig. 4-8　Trends of Guangxi forestry practitioner market concentration (1999 ~ 2007)

4.3.2.7 广西林业专业技术人员区域集中度分析

林业专业技术人员增加是为实现企业规模经济和产业集聚提供人才储备的。从表4-7的数据可以看出，1999～2005年，广西林业专业技术人员区域集中度的表现比较平稳，只出现微小变化，CR_1由20.19%提高到22.73%，增加了2.54%，CR_6由66.40%变化到66.13%，下降了0.27%。但是，自2005年以后，广西林业专业技术人员区域集中度发生了比较大的改变，CR_1由22.73%提高到27.45%，增加了4.72%，CR_6由66.13%变化到79.05%，提高了12.92%。广西林业专业技术人员区域集中度逐步提高，前六位市区由1999年的依次为区直林场、桂林市、贺州市、河池市、梧州市、百色市等六市区转换成2007年的依次为区直林场、河池市、桂林市、柳州市、百色市、贺州市。广西林业专业技术人员区域集中度排名顺序可以看出，广西的十五个区直林场排名第一，说明其所拥有的科技人才最多，人才储备最雄厚，林业产业发展潜力巨大。1999～2007年，林业专业技术人员分布区域变化不大，依然主要集中在桂东到桂北再到桂西北一带。

表4-7 广西林业专业技术人员市场集中度(1999～2007)

Tab. 4-7 Guangxi forestry professional Technicians market concentration ratio(1999～2007)

单位:%

集中度	1999	2000	2001	2002	2003	2004	2005	2006	2007
CR_1	20.19	20.06	22.30	23.23	23.34	22.11	22.73	26.66	27.45
CR_2	32.32	30.63	33.25	35.41	35.09	34.29	34.65	41.08	42.94
CR_3	41.45	39.88	43.23	45.81	46.57	45.13	43.36	53.83	55.88
CR_4	50.47	48.56	51.82	54.36	55.16	53.96	51.30	62.38	64.49
CR_5	58.66	56.39	59.87	62.68	63.14	61.51	58.75	69.90	71.84
CR_6	66.40	64.06	67.05	70.54	70.74	68.74	66.13	77.43	79.05

从CR_6的增长率(见图4-10)来分析，总体上看，广西林业专业技术人员区域集中度水平并没有太大的变化，1999～2005年，广西林业专业技术人员区域集中度出现小幅波动，波动浮动基本控制在5%之内。2004～2005年的-3.80%环比增长到17.09%，波动幅度达到20.89%，

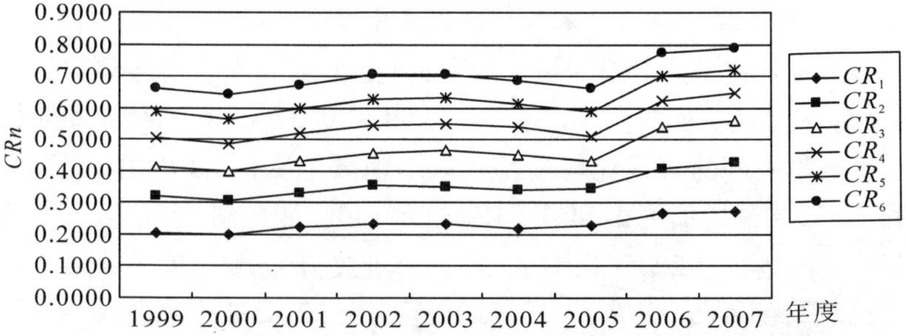

图 4-9 广西林业专业技术人员市场集中度发展趋势(1999~2007)

Fig. 4-9 Trends of Guangxi forestry professional Technicians market concentration(1999~2007)

2006~2007 年，广西林业专业技术人员区域集中度的环比增长率又回落到 2.09%。但是 2005~2007 年却产生极大的波动，分析原因得知，2005 年以后，随着广西速丰林建设的逐步深入以及林产工业不断发展，区直林场、河池市等林业发展重点区域不断吸引人才，从而导致广西林业专业技术人才区域集中度水平不断提高。

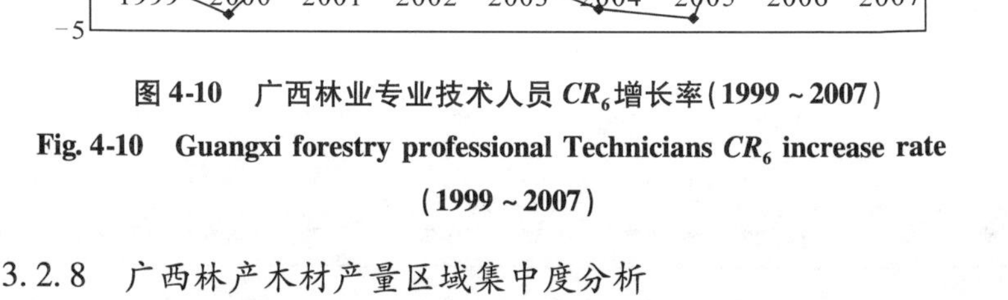

图 4-10 广西林业专业技术人员 CR_6 增长率(1999~2007)

Fig. 4-10 Guangxi forestry professional Technicians CR_6 increase rate (1999~2007)

4.3.2.8 广西林产木材产量区域集中度分析

表 4-8 的广西林业产业木材产量区域集中度的六条曲线有个明显特征：六条曲线形状基本相同。广西区直林场一直是广西林业木材产量生产规模最大的林业集团，1999 年木材产量占全省的 17.98%，此后随后逐年上升，到 2002 年，木材产量生产规模占全省的 20.39%，尔后比

重有所年下降，到 2007 年下降到 18.54%，但是仍然比第二位的河池市高出 7%，几乎处于广西林业木材产量生产不可撼动的地位。由于林业生产用地的优势，区直林场、河池市、百色市、桂林市等四个市区的木材产量几乎统治广西木材产量的半壁江山。近年来，由于速生丰产林的不断发展，玉林市木材产量也在不断提高，到 2007 年，玉林市木材产量已经排名到广西的第三位。

表 4-8　广西林业产业木材产量市场集中度(1999 ~ 2007)

Tab. 4-8　Guangxi forestry industry wood capacity market concentration ratio(1999 ~ 2007)

单位:%

集中度	1999	2000	2001	2002	2003	2004	2005	2006	2007
CR_1	17.98	15.88	19.44	20.39	17.44	14.98	13.04	18.73	18.54
CR_2	28.84	26.93	29.87	31.46	28.53	26.04	25.47	30.17	29.97
CR_3	39.33	37.72	40.17	42.02	39.34	36.37	36.34	40.96	41.14
CR_4	48.81	48.28	50.44	52.34	49.82	46.61	46.27	51.07	51.87
CR_5	57.21	58.09	60.44	61.17	58.83	55.06	54.12	60.13	61.73
CR_6	65.39	66.39	69.96	69.75	66.91	62.78	60.95	67.53	68.73

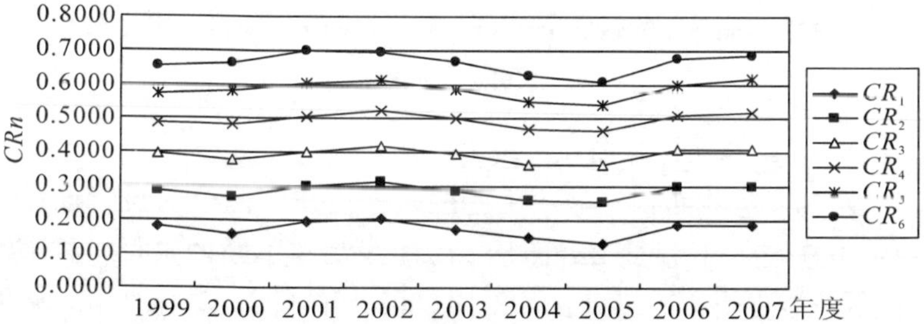

图 4-11　广西木材产量市场集中度发展趋势(1999 ~ 2007)

Fig. 4-11　Trends of Guangxi wood capacity market concentration(1999 ~ 2007)

从 CR_6 增长率(见图 4-12)来分析，1999 ~ 2001 年广西林业产业木材产量市场集中度增长率小幅上升环比增长幅度为 5.38%，可是从 2001 ~ 2004 年，广西林业产业木材产量市场集中度增长率又逐步的下落，2003 ~ 2004 年间，环比增长率为 -6.17%，但是 2004 ~ 2006 年却又极大的提升，其中 2005 ~ 2006 年的环比增长率达到 10.80%，广西林业产业木材产量市场集中度增长率达到极顶。尽管 2006 ~ 2007 年，增长率有所下降，但是，广西林业产业木材产量市场集中度仍然以缓慢的速度在增长。分析原因在于，2001 年以前，木材采伐必须按照采伐指标进行采伐，原有森林资源比较丰富的区域，其所获得的采伐指标相对较多，全区木材产量区域集中度也相对集中，2001 年以后，为缓解全国木材紧张供应问题，全国开始松动对广西林业的木材采伐限额，广西木材产量有集中逐步趋向分散；但是，从 2005 年开始，重点营造速丰林地区的区直林场、河池市、百色市等地市速丰林不断成熟，随着这些地区的木材采伐量不断增加，木材产量又逐渐区域集中。

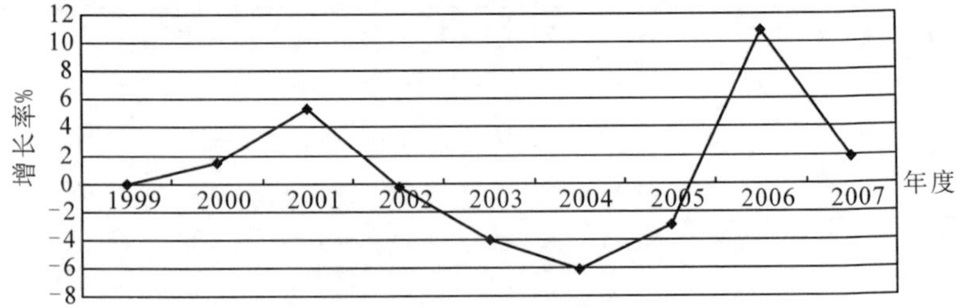

图 4-12 广西林业产业木材产量 CR_6 增长率（1999 ~ 2007）

Fig. 4-12 Guangxi forestry industry wood capacity CR_6 increase rate (1999 ~ 2007)

4.3.2.9 广西林业造林面积区域集中度分析

广西林业造林面积区域集中度的六条曲线有两个明显特征：一是 1999 ~ 2007 年，不管是 CR_1 还是 CR_6 曲线都在不断的走低，且 CR_1 比 CR_6 降低速度更快，2007 年的 CR_1 比 2003 年的降低 61.04%，而 CR_6 也降低了 9.32%。表 4-9 的资料表明，1999 年，百色市和区直林场占据了造林面积的半壁江山，但是，随着林业科技进步和南方速生丰产林基地建设的逐步深入，造林面积的 CR 指数也在不断的发生变化，CR_6 指数达到 50% 的水平需要由南宁、河池、贺州、玉林四市区共同努力造林的结果。从地理位置来看，速生丰产林的建设也让造林区域也发生了翻天覆地的变化，传统的造林区域百色和区直林场已经被列为速生丰产林营造重点区域的南宁和河池所取代，营林建设区域由广西西部及西南部地区向东南及南部地区转移发展。

表 4-9 广西林业造林面积市场集中度(1999~2007)

Tab. 4-9 Guangxi forestry afforestation area market concentration ratio(1999~2007)

单位:%

集中度	1999	2000	2001	2002	2003	2004	2005	2006	2007
CR_1	44.05	40.38	24.32	25.97	14.82	22.69	34.29	15.85	17.16
CR_2	53.82	49.41	43.13	47.21	25.29	41.00	43.01	31.00	31.18
CR_3	61.32	58.32	52.52	58.10	34.86	55.42	51.30	41.04	44.29
CR_4	68.03	66.74	60.00	65.62	44.33	66.69	59.29	50.59	54.91
CR_5	74.10	73.11	66.01	71.09	52.21	73.73	67.04	59.46	63.64
CR_6	79.18	78.61	71.44	75.70	59.29	78.71	72.43	66.64	71.80

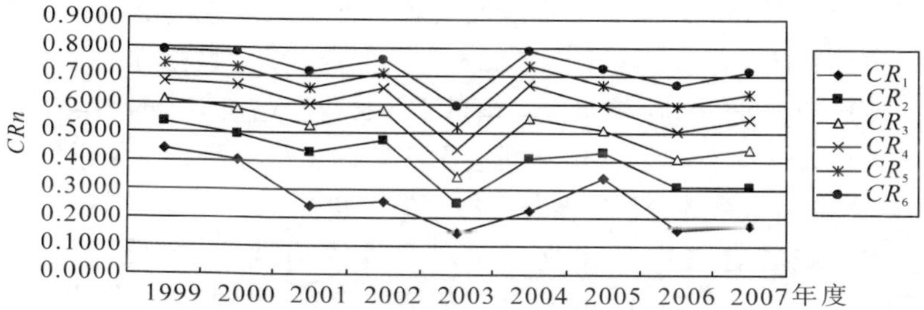

图 4-13 广西造林面积市场集中度发展趋势(1999~2007)

Fig. 4-13 Trends of Guangxi afforestation area market concentration (1999~2007)

从 CR_6 增长率(图 4-14)来分析，从整体上看，从 1999 年到 2007 年广西林业造林面积区域集中度增长率波动幅度不一，其中，1999~2002 年的环比增长波动幅度比较小，2002~2005 年，广西林业产业造林面积市场集中度增长率出现剧烈变动过程，2001~2002 年增长 5.96%，变化到 2002~2003 年的 -21.68%，振幅达到 27.64%。而振幅最大的应属 2003~2005 年间的增长率变动，由 2003~2004 年增长 32.75%，急剧下降到 -7.98%，波幅达到 40.73%。此后，造林面积呈现缓慢的增长过程。总体上看，广西造林面积区域集中度并没有太大的变化。

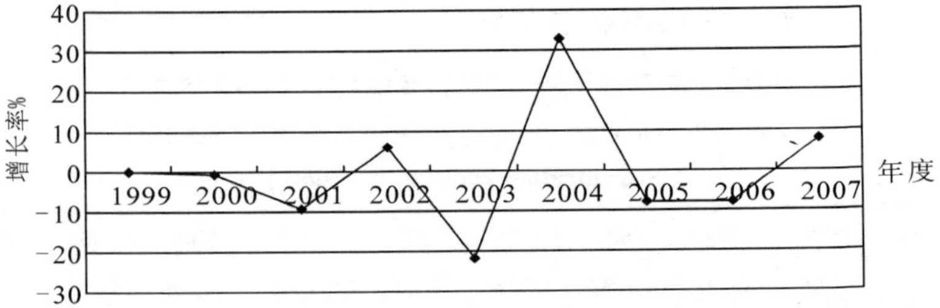

图 4-14 广西林业造林面积 CR_6 增长率(1999～2007)

Fig. 4-14 Guangxi forestry afforestation area CR_6 increase ratio(1999～2007)

4.3.3 广西林业 *E*(*G*) 产业集聚系数分析

HHI 和区域集中度主要反映的是某一产业在该产业规模最大几个区域的集中程度。但是，它只反映了前几位省份产业的规模情况，区域集中度与 *HHI* 都是静态指标，不能反映其他省份的产业规模分布变动情况，因此，*HHI* 和区域集中度指标不是一个全面综合性指标。为了动态的反应广西林业产业集聚水平，衡量广西林业产业在某个时间段内各个产业的增长速度，以更直接判断三次产业向何处集聚，本文继续采用 *E*(*G*) 产业集聚系数分析广西林业产业集聚状况。

由于缺省有关广西林业三次产业具体的就业人数，根据梁琦(2003)、白重恩(2004)等国内学者研究基尼系数用产业产值代替劳动就业人数的方式，计算基尼系数时，本文也采用各地市林业三次产业的产值来代替劳动就业人数，尽管没有严格反映真正意义上的基尼系数，但是，能基本反映了三次产业的产业集聚现象和过程。

由于中国林业统计年鉴缺省 2003 年以前的有关林业生态竞争力评价指标的相关资料而不能进行 2003 年以前全国林业产业区域竞争力水平的研究，为了配合评价广西林业产业集聚水平对广西林业产业区域竞争力的影响程度，根据 *E*(*G*) 产业集聚指数的计算公式，本文从《广西林业统计资料》(2003、2004、2005、2006、2007) 和《广西统计年鉴》(2003，2004，2005，2006，2007) 收集了反映广西林业产业集聚水平的相关数据并进行了整理。结合收集到的数据，通过 *E*(*G*) 产业集聚指数计算公式计算得到广西林业产业集聚指数如表 4-10 和图 4-15。表中数据表明：

表 4-10　广西林业 $E(G)$ 产业集聚系数(2003 ~ 2007)

Tab. 4-10　Guangxi forestry $E(G)$ industry assemble quotiety(2003 ~ 2007)

单位:%

产业类型	2003	2004	2005	2006	2007
第一产业	-0.0628	-0.0663	-0.0658	-0.0645	-0.0648
第二产业	-0.0176	-0.0093	-0.0049	0.0117	0.0227
第三产业	0.1018	0.1105	0.0793	0.0994	0.0921

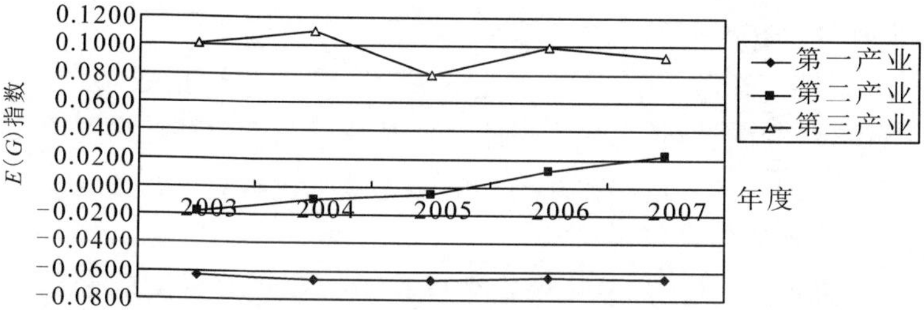

图 4-15　广西林业 $E(G)$ 产业集聚系数发展趋势(2003 ~ 2007)

Fig. 4-15　Trends of Guangxi forestry $E(G)$ industry assemble quotiety development(2003 ~ 2007)

(1)2003 ~ 2007 年，广西林业第一产业的 $E(G)$ 产业集聚指数全部为负数，且系数值都低于 -0.06，说明广西林业第一产业不但没有集聚现象，而且区域产业发展比较分散。广西林业第一产业发展有赖于自然地理分布，广西为丘陵地带，广西地形地貌是桂北以凤凰山、九万大山、大苗山、大南山、天平山等为骨架，主要山脉有猫儿山、越城岭、海洋山、都庞岭、萌渚岭等；桂东北有大桂山、大荣山、云开大山；桂南有六万大山、十万大山；桂西多为岩溶山地；桂西北为云贵高原边缘山地，有金钟山、岑王老山等。地形地貌分布以及广西自然资源禀赋优势决定了广西林业第一产业现在不会出现产业集聚现象。

(2)尽管 2003 ~ 2005 年的第二产业的 $E(G)$ 产业集聚指数都为负数，但是，$E(G)$ 产业集聚指数逐步经历由负数转为正数的过程，且递增幅度比较大。2006 ~ 2007 年为正数，广西林业第二产业 $E(G)$ 产业集聚指数由 2006 年的低度 $E(G)$ 产业集聚指数发展到 2007 年的中度

$E(G)$ 产业集聚指数，可谓是一年上一个台阶。广西林业第二产业 $E(G)$ 产业集聚指数发展势头非常迅猛，年均增长率达到 12.65%，其原因在于：随着广西经济的腾飞，以及市场经济体制的逐步完善，产业集聚所产生的外部效应已经成为引导产业区域分布变化的重要原因，而拥有资本和技术密集型性质的第二产业具有较强的规模效应，同时，知识和信息溢出也对第二产业的产业集聚过程产生重要影响。第二产业的产业集聚过程基本与广西林业产业区域竞争力发展水平一致，由此进一步说明，广西林业产业区域竞争力水平的提升与广西林业第二产业的集聚水平提高存在高度的密切关系。

(3)2003～2007 年的第三产业的 $E(G)$ 产业集聚指数均在 0.08 以上，且呈现螺旋式增长趋势，说明广西林业第三产业存在高度产业集聚现象，丰富的森林景观资源和便利的交通基础设施对广西林业第三产业发展产生很大的促进作用。

总体来说，$E(G)$ 产业集聚指数反映了产业集聚程度的变化，广西林业三次产业的 $E(G)$ 产业集聚指数在很大程度上从另一个角度验证了广西林业产业区域集中度的可行性与可靠性。广西林业产业的区域集中度与三次产业的 $E(G)$ 产业集聚指数的变化轨迹具有一定的相关性：第一产业的区域集中度比较低属于无产业集聚现象；第二产业具有比较高的产业区域集中度，属于中度产业集聚现象且呈现递增现象；第三产业区域集中度比较高，同时，其 $E(G)$ 产业集聚指数也很高，具有高度产业集聚现象。

5 广西林业产业区域竞争力的评价分析

5.1 产业区域竞争力的影响因素分析

研究产业区域竞争力的目的不仅仅是在于客观的分析产业区域竞争力的实际结果，更重要的是要寻找到影响产业区域竞争力因素，从而找到提升产业区域竞争力的有效方法和途径。从本质上来看，不同产业其区域竞争力的决定因素是不同的，这种差异主要是由产业本质特征与产业发展阶段等因素影响。纵观此前的研究表明，目前，影响我国林业产业区域竞争力的原因在于：政府政策支持与制度建设、自然资源禀赋优势、林业从业人员素质提高、林业科技进步与管理水平的提高、林业产业结构调整和升级、林业产业发展机遇等。

5.1.1 政府政策支持与制度建设

政府及其行政主管部门对林业的支持是指以地方政府和行政主管部门为主体，为促进林业发展，不断追加林业生产建设投资，培育林业技术人才，促进林业科技进步，提高林业生产水平，实现林业持续、快速、健康发展而采取的一系列经济、法律和行政等手段措施。尽管世界经济发展规律强调加强市场机制的作用而减少政府干预，但是，由于林业所具有的经济、社会、生态等综合效益的特殊性以及在国民经济中的基础地位，林业产业发展以及林业可持续发展依然需要地方政府大力支持。而在对林业产业区域竞争力支持的政策上，地方政府主要通过培育高级林业科技人才和加强林业科研建设等途径来提高林业产业区域竞争力；同时，地方政府可以通过投资用以充实林业产业区域竞争力的物质基础，增加公共投资项目建设以及完善基础设施来增强林业发展后劲，增加林业产业发展的建设资金，可以通过宏观政策引导林业产业发展。此外，地方政府可以通过其他措施支持林业发展，用以支持提升林业产业区域竞争力。

5.1.2 自然资源禀赋优势

影响区域林业产业区域产业竞争力的基础理论是要素禀赋理论。英国早期经济学家亚当·斯密(1776)提出的绝对优势理论认为竞争力来自生产成本和效率的差异，大卫·李嘉图(1817)在阐述了比较优势理论时认为一国在不具备绝对优势时可以通过与其他国家产业的相对比较优势参与国际竞争，从而体现这一个国家的竞争力。在此基础上，赫克歇尔(1919)在继续分析国家竞争力时提出了要素禀赋理论，并由其学生瑞典经济学家俄林(1933)加以完善，故而又把要素禀赋理论称之为H-O模型。该理论的主要内容是，由于各国或各区域之间在生产要素禀赋上存在差异，从而导致要素价格也有差异，这又进一步引起生产成本和产品价格的差异，也就是说，资源数量和要素价格的差异是各国或各区域竞争力差异的根本原因。基于要素禀赋理论，本文认为自然资源禀赋影响着林业在区域社会分工的地位、经济增长状况和获利状况。其原因在于自然资源和在生产要素禀赋上存在的差异将导致要素价格产生差异，这又进一步引起生产成本和产品价格的差异，这些差异最终又将体现在产业区域竞争力水平上。尽管自然资源和再生产要素禀赋对提升产业区域竞争力水平具有绝对的影响，但是，提升林业产业区域竞争力还可以通过对自然资源的合理开发利用、林业生产布局调整、林业科学技术进步等途径实现，各地区还可以扬长避短、趋利避害，充分利用不同的自然资源禀赋，通过林业科技进步、林业企业管理水平提高以及产业结构调整，可以提高林产品的产量、品质，并降低生产成本，形成林产品的专业化生产与区域化布局。通过自然资源和再生产要素禀赋的优化匹配，可以使自然资源和再生产要素禀赋的潜力得到充分发挥，从而使资源配置与优化在提高林业劳动生产效率和产品质量、降低林产品生产成本中的效能等方面得到更大发挥，从而使林业产业在区域市场竞争中取得优势。

5.1.3 林业从业人员素质提高

林业从业人员素质是一个综合概念，它包括林业劳动者身体素质与知识技能两个方面。体质主要包括劳动者的身体和心理健康情况，而知识技能则是指劳动者所具有的文化科学知识、技术、能力、道德、观念、意识等方面的情况。林业从业人员的知识能力主要包括林业从业人员对林业科技的认识、理解与应用能力，运用现有物质基础从事科学技术研究的能力，以及从事林业产业现代化生产经营管理能力。实践证明，产业集聚是专业知识的聚宝盆，通过知识溢出效应，提高集聚区内林业从业人员的科技文化素质。提高林业从业人员素质，可以极大地提高林业劳动生产率；运用科技进步不断节约林业资源、提高林业资源的效能、促进生态环境有效保护，可以进一步促进林业产业结构调整，可以增强其对林业科技成果的吸收能力，能促进林业产业结构调整与升级。通过提高林业从业人员素质，最终提升林业产业区域竞争力。因此，高素质林业从业人员是林业先进生产力的代表，是市场经济中最有生机和活力的市场主体，是林业产业区域竞争力提升的人才基础，是评价林业产业区域竞争力的重要的基础指标。

5.1.4 林业科技进步与管理水平的提高

林业技术进步是指林业科技创新及其转化成现实生产并促进林业发展的过程。林业技术创新包括林业技术领域中的技术发明与创新的过程。也就是说林业技术创新是一个不断构思明新的林产品、新的工艺和生产设备，进行林业新技术研究与开发或者试验发展的全过程；科技成果转化过程是一个引进、消化、吸收、模仿、改良、扩散林业技术过程，是一个不断把林业新构思、新技术推广应用到林业生产实践中的全过程，是合理、有效配置物资设备和资源，结合原有生产要素(投入物)通过市场把林业发展的新发明、新创作、先进的生产技术等新科技应用于林业发展，促进林业进步和林业生产总值的长期增殖以及林区安居乐业和社会稳定，不断提高林业生产的社会、经济、生态效益的过程。

管理水平的提高有助于提升林业产业区域竞争力。其一，管理水平的提升促进林业产业发展，提升林业产业在社会经济发展中的地位。随着我国社会经济的发展和市场经济体制的不断完善，林业经济发展需要不断提高林业经济管理水平，林业经营管理水平的提高不断促进林业产业结构调整与升级，林业经营管理水平的提升不仅提供了全国生态安全保障，而且林业资源不断满足日益增长的国民经济增长以及人民物质生活的需要。现代信息化建设为林业经营管理水平的提升提供便捷的途径，林业信息化建设不断推进林业高科技化，加快林业产业机构调整与升级，促进林业经济增长，提高林农收入，从根本上摆脱林业“资源危机、经济危困”的局面。其二，林业经营管理水平的提升的同时也提高林业生产效率，降低生产成本，提高林业产业区域发展的比较优势，提升林业产业区域竞争力。其三，提升林业经营管理水平可以提高林产品的技术含量和附加值，从而提高林产品非价格竞争优势，并且间接影响林业产业区域竞争力。

5.1.5 林业产业结构调整和升级

林业产业结构是指林业产业中林业诸要素的构成和组织，是由多种林业生产要素有序组织的复杂的大系统，其内容涉及林业产前、产中、产后各个环节，包括林业投资结构和林业组织结构等等方面。所谓产业组织结构，是指同产业或市场内企业之间的结构和关系，既包括企业规模和规模结构即大中小型企业各自的比重和市场竞争关系，又包括生产经营同类产品的企业间相互分工和协作的关系。调整林业产业结构即是调整林业投资结构与林业组织结构等结构体系，其核心是对企业规模与规模结构的调整。林业产业结构调整与升级是林业产业结构的核心，是林业产业区域竞争力重要的影响因素。

新古典内生经济增长理论表明：规模经济产生规模效益。马歇尔将规模经济分为内部规模经济和外部规模经济。内部的规模经济一般指规模报酬递增，假设投入要素价格和生产技术不变，则规模报酬递增产生规模经济；外部的规模经济侧重的是产业的整体规模与产业内分工状况，通过信息交流与交易成本的降低实现规模经济。由此可见，发展经济学理论表明，规模经济产生规模效益。规模经济通过成本下降收益增加来提升产业区域竞争力。不管是企业的内部规模经济还是企业的外部规模经济由于都会使企业减低生产成本而增强企业的竞争力，进而增强产业的竞争力。

由此理论得知，提升林业产业区域竞争力，一要区域内的林业产业不断发展壮大，实现有限资源的优化配置，将优先的资源转化有竞争优势的部门和有竞争优势的林产品上来，给企业带来最小平均成本的生产规模，从而实现企业内部的规模经济。二是区域林业发展需要对林业产业各业之间的技术水平和经济效益分布状态的调整，使得林业产业内部分工合理，提高产业集中度，形成一定的产业集群，产生集聚效应，从

而实现企业外部的规模经济。因此，林业产业结构调整是增强林业产业竞争重大举措，

5.1.6 林业产业发展机遇

机遇的重要性在于，他们创造了非连续性，改变了各个地方的产业竞争地位，可能使不适应新形势的国家或者企业失去其竞争优势，也可能为适应新形势的区域或者企业赢得区域竞争优势提供机遇。对林业产业来说，机遇是指非常好的气候或者发明活动、重大的技术发明、世界形势的变化等等。广西林业产业区域竞争力水平的提升需要国家和地方政府不断给予区域林业发展的机遇，或者区域林业产业通过自身努力不断创造区域林业发展的机遇，从而促进区域林业产业生产发展以及产业结构调整，提高经营管理水平，提高经济效益，提升林业产业的区域竞争力水平。

5.2 林业产业区域竞争力评价指标体系的设计原则

林业产业区域竞争力评价是一个复杂的系统工程。因此，客观、科学的评价林业产业区域竞争力，必须要建立一套科学、合理的竞争力评价指标体系和系统评价方法，以此对林业产业区域竞争力进行评价，从而保证林业产业区域竞争力评价的有效性。近年来，尽管国内学术界对产业竞争力评价的指标体系进行了积极的探讨，不同研究由于其对产业竞争力的不同理解与研究的角度不同，选择了不同的评价指标体系，内容相差极大。但是，迄今为止，产业区域竞争力评价指标体系域方法研究仍是一个薄弱领域，需要做进一步深入研究。林业产业区域竞争力的研究更是如此。基于国内学者先前研究的科研成果，本文对林业产业区域竞争力综合评价指标体系设计的所遵循的基本出发点是：尽可能利用现有的统计资料提供的数据进行客观、准确地反映区域林业产业竞争力。指标体系的规模要适当，因为指标太少，虽然能够减少评价的工作量，但是难以综合反映评价对象的特征；而指标太多，虽然有利于把握评价对象的特征，但是加大了评价的工作量，尤其是采用加性并和规则时，指标间的互补性会掩盖评价对象之间的差异性。

林业是一个自然、经济、社会的复合系统，其内部由许多子系统构成。林业发展变化是由各子系统相互作用的结果。因此，林业产业区域

竞争力评价指标体系的建立必须既能体现经济可持续、生态可持续和社会可持续三个方面的现状又能反映其潜力以及发展程度。建立林业区域竞争力评价指标体系必须强调系统性，因此，在构建产业区域竞争力评价指标体系时，应遵循系统论的思想，有层次的构建指标体系，形成各个指标既有侧重又相互联系，能比较系统综合反映林业产业区域竞争力水平和发展程度。然而，在一定程度上，任何的人为的评价标准都具有主观性，为了尽量避免过多的主观成分的作用，在确定指标体系时应遵循如下原则：

5.2.1 对象客观性原则

林业产业区域竞争力是区域林业产业发展综合实力的体现，它有自己的本质和外在表现。因此，对林业产业区域竞争力的评价指标的选择必须要分析它的本质和外在表现，用以体现林业产业区域竞争力评价的客观性。

5.2.2 科学性与可行性原则

指标体系必须要建立在科学的基础上，指标名称规范、含义明确，尽可能选用经济、社会、生态等方面的国家或行业的评价、统计指标。指标的选择必须从林业产业组织合理化的目标出发，提高指标的可行性与社会公众的易理解程度。指标体系的数据必须有现实的可达到的收集渠道，确保评价结果准确合理。能充分林业产业区域竞争力综合实力的内在机制，测算方法标准，统计计算方法简便实用，注重提高指标的可操作程度，即要考虑指标基础数据获取的难易程度和可靠性，尽可能选用综合性指标，降低获取、处理数据的成本。又能够切实反映统一测算和量化林业产业区域竞争力现实水平与发展程度，科学地反映区域林业产业的发展现状与变化过程。[162]

5.2.3 系统性原则

系统性包括指标体系的完整性和结构的层次性。一方面要求体系能够系统地反映林业产业区域竞争力的综合水平；另一方面要求体系构成一个目标明确、层次分明、相互衔接的有机整体。

5.2.4 针对性原则

本文主要对全国范围内的各个区域林业产业竞争力进行对比研究，与 IMD 和波特的研究在研究对象上有着本质的不同。同时考虑到在我国进行林业产业区域竞争力比较分析研究必须体现生态林业的重要性，因此，在研建评价指标体系时应能科学、客观地表明国内各区域间林业产业区域竞争力的现状与差异，用以体现本研究评价指标体系所具有的明显的针对性原则。

5.2.5 重点和准确相结合原则

在构建区域林业产业区域竞争力评价指标时，可以选用的指标很多，多选择一些指标，虽然在一定程度上可以提高评价的准确定，但由于指标列得太多，反而会影响关键因素作用的体现。因此，林业产业区域区域竞争力评价指标的选择与设置必须抓住林业产业区域竞争力的主要方面和本质特征，突出反映林业产业区域竞争力的主要指标，尽可能用少缺乏准确度的指标去评价林业产业区域竞争力水平。

5.3 林业产业区域竞争力评价指标体系

在产业竞争力评价指标体系设计研究中，瑞士洛桑国际管理学院(IMD)的对国家竞争力的研究成果得到世界学术界的承认。IMD将国际竞争力分为八大要素：国内经济实力、国际化程度、政府作用、金融体系、基础设施、企业管理、科研开发、国民素质。在我国，已有一些学者和专家对林业产业竞争力进行过研究。孔凡斌(2006)以迈克尔·波特理论为基础，从生产要素、需求状况、关联产业、企业战略、结构和竞争等4个方面定性评价中国林业产业的竞争环境条件，从主要产品国际市场占有率、国际贸易数量、国际贸易价值、国际贸易价格、产业和企业利润水平以及劳动力效率等5个方面定量评价中国主要林产工业品国际竞争能力。石大立、叶玉琴(2006)从分工的角度，运用制度经济学理论分析了在缺乏林业资源的地方，通过培育专业市场、促进产业集聚等内生比较优势的机理来研究林业经济竞争力。宋诚英(2007)借助产业竞争力理论和评价方法，以近10年的连续数据为依据，对江西及周边7省的森林资源、林业产业产值、产业结构、林产工业地位指数及其变动趋势进行分析评价，揭示了江西林业产业竞争能力。但是，他们的理论只是对林业产业竞争力进行定性的分析，并未对我国林业产业区域竞争力进行定量的综合评价。

林业产业不仅具有工业的一般产业特征，随着社会对林业认识的不断深入以及由于人们生活水平的逐步提高，人类越来越重视林业的生态功能，在对林业产业区域竞争力进行评价时，林业生态功能是成为林业产业区域竞争力进行评价所必须要考虑的因素。因此，借鉴国内外国际竞争力的研究成果，本文在WEF、IDM、孔凡斌、石大立、叶玉琴、宋诚英等单位和专家学者的研究成果的基础上，不仅把区域竞争力的研究理论引进国内地区之间进行研究，同时还把生态功能指标引入到林业产业区域竞争力的评价指标体系。

基于以上理论的分析，结合林业产业区域竞争力评价指标体系设计的原则，本文把林业产业区域竞争力评价指标体系细分为林业产能竞争力、林业产业市场竞争力、林业技术竞争力、林业资本竞争力、林业生态贡献力等五个方面的系统层，确定了林业总产值、林产品工业销售产值、林产工业总产值、林业劳动生产率林、业从业人员人均收入、林业产业市场占有率、林产品销售率、林业总产值与地方经济总产值比重、林业从业人员、林业技术人员、林业技术人员投入强度、科技交流与推广服务人员、林业固定资产投资、人均固定资产投资、设备投资、林业自筹投资、森工企业投资、林业用地面积、森林面积、森林蓄积量等20个变量指标。具体见表5-1。

5.3.1 林业产能竞争力

反映林业生产竞争力(*F*1)的指标有：

(1)林业总产值(*F*1.1)。林业总产值是以货币表现的，是报告期内林业生产最终有效成果的价值总和，反映区域林业产业的总体水平，是体现林业产业区域竞争力水平主要指标。

(2)林产工业产值(*F*1.2)。该指标是反映林业生产能力的重要指标，工业产值越高，表明林产工业发展后劲越大，林业产业区域竞争力水平也越高。

(3)林产品工业销售额(*F*1.3)。林产品工业销售产值反映区域林产工业发展水平，体现区域林业产业市场发达程度。

表 5-1 林业产业区域竞争力综合评价指标体系

Tab. 5-1 Forestry regional competitiveness overall evaluation index system

单位:%

总体层	系统层	变量层
林业产业区域竞争力综合评价指数	林业产能竞争力(*F*1)	1. 林业总产值(*F*1.1)
		2. 林产品工业销售额(*F*1.2)
		3. 林产工业总产值(*F*1.3)
		4. 林业劳动生产率(*F*1.4)
		5. 林业从业人员人均收入(*F*1.5)
		6. 林业总产值与地方经济总产值比重(*F*1.6)
	林业产业市场竞争力(*F*2)	7. 林业产业市场占有率(*F*2.1)
		8. 林产品销售率(*F*2.2)
	林业技术竞争力(*F*3)	9. 林业从业人员(*F*3.1)
		10. 林业技术人员(*F*3.2)
		11. 林业技术人员投入强度(*F*3.3)
		12. 科技交流与推广服务人员(*F*3.4)
	林业资本竞争力(*F*4)	13. 林业固定资产投资(*F*4.1)
		14. 人均固定资产投资(*F*4.2)
		15. 设备投资(*F*4.3)
		16. 林业企业自筹投资(*F*4.4)
		17. 森工企业投资(*F*4.5)
	林业生态贡献力(*F*5)	18. 林业用地面积(*F*5.1)
		19. 森林面积(*F*5.2)
		20. 森林蓄积量(*F*5.3)

(4)林业劳动生产率(*F*1.4)。林业劳动生产率是考核林业经济活动的重要指标，是林业生产技术水平、经营管理水平、从业人员技术数量程度和劳动积极性的综合表现。一个区域林业劳动生产率可以代表该地区在激烈的市场竞争中的地位，如果区域林业劳动生产率水平高于社会平均水平，则其成本就会低于社会平均成本，那么，其盈利水平就有可能较高，区域林业产业的市场竞争力里就会较强。本文以人均林业从业人员的林业总产值反映林业劳动生产率的高低。

(5)林业从业人员人均收入(*F*1.5)。该指标反映林业从业人员的劳动报酬所得，同时也反映林业产业区域经济发展水平以及区域林业产业对人才的吸引能力。本文以林业从业人员的人均区域林业工资总额反映林业从业人员人均收入水平的高低。

（6）林业总产值占地方经济总产值比重（*F*2.3）。该指标反映林业产业在地区的区域经济发展中的重要程度。林业总产值与地方经济总产值比重越大，说明林业产业在推动地方经济发展的能力越大，区域经济发展将对林业产业发展也越来越重视。本文以区域林业总产值占全国各省市的国内生产总值的比重来计算林业总产值与地方经济总产值比重。

5.3.2 林业产业市场竞争力

反映市场竞争力（*F*2）的指标主要有：

（1）林业产业市场占有率（*F*2.1）。反映林业产业区域竞争力水平很重要的指标是林业产业市场占有率。一般来说，某一区域林业产业总产值在全国林业总产值中占有的份额越大，说明该区域林业产业在全国林业发展的重要性就越大，表明该区域林业产业竞争力越强。限于数据的可取性，本文用全国各省市的林业总产值占全国林业总产值的比重来计算区域林业产业市场占有率以及第一、二、三产业产值各省市占全国的比重。

（2）林产品销售率（*F*2.2）。该指标反映林产品生产已实现销售的程度，是分析林业产销衔接情况以及研究林产工业品满足社会需求的指标。产品销售率越高，反映区域林产工业对市场需求的适应能力越强。本文以全国各省市的林产工业销售收入与林产工业销售总额的比重来计算区域林产品销售率。

5.3.3 林业技术竞争力

反映林业技术竞争力（*F*3）的指标主要有：

（1）林业从业人员（*F*3.1）。该指标是反映区域林业产业人力资源储备水平的重要指标。

（2）林业技术人员（*F*3.2）。该指标反映区域林业产业人才资源现状以及为体现实现林业产业化发展的人才储备能力，林业技术人员越多，说明林业产业人才储备越雄厚，区域林业产业的发展后劲越大，同时，在很大程度上可以反映区域林业产业发展的技术实力。

（3）林业技术人员投入强度（*F*3.3）。即林业技术人员占林业从业人员的比例，反映 R&D 的人力投入水平的指标。

（4）科技交流与推广服务人员（F3.4）。该指标是同样反映区域林业产业人才储备能力，科技交流与推广服务人员越多，说明服务区域林业产业发展的人员越多，林业科技传播速度越快，林业技术的传播面越宽，区域林业经济发展越快。同时也是林业产业科技经费的投入水平反映。

5.3.4 林业资本竞争力

反映林业资本竞争力(*F*4)的指标主要有：

(1)林业固定资产投资(*F*4.1)。该指标是一个反映资产实力及其发展潜力的指标，表现区域林业产业发展的物质基础，体现区域林业产业发展的物质储备以及林业产业资本有机构成水平。

(2)人均林业固定资产(*F*4.2)。该指标反映区域居民参与林业生产经营活动的水平。以林业固定资产与区域总人口之比来计算。

(3)设备投资(*F*4.3)。该指标反映区域林业从业人员从事林业生产经营活动所共同拥有劳动工具的数量，设备投资越大，林业从业人员从事生产经营的设备越多，林业从业人员参与林业生产经营越便利，林业从业人员的生产效率就越高，林业产业的产出效益也越高。

(4)林业企业自筹投资(*F*4.4)。该指标反映区域林业产业发展的筹资能力。区域林业产业自筹投资越多，说明该区域林业产业活动非常活跃，林业产业发展的信心越足。

(5)森工企业投资(*F*4.5)。该指标体现区域林产工业的发展水平。森工企业投资越大，说明该地区的林业发展具有很强的吸引力，林产工业也越发达。

5.3.5 林业生态贡献力

反映林业生态贡献力(*F*5)的指标主要有：

(1)林业用地面积(*F*5.1)。该指标反映动植物生存面积的大小。林业用地面积越大，动物活动的空间越大，更有利于动植物的休养生息，更好地保护了生物多样性。

(2)森林面积(*F*5.2)。该指标反映动植物安全性保障和水土保持能力。区域森林面积越大，不仅保证了动物的远离人类干扰的生存空间，保证了动植物的安全生息。同时森林面积越大，对区域的水土保持与水源涵养以及空气净化的功能也越大。

(3)森林蓄积量(*F*5.3)。体现林业自身发展的条件，区域森林蓄积量越大，林业为谁经济发展提供的物质储备就越强。

5.4 林业产业区域竞争力评价方法

林业产业区域竞争力评价是多指标综合评价。由于层次分析法属于系统评价技术和多目标决策的范畴，其不仅可以进行单项评价同时也多指标综合评价。因此，本文采用多元统计分析中的层次分析法中的主成分分析作为评价林业产业区域竞争力的方法。

所谓主成分分析(principal component analysis，PCA)，是指通过对一组变量的几个线性组合来解释这组变量的方差和协方差结构，以达到数据的压缩和数据的整理的目的。主成分分析是一种实用的多元统计方法。这种方法的独到之处在于，能够消除指标样本间的相互关系，在保持样本主要信息量的前提下，提取少量有代表性的主要指标。同时，在分析过程中得到主要指标的合理权重，用主成分作为决策分析的综合指标值。由于主成分分析法具有上述特点，近年来在多指标综合评价上得到越来越广泛的应用(漆雁斌，2007)。

(1)主成分分析的基本思想。在经济问题的研究中，会遇到影响一个问题的很多变量，这些变量多且又有一定的相关性，因此我们希望从中综合出一些主要的指标，这些指标所包含的信息量又很多。根据这些特点，使我们在研究复杂问题时，容易抓住主要矛盾。

提取综合指标的思路是：设有指标 X_1，…，X_P，取综合指标即它们的线性组合 F，使线性组合 F 包含很多的信息，即 var(F)最大，这样得到 F 记为 F_1，然后再找 F_2，F_1与 F_2无关，以此类推，找到一组综合变量 F_1，F_2，…，F_m，这组变量基本包含了原来变量的所有信息。

(2)主成分分析的数学模型及集合解释。

①数学模型。

设样本矩阵为：

$$X=(x_1,\ x_2,\ \cdots,\ x_p)=\begin{bmatrix} x_{11}, & \cdots, & x_{1p} \\ \cdots, & \cdots, & \cdots \\ x_{n1}, & \cdots, & x_{np} \end{bmatrix} \tag{5.1}$$

综合指标为：

$$F_1=a_{11}x_1+a_{21}x_2+\cdots+a_{p1}x_p \tag{5.2}$$

$$F_m=a_{1m}x_1+a_{2m}x_2+\cdots+a_{pm}x_m \tag{5.3}$$

简写为

$$F_i = a_{1i}x_1 + a_{zi}x_2 + \cdots + a_{pi}x_p (i = 1, \cdots, m) \tag{5.4}$$

并取

$$a_{1i}^2 + \cdots + a_{pi}^2 = 1 \tag{5.5}$$

要求：①F_i，F_j不相关。②F_1是X_1，…，X_P的线性函数中方差最大的，以此类推。

综合评价值可以根据具体情况，可以取第一主成分，也可以用 m 个主成分的加权平均值，权数为各主成分的贡献率。

5.5 2007 年度广西林业产业区域竞争力的评价分析

对产业区域竞争力的评价，首先是确定评价的区域单元。一般来说，对区域竞争力进行研究都是按照行政区域来划分区域单元。在国外对研究区域单元确定的学者中，Kisri Mukkala(2003)在研究芬兰制造业的集聚经济时，所采用的资料覆盖了芬兰 83 个区域，Ellison 和 Glaeser (1997)运用的是美国 51 个州，Aleche 等(2003)在研究德国的高技术产业集聚是采用的地理单元是 440 个郡(ocunties)。而在中国若按照行政区划，可以分成 31 个省级行政区域，进一步细化便是 600 多个城市。按照中国目前的统计资料，一般分区域的数据统计都是按照省级区划，大部分还没有细化到城市。所以，本文试图用省级区划作为对中国林业产业区域竞争力研究的区域单元，根据《中国林业统计年鉴》(2003，2004，2005，2006，2007)和《中国统计年鉴》(2003，2004，2005，2006，2007)的统计资料，采用主成分分析等多元统计方法，对广西林业产业省域竞争力进行实证研究。

5.5.1 产能竞争力评价及排序

在分析产能竞争力时，共涉及 6 项变量指标，主要选取我国各省林业产业总产值、林产工业总产值、林产品工业销售额、林业生产率、林业从业人员年均收入、林业总产值占地方 GDP 比重等变量指标进行研究；资料见表 5-2。在对产能竞争力的各指标进行因子分析时，由于 $KMO = 0.540$，表明已经通过检验，为了对林业产业区域竞争力评价时以求方差贡献率最大而达到客观评价产能竞争力水平的目的，本文共选取了三个主成分，第一、二、三主成分的方差贡献率分别为 47.98%、

29.60%、13.06%，这三个主成分从总体上反映6项指标方差贡献的90.64%，符合主成分分析法要求的方差贡献的85%。这三项公因子就可以代替评价经济实力的6项指标，产能竞争力评价如下：

表5-2 2007年林业产能竞争力情况表

Tab. 5-2 Forestry product competitiveness situation table in 2007

省份	林业总产值（万元）	林产品工业销售产值（万元）	林产工业总产值（万元）	林业生产率（万元/人）	在岗职工年均收入	林业总产值占地方GDP比重
北京	619221	3102	3102	21	36482	0.0078678
天津	168658	0	0	141.61	23333	0.0038691
河北	5161938	79395	79438	194.94	14620	0.0442688
山西	958869	10	10	39.43	14368	0.0201759
内蒙古	1932429	89939	90842	13.63	11809	0.0403305
辽宁	3951389	325462	320785	147.28	13502	0.0427124
吉林	3045551	292843	299941	24.52	11048	0.071239
黑龙江	4418432	284423	288991	13.96	8231	0.0713928
上海	434880	20184	20184	278.95	45448	0.0041951
江苏	8145093	6000	5286	406.16	14633	0.0376302
浙江	11940412	8339	8040	914.9	33338	0.0758482
安徽	3468800	116397	165448	135.56	12663	0.0564149
福建	11807520	153228	260322	391.44	19489	0.1550652
江西	6103350	96409	89603	93.24	11449	0.1306779
山东	8610318	290029	301988	278.42	16901	0.0390007
河南	4300688	14635	68521	143.33	11298	0.0344166
湖北	4402317	158197	168726	132.82	11673	0.0580679
湖南	6301362	402342	421779	126.51	14562	0.0832534
广东	13755312	270871	283583	365.43	18490	0.0524922
广西	5266263	585899	418493	106.74	16337	0.109066
海南	2077118	3847	3847	301.03	11510	0.1972853
重庆	1471230	2473	2960	181.43	15686	0.0421366
四川	6908923	181164	265344	108.56	14520	0.0799847
贵州	1935298	54662	68052	53.32	15101	0.0848071
云南	3523616	51363	66990	68.32	17462	0.0879427
西藏	89351	2071	1276	36.43	14092	0.0307038
陕西	1675694	47747	48894	46	13239	0.0370422
甘肃	813570	761	771	21.61	15332	0.0357346
青海	22716	0	0	2.23	16214	0.0035406
宁夏	272232	0	0	27.17	15097	0.0383015
新疆	1310795	463	1527	58.19	17873	0.0430438

为了避免不同指标数据量纲对主成分分析的影响，有必要对数据进行标准化处理。计算方法为：

（1）根据获得的基础数据计算出各个指标的平均值 $\bar{X}$ ；

（2）根据公式：

$$S = \sqrt{\frac{\sum_{i=1}^{n} (x_i - X)^2}{n - 1}} \tag{5.6}$$

计算出各变量的标准差 S；

（3）计算指标对应的标准化值 STD ：

$$STD_i = \frac{x_i - \bar{X}}{S} \tag{5.7}$$

运用以上标准化公式对表 5-2 中的资料进行数据标准化后所得资料见表 5-3。

表 5-3　2007 年林业产能竞争力标准化的数据

Tab. 5-3　Forestry product competitiveness standardization data in 2007

省份	林业总产值	林产品工业销售产值	林产工业总产值	林业生产率	在岗职工年均收入	林业总产值占地方 GDP 比重
北京	-0.76955	-0.09683	-0.84907	-0.74469	2.47709	-0.813
天津	-0.88139	-0.09953	-0.87139	-0.08539	0.808541	-2.5
河北	0.358005	-0.03037	-0.29988	0.206131	-0.2971	0.117
山西	-0.68525	-0.09952	-0.87132	-0.64394	-0.32908	-0.59
内蒙古	-0.4436	-0.02119	-0.21784	-0.78497	0.6538	-0.209
辽宁	0.057532	0.183958	1.436463	-0.0544	-0.43897	0.023
吉林	-0.16731	0.155546	1.286503	-0.72544	-0.75037	0.349
黑龙江	0.173458	0.148212	1.207724	-0.78317	-1.10783	0.47
上海	-0.81531	-0.08195	-0.72618	0.665359	3.614835	-0.886
江苏	1.098459	-0.0943	-0.83336	1.360733	-0.29545	0.456
浙江	2.040502	-0.09227	-0.81355	4.141685	2.078131	1.203
安徽	-0.06225	0.001856	0.318908	-0.11846	-0.54543	-0.289
福建	2.007516	0.033937	1.001468	1.280269	0.320755	1.747
江西	0.591674	-0.01555	-0.22675	-0.3498	-0.69948	1.693
山东	1.213933	0.153095	1.30123	0.662462	-0.00765	0.236
河南	0.144232	-0.08678	-0.37842	-0.07599	-0.71865	-1.355
湖北	0.169458	0.038265	0.342491	-0.13344	-0.67106	0.181

（续）

省份	林业总产值	林产品工业销售产值	林产工业总产值	林业生产率	在岗职工年均收入	林业总产值占地方GDP比重
湖南	0.640823	0.250923	2.163053	-0.16793	-0.30446	0.756
广东	2.490981	0.136408	1.168817	1.138089	0.193986	0.839
广西	0.383899	0.410807	2.139413	-0.276	-0.07922	1.798
海南	-0.40768	-0.09618	-0.84371	0.786056	-0.69174	2.328
重庆	-0.55807	-0.09738	-0.85009	0.13228	-0.16183	-0.461
四川	0.791627	0.05827	1.037599	-0.26605	-0.30979	0.319
贵州	-0.44289	-0.05192	-0.3818	-0.56801	-0.23606	0.206
云南	-0.04865	-0.05479	-0.38944	-0.48602	0.063538	0.32
西藏	-0.90107	-0.09773	-0.86221	-0.66034	-0.3641	0.501
陕西	-0.50732	-0.05794	-0.51963	-0.60803	-0.47234	-0.303
甘肃	-0.72131	-0.09887	-0.86584	-0.74135	-0.20675	-0.373
青海	-0.91761	-0.09953	-0.87139	-0.84729	-0.09483	-2.517
宁夏	-0.85568	-0.09953	-0.87139	-0.71096	-0.23657	-1.942
新疆	-0.59789	-0.09913	-0.8604	-0.54139	0.115692	-1.304

采用主成分分析多指标综合评价的方法，根据表5-3中的有关中国林业产业省域产能竞争力的数据，运用统计软件SPSS，计算得到的各省林业产业产能竞争力的评价结果如下。

具体计算过程如下：

(1)KMO与Bartlett's检验：

表5-4 KMO and Bartlett's 检验表

Tab. 5-4 KMO and Bartlett's check list

样本充分性的KMO衡量		0.540
巴特利特的球体检验	约·卡方	141.429
	自由度	15
	显著性检验	0.000

KMO = 0.540 < 0.5 说明所选择样本和变量指标不够充分。

(2)计算样本相关系数矩阵：

1.000　0.420　0.513　0.703　0.005　0.594

0.420　1.000　0.960　-0.042　-0.242　0.457

0.513	0.960	1.000	-0.011	-0.272	0.457
0.703	-0.042	-0.011	1.000	0.415	0.394
0.005	-0.242	-0.272	0.415	1.000	-0.180
0.594	0.457	0.457	0.394	-0.180	1.000

(3)计算规格化特征向量:

0.811	0.811	-0.118
0.828	-0.409	0.35
0.861	-0.382	0.305
0.394	0.874	-0.088
-0.216	0.695	0.64
0.77	0.153	-0.369

(4)计算累积贡献率:

表 5-5 累积贡献率

Tab. 5-5 accumulated contribution rate

	特征值	百分率(%)	累计百分率(%)
1	2.878	47.975	47.975
2	1.776	29.603	77.578
3	0.784	13.059	90.637

(5)以贡献率为权重计算主成分因子得分综合值及竞争力排名:

表 5-6 2007 年全国各省市林业产能竞争力综合值及竞争力排名

Tab. 5-6 nationwide every province forestry product competitive integrate value and competitiveness Rank in 2007

单位:%

省份	主成分 1	主成分 2	主成分 3	综合得分	排名
浙江	0.8381	3.8048	-0.2112	9.0038	1
广东	1.7243	0.8480	0.2268	6.6464	2
福建	1.5169	1.1246	-0.3945	6.0535	3
广西	2.0304	-1.1463	1.4462	4.9416	4
山东	1.2229	0.0908	0.6764	4.2110	5
湖南	1.5518	-0.9090	1.0851	3.7024	6
上海	-1.0554	1.7411	2.8149	2.2617	7
辽宁	0.8645	-0.8399	0.8384	1.6537	8

（续）

省份	主成分1	主成分2	主成分3	综合得分	排名
江苏	0.1656	1.2085	-1.3967	1.5278	9
四川	0.7183	-0.3648	0.1381	1.5277	10
吉林	0.6940	-1.2449	0.4075	0.1060	11
黑龙江	0.8048	-1.2831	-0.0385	0.0072	12
江西	0.4481	-0.1066	-1.4428	-0.0307	13
河北	0.0058	0.1878	-0.5811	-0.1054	14
湖北	0.2896	-0.4323	-0.3555	-0.2129	15
海南	0.0799	0.5118	-2.1787	-0.5693	16
北京	-1.2024	0.6727	1.9078	-0.7700	17
安徽	0.0153	-0.4022	-0.1621	-0.7973	18
云南	-0.2747	-0.0424	-0.3440	-1.1354	19
贵州	-0.4012	-0.3206	-0.4564	-2.0819	20
重庆	-0.7406	0.1549	-0.5262	-2.2690	21
河南	-0.5539	-0.1643	-0.4896	-2.2697	22
内蒙古	-0.3777	-0.7119	-0.4350	-2.6923	23
天津	-1.4214	0.1990	1.1526	-2.8339	24
陕西	-0.5802	-0.4472	-0.5032	-2.8587	25
新疆	-1.0665	-0.1355	0.1138	-3.2208	26
西藏	-0.7221	-0.3316	-0.9415	-3.4052	27
甘肃	-0.8945	-0.3236	-0.4848	-3.5292	28
山西	-0.9140	-0.3276	-0.5183	-3.6185	29
宁夏	-1.2927	-0.4698	0.1393	-4.4456	30
青海	-1.4730	-0.5404	0.5131	-4.7969	31

从表5-6可以看出，中国林业产业产能竞争力排名前十的依次是：浙江、广东、广西、福建、山东、湖南、上海、辽宁、江苏、四川。而广西林业产业产能竞争力水平在全国排名第三。广西林业产业产能竞争力之所以排名第三，其原因在于，林产品工业销售产值、林产工业总产值、林业总产值占地方GDP比重等的竞争力指标值排名全国前列，说明林产品工业销售产值、林产工业总产值、林业总产值占地方GDP比重等指标对提升广西林业产业产能竞争力水平具有极大的作用，广西林产工业体系相对较为发达，特别是广西林化产业一直稳居全国前列，而林业总产值占地方GDP比重水平的提高，更说明了广西林业产业在广西经济发展具有极为重要的作用，广西林业产业的发展将得到广西政府极大的重视。

但是，广西林业产业总产值、生产率水平、在岗职工年均收入水平却只排名第九、十七、十位。说明在构成广西林业产业总产值的第一、二、三产业中，广西林业产业发展依然滞后，阻碍了广西林业产业产能竞争力水平的提升，广西林地面积广、气候条件好、森林资源丰富、经济区位条件好，广西林业应该逐步科技进步与职工素质水平的提高，延长林产业链，不断深化林产品加工，增加林产品附加值，提高广西林业总产值，提升广西林业产业区域竞争力水平；在产能竞争力评价指标的构成中，广西林业生产率水平指标只列为第十七位，说明相对全国水平，在既有的林业总产值中，人均产能水平比较低下，这将是今后广西林业产业必须要重视的问题，必须在人才发展与储备、林业科技水平提升等方面给予足够的重视，用以不断提高广西林业职工的劳动生产率，从而进一步稳定或提高广西林业产业产能竞争力水平。

5.5.2 林业产业市场竞争力评价

在分析林业产业市场竞争力时，共涉及 4 项变量指标，分别是林业产业市场占有率、第一产业产值市场占有率、第二产业产值市场占有率、第三产业产值市场占有率，评价材料见表 5-7。通过 K Monad Bartlett 的检验可以发现，Kais – er Meyer Olkin Measuer of Smanling Adeuqacy 的值等于 0.591，说明所选择的有关市场竞争力评价的变量指标和样本适合于多元统计分析的因子分析法。通过计算，本文共选取两个主成分，第一、二主成分的方差贡献率分别为 67.06%、24.11%，这两个主成分从总体上反映了 4 项指标方差贡献的 91.18%。这两项公因子就可以代替评价市场占有实力的 4 项指标，经过 SPSS 演算，林业产业市场竞争力评价如下：

表 5-7 2007 年林业产业市场竞争力情况表

Tab. 5-7 Forestry industry market competitiveness situation table in 2007

省份	林产品市场占有率	第一产业产值市场占有率	第二产业产值市场占有率	第三产业产值市场占有率
北京	0.0050	0.0093	0.0012	0.0036
天津	0.0014	0.0026	0.0002	0.0018
河北	0.0413	0.0486	0.0377	0.0201
山西	0.0077	0.0159	0.0008	0.0033

（续）

省份	林产品市场占有率	第一产业产值市场占有率	第二产业产值市场占有率	第三产业产值市场占有率
内蒙古	0.0155	0.0188	0.0102	0.0285
辽宁	0.0316	0.0482	0.0194	0.0116
吉林	0.0244	0.0174	0.0271	0.0463
黑龙江	0.0354	0.0322	0.0337	0.0627
上海	0.0035	0.0055	0.0016	0.0031
江苏	0.0652	0.0460	0.0824	0.0654
浙江	0.0956	0.0705	0.1177	0.0972
安徽	0.0278	0.0313	0.0263	0.0150
福建	0.0945	0.0624	0.1350	0.0206
江西	0.0489	0.0504	0.0370	0.1126
山东	0.0689	0.0784	0.0679	0.0174
河南	0.0344	0.0482	0.0232	0.0237
湖北	0.0352	0.0397	0.0308	0.0359
湖南	0.0505	0.0440	0.0469	0.1082
广东	0.1101	0.0546	0.1743	0.0219
广西	0.0422	0.0539	0.0357	0.0126
海南	0.0166	0.0212	0.0141	0.0054
重庆	0.0118	0.0143	0.0074	0.0248
四川	0.0553	0.0495	0.0407	0.1787
贵州	0.0155	0.0171	0.0101	0.0394
云南	0.0282	0.0476	0.0125	0.0132
西藏	0.0007	0.0014	0.0001	0.0006
陕西	0.0134	0.0276	0.0018	0.0043
甘肃	0.0065	0.0127	0.0007	0.0071
青海	0.0002	0.0004	0.0000	0.0001
宁夏	0.0022	0.0045	0.0003	0.0004
新疆	0.0105	0.0215	0.0007	0.0076

由于表5-7中的数据同为市场占有率，其具有相同的量纲，因此，不必要继续进行标准化处理而可以直接运用SPSS软件分析市场竞争力水平。

SPSS运算的具体过程如下：

（1）KMO与Bartlett's检验：

表 5-8 KMO and Bartlett's 检验表

Tab. 5-8 KMO and Bartlett's check list

样本充分性的 KMO 衡量		0.591
巴特利特的球体检验	约·卡方	26.859
	自由度	3
	显著性检验	0.000

KMO = 0.584 > 0.5 说明所选择样本比较充分。

(2)计算样本相关系数矩阵:

1.000 0.722 0.441

0.722 1.000 0.323

0.441 0.323 1.000

(3)计算规格化特征向量:

0.907 −0.184

0.861 −0.381

0.670 0.738

(4)计算累积贡献率:

表 5-9 累积贡献率

Tab. 5-9 accumulated contribution rate

	特征值	百分率(%)	累计百分率(%)
1	2.012	67.064	67.064
2	0.723	24.113	91.177

(5)以贡献率为权重计算主成分因子得分综合值及排名:

表 5-10 2007 年林业产业市场竞争力评价

Tab. 5-10 Forestry industry market competitiveness Evaluation in 2007

单位:%

省份	因子 1	因子 2	主成分得分	排名
四川	1.6227	3.2985	1.8836	1
浙江	2.1744	0.1003	1.4825	2
江西	1.0736	1.7080	1.1318	3
湖南	1.0049	1.5528	1.0483	4

（续）

省份	因子1	因子2	主成分得分	排名
江苏	1.0583	0.0396	0.7193	5
广东	1.8077	-2.2625	0.6667	6
福建	1.5651	-1.9017	0.5910	7
山东	1.1985	-1.3412	0.4804	8
黑龙江	0.2631	0.7344	0.3535	9
湖北	0.1742	0.0233	0.1224	10
河北	0.3007	-0.5543	0.0680	11
河南	0.1761	-0.2825	0.0500	12
广西	0.3302	-0.7761	0.0343	13
吉林	-0.2411	0.5855	-0.0205	14
辽宁	0.0409	-0.5333	-0.1012	15
云南	-0.0278	-0.4019	-0.1156	16
贵州	-0.4730	0.6287	-0.1656	17
安徽	-0.2126	-0.3370	-0.2238	18
内蒙古	-0.5243	0.3395	-0.2697	19
重庆	-0.6752	0.3357	-0.3719	20
陕西	-0.6205	-0.2551	-0.4777	21
海南	-0.6210	-0.3047	-0.4899	22
新疆	-0.7313	-0.0890	-0.5119	23
甘肃	-0.9175	0.0016	-0.6150	24
山西	-0.8808	-0.1305	-0.6222	25
北京	-1.0110	-0.0509	-0.6903	26
上海	-1.0897	-0.0236	-0.7365	27
宁夏	-1.1451	-0.0623	-0.7830	28
天津	-1.1742	-0.0044	-0.7885	29
西藏	-1.2097	-0.0187	-0.8158	30
青海	-1.2354	-0.0181	-0.8329	31

从表5-10可以看出，中国林业产业市场竞争力排名前十的依次是：四川、浙江、江西、湖南、江苏、广东、福建、山东、黑龙江、湖北。广西林业产业市场竞争力水平未能进入全国前十，而只列为全国三十一个省市中排名第十三名，造成的原因是林产品市场占有率、第一产业产值市场占有率、第二产业产值市场占有率、第三产业产值市场占有率等四个指标在全国排名均比较低：林产品市场占有率列为第九位、第一产业产值市场占有率列为第五位、第二产业产值市场占有率列为第十位、第三产业产值市场占有率列为第十九位。

尽管广西林业工业产值比较高，但是在全国林业发展水平中，广西林产品市场占有率、第二产业产值市场占有率、第三产业产值市场占有率仍然不够理想，这些指标成为影响广西林业产业市场竞争力水平提升的主要因素。其原因在于：广西地处西部地区，由于营销基础设施不完善、环境条件差、林业营销技术水平相对落后，广西林业产业对及时、可靠、准确的产品营销信息的获取能力相对有限。同时，林产品的名品比例和产品档次不够高，林业营销人才缺乏，营销能力比较薄弱，影响了广西林业产业区域竞争力水平的提升。其中特别需要指出的是，尽管广西森林旅游资源比较丰富，但是由于交通条件、区域分布的影响，以及经营管理不善，致使森林公园利用率低下，产出水平不高，效益低下，影响了广西林业产业第三产业产值市场占有率在全国的竞争水平。

5.5.3 林业产业技术竞争力评价及排序

在对林业产业技术竞争力的各指标进行因子分析时，共选取林业从业人员、林业技术人员、科研与技术服务人员、林业技术人员投入强度等4项变量指标以体现林业产业技术竞争力水平，材料见表5-11。通过K－Monad Bartlett 的检验可以发现，Kais－erMeye－rOlkin Measuer of Smanling Adeuqacy 的值等于0.533，说明林业产业技术竞争力的评价适合于多元统计分析的主成分分析法。通过计算，本文共选取三个主成分，第一、二、三主成分的方差贡献率分别为68.87%、25.14%、5.84%，这三个主成分从总体上反映了4项指标方差贡献的99.85%，符合主成分分析法要求的方差贡献的85%。这三项公因子就可以代替评价技术实力的4项指标，经过SPSS演算，林业产业技术竞争力评价如下：

表5-11 2007年林业技术竞争力情况表

Tab. 5-11 Forestry technical competitiveness situation table in 2007

省份	林业从业人员(人)	林业技术人员(人)	科研与技术服务人员(人)	林业技术人员投入强度(%)
北京	29489	4611	331	0.1564
天津	1191	286	0	0.2401
河北	26480	8590	426	0.3244
山西	24321	8601	587	0.3536

（续）

省份	林业从业人员(人)	林业技术人员(人)	科研与技术服务人员(人)	林业技术人员投入强度(%)
内蒙古	141805	32040	1437	0.2259
辽宁	26829	8677	288	0.3234
吉林	124197	27010	1000	0.2175
黑龙江	316597	79923	3425	0.2524
上海	1559	515	95	0.3303
江苏	20054	5629	0	0.2807
浙江	13051	5717	603	0.4381
安徽	25589	5924	147	0.2315
福建	30164	9404	961	0.3118
江西	65456	9592	1298	0.1465
山东	30926	12172	332	0.3936
河南	30005	6156	765	0.2052
湖北	33144	10325	1248	0.3115
湖南	49810	13050	1901	0.2620
广东	37641	6393	1535	0.1698
广西	49338	14510	1274	0.2941
海南	6900	557	161	0.0807
重庆	8109	2192	172	0.2703
四川	63640	15327	748	0.2408
贵州	36297	7573	579	0.2086
云南	51573	15119	1358	0.2932
西藏	2453	62	0	0.0253
陕西	36430	11820	203	0.3245
甘肃	37649	8808	1126	0.2340
青海	10186	1664	62	0.1634
宁夏	10019	2611	0	0.2606
新疆	22527	6930	349	0.3076

为了避免不同指标数据量纲对主成分分析的影响，有必要对标5-11中的数据进行标准化处理。根据标准化公式5.6和5.7对表5-11中的资料进行数据标准化后所得结果见表5-12。

表 5-12 2007 年林业产业技术竞争力标准化数据

Tab. 5-12 Forestry industry technical competitiveness standardization data in 2007

省市	林业从业人员	林业技术人员	科研与技术服务人员	林业技术人员投入强度
北京	-0.24	-0.44	-0.53	-1.13
天津	-0.72	-0.73	-0.98	-0.16
河北	-0.29	-0.17	-0.4	0.81
山西	-0.33	-0.17	-0.18	1.15
内蒙古	1.65	1.44	0.97	-0.33
辽宁	-0.29	-0.16	-0.59	0.8
吉林	1.35	1.09	0.37	-0.42
黑龙江	4.59	4.71	3.66	-0.02
上海	-0.71	-0.72	-0.85	0.88
江苏	-0.4	-0.37	-0.98	0.31
浙江	-0.52	-0.36	-0.16	2.13
安徽	-0.31	-0.35	-0.78	-0.26
福建	-0.23	-0.11	0.32	0.67
江西	0.36	-0.1	0.78	-1.24
山东	-0.22	0.08	-0.53	1.61
河南	-0.24	-0.33	0.06	-0.57
湖北	-0.18	-0.05	0.71	0.66
湖南	0.1	0.14	1.59	0.09
广东	-0.11	-0.32	1.1	-0.98
广西	0.09	0.24	0.75	0.46
海南	-0.62	-0.72	-0.76	-2.01
重庆	-0.6	-0.6	-0.75	0.19
四川	0.33	0.29	0.03	-0.15
贵州	-0.13	-0.24	-0.19	-0.53
云南	0.13	0.28	0.86	0.45
西藏	-0.7	-0.75	-0.98	-2.65
陕西	0.13	0.05	0.7	0.81
甘肃	-0.11	-0.15	0.55	-0.23
青海	-0.57	-0.64	-0.89	-1.05
宁夏	-0.57	-0.58	-0.98	0.08
新疆	-0.36	-0.28	-0.51	0.62

SPSS 运算的具体结果如下：

(1) KMO 与 Bartlett's 检验：

表 5-13　KMO and Bartlett's 检验表

Tab. 5-13　KMO and Bartlett's check list

样本充分性的 KMO 衡量		0. 533
巴特利特的球体检验	约 · 卡方	154. 890
	自由度	6
	显著性检验	0. 000

注：KMO = 0. 533 > 0. 5 说明所选择样本比较充分。

(2)计算样本相关系数矩阵：

1	0. 9874	0. 823	-0. 0305
0. 9874	1	0. 8164	0. 084
0. 823	0. 8164	1	0. 0192
-0. 0305	0. 084	0. 0192	1

(3)计算规格化特征向量：

0. 3554	-0. 0688	-0. 7849
0. 3552	0. 0458	-0. 8281
0. 3321	-0. 0187	1. 7249
0. 0145	0. 9936	0. 0164

(4)计算累积贡献率：

表 5-14　累积贡献率

Tab. 5-14　accumulated contribution rate

	特征值	百分率(%)	累计百分率(%)
1	2. 754682	68. 86705	68. 86705
2	1. 005621	25. 14053	94. 00758
3	0. 233783	5. 844573	99. 85215

(5)计算主成分因子综合得分及排名：

表 5-15 2007 年林业产业技术竞争力评价

Tab. 5-15 Forestry industry technical competitiveness Evaluation in 2007

省份	因子 1	因子 2	因子 3	主成分得分	排名
黑龙江	4. 5175	-0. 1872	-1. 1959	11. 9764	1
内蒙古	1. 4115	-0. 3893	-0. 8207	3. 3049	2
湖南	0. 6147	0. 0603	2. 5591	2. 3521	3
吉林	0. 9863	-0. 4710	-1. 3247	1. 9336	4
云南	0. 4367	0. 4366	1. 1574	1. 9127	5
广西	0. 3710	0. 4502	1. 0255	1. 7144	6
湖北	0. 1637	0. 6568	1. 4190	1. 4432	7
浙江	-0. 3370	2. 1363	0. 4639	1. 3285	8
山东	-0. 2025	1. 6316	-0. 7785	0. 9009	9
福建	-0. 0054	0. 6674	0. 8407	0. 8528	10
山西	-0. 2209	1. 1625	0. 0985	0. 5837	11
四川	0. 2311	-0. 1626	-0. 4472	0. 3685	12
甘肃	0. 0860	-0. 2417	1. 1460	0. 2617	13
广东	0. 2003	-0. 9965	2. 2252	0. 0699	14
河北	-0. 2855	0. 8279	-0. 3106	-0. 0265	15
江西	0. 3340	-1. 2805	1. 1193	-0. 1061	16
陕西	-0. 2477	0. 8328	-1. 1453	-0. 1126	17
辽宁	-0. 3434	0. 8200	-0. 6424	-0. 2717	18
新疆	-0. 3868	0. 6365	-0. 3473	-0. 5067	19
河南	-0. 1912	-0. 5629	0. 5492	-0. 9642	20
贵州	-0. 2021	-0. 5211	-0. 0475	-1. 0919	21
上海	-0. 7784	0. 9081	-0. 2956	-1. 3001	22
江苏	-0. 5946	0. 3345	-1. 0605	-1. 5494	23
重庆	-0. 6739	0. 2139	-0. 3087	-1. 7135	24
安徽	-0. 4965	-0. 2401	-0. 8166	-1. 8000	25
宁夏	-0. 7312	0. 1057	-0. 7609	-2. 0859	26
北京	-0. 4349	-1. 1171	-0. 3785	-2. 4100	27
天津	-0. 8439	-0. 1267	-0. 5166	-2. 5728	28
青海	-0. 7417	-1. 0168	-0. 5832	-3. 2019	29
海南	-0. 7575	-1. 9688	-0. 2617	-4. 1279	30
西藏	-0. 8778	-2. 5985	-0. 5612	-5. 1623	31

从表 5-15 可以看出，中国林业产业技术竞争力排名前十的依次是：黑龙江、内蒙古、湖南、吉林、云南、广西、湖北、浙江、山东、福建。广西林业产业技术竞争力水平在全国三十一个省市中排名第六。造

成原因在于广西林业从业人员数量列为第八位、广西林业技术人员储备列为全国第六位、广西林业拥有科研与技术服务人员列为全国第七位，而广西林业技术人员投入强度水平却只占全国第十一位。

尽管广西林业产业技术竞争水平位居全国第六，但是，广西林业产业技术竞争力水平仍然有很大的提升空间，尽管广西林业技术人员储备位居全国第六，但是大部分林业技术人员的学历水平不高，大都为大中专文凭，本科学历比较少，硕士研究生相对缺乏，而具有博士文凭和学位的林业科技人才就更是凤毛麟角。在科技研究领域，广西只在松毛虫治理、速生桉树发展等科技有一定的见解，而在广阔林业科技领域，广西林业还需要不断地探索，特别是支撑广西林业产业发展的密切的科技领域，此外，广西林业经济管理人才依然相对缺乏，是造成企业经营管理水平不高，以及广西林业市场占有率不高主要原因。因此，为提升广西林业产业技术竞争力水平，广西林业必须大量引进和留住高层次人才，不断提高广西林业科技水平和管理能力。此外，相对全国水平，广西林业技术人员投入强度还不够。在今后的发展过程中，广西林业发展不仅要重视林业人才引进与储备，还应该加大研发资金的投入，让更多的科技人才参与广西林业科技研究，提高广西林业创新能力，提升广西林业产业技术竞争力水平，从而进一步提升广西林业产业区域竞争力水平。

5.5.4 林业产业资本竞争力评价及排序

在对林业产业资本竞争力的各指标进行因子分析时，共选取林业固定资产投资、人均固定资产投资、自筹投资、森工企业投资、设备投资等5项变量指标以体现林业产业资本竞争力水平，材料见表5-16。通过K - Monad Bartlett 的检验可以发现 Kais - er Meyer Olkin Measuer of Smanling Adeuqacy 的值等于0.5715，资本竞争力的评价适合于多元统计分析的主成分分析法。本文共选取三个主成分，第一、二、三主成分的方差贡献率分别为57.94%、18.34%、15.96%，这三个主成分从总体上反映了5项变量指标方差贡献的92.23%，符合主成分分析法要求的方差贡献的85%。这三项公因子就可以代替评价林业产业发展的资本实力的5项指标，经过 SPSS 演算，林业产业资本竞争力评价如下：

表 5-16 2007 年林业产业资本竞争力评价情况表

Tab. 5-16 Forestry industry capital competitiveness evaluate situation table in 2007

省份	林业固定资产投资(万元)	人均固定资产投资(元/人)	企业自筹投资(万元)	森工企业投资(万元)	设备投资(万元)
北京	315370	199.48	7088	0	2790
天津	35561	33.08	0	0	0
河北	206226	29.90	3626	0	1063
山西	305967	90.66	22261	0	2106
内蒙古	492993	205.67	37541	75849	12716
辽宁	122059	28.579	2439	0	100
吉林	220559	81	38916	109977	17851
黑龙江	481347	125.91	43505	189315	9346
上海	33756	18.60	1264	0	37
江苏	414435	54.89	38866	0	2193
浙江	11744	2.3582	966	750	1256
安徽	87184	14.27	7326	20	189
福建	46660	13.11	23113	21614	9833
江西	90055	20.75	4557	857	4623
山东	210006	22.56	55844	0	9359
河南	96427	10.267	481	0	146
湖北	181320	31.85	29457	9419	14355
湖南	202800	31.98	4944	0	4331
广东	39116	4.20	4092	0	1205
广西	248259	52.65	62523	35075	9601
海南	30840	36.89	0	0	279
重庆	223925	79.745	6216	0	165
四川	947924	116.04	118312	7322	13979
贵州	227150	60.46	4105	0	791
云南	272596	60.81	25227	8139	4387
西藏	39543	140.72	0	0	0
陕西	137506	36.82	6796	6250	242
甘肃	254377	97.61	0	0	114
青海	94739	172.88	102	0	169
宁夏	33401	55.30	1755	0	0
新疆	189730	92.55	48206	3064	5678

为了避免不同指标数据量纲对主成分分析的影响，有必要对表5-16中的数据进行标准化处理。依据标准化公式5.6和5.7对表5-16中的

资料进行数据标准化后所得资料见表5-17。

表5-17 2007年林业产业资本竞争力标准化数据

Tab. 5-17 Forestry industry capital competitiveness standardization data in 2007

省份	林业固定资产投资	人均固定资产投资	企业自筹投资	森工企业投资	设备投资
北京	0.59	2.4	-0.46	-0.37	-0.26
天津	-0.88	-0.57	-0.73	-0.37	-0.79
河北	0.02	-0.63	-0.6	-0.37	-0.59
山西	0.54	0.45	0.11	-0.37	-0.39
内蒙古	1.52	2.51	0.69	1.51	1.63
辽宁	-0.43	-0.65	-0.64	-0.37	-0.77
吉林	0.09	0.28	0.74	2.36	2.61
黑龙江	1.46	1.08	0.92	4.33	0.99
上海	-0.89	-0.83	-0.68	-0.37	-0.79
江苏	1.11	-0.18	0.74	-0.37	-0.38
浙江	-1.01	-1.12	-0.7	-0.36	-0.55
安徽	-0.61	-0.91	-0.46	-0.37	-0.76
福建	-0.82	-0.93	0.14	0.16	1.08
江西	-0.59	-0.79	-0.56	-0.35	0.09
山东	0.04	-0.76	1.38	-0.37	0.99
河南	-0.56	-0.98	-0.71	-0.37	-0.77
湖北	-0.11	-0.6	0.38	-0.14	1.95
湖南	0	-0.59	-0.55	-0.37	0.03
广东	-0.86	-1.09	-0.58	-0.37	-0.56
广西	0.24	-0.22	1.64	0.5	1.04
海南	-0.91	-0.51	-0.73	-0.37	-0.74
重庆	0.11	0.26	-0.5	-0.37	-0.76
四川	3.92	0.91	3.75	-0.19	1.07
贵州	0.13	-0.08	-0.58	-0.37	-0.64
云南	0.37	-0.08	0.22	-0.17	0.04
西藏	-0.86	1.35	-0.73	-0.37	-0.79
陕西	-0.34	-0.51	-0.48	-0.22	-0.75
甘肃	0.27	0.58	-0.73	-0.37	-0.77
青海	-0.57	1.92	-0.73	-0.37	-0.76
宁夏	-0.89	-0.18	-0.67	-0.37	-0.79
新疆	-0.07	0.49	1.09	-0.3	0.29

SPSS 运算的具体结果如下：

（1）KMO 与巴特利特的球体检验：

表 5-18 KMO and Bartlett's 检验表

Table5-18 KMO and Bartlett's check list

样本充分性的 KMO 衡量		0.5715
巴特利特的球体检验	约·卡方	77.6645
	自由度	10
	显著性检验	0.000

KMO = 0.5715 > 0.5 说明所选择样本比较充分。

（2）计算样本相关系数矩阵：

1	0.5001	0.7964	0.3481	0.5293
0.5001	1	0.2262	0.3278	0.2068
0.7964	0.2262	1	0.3312	0.7494
0.3481	0.3278	0.3312	1	0.569
0.5293	0.2068	0.7494	0.569	1

（3）计算规格化特征向量：

0.2961	0.1121	-0.4847
0.1841	0.8905	-0.077
0.2996	-0.3523	-0.3838
0.225	0.0929	0.8972
0.2885	-0.39	0.2455

（4）计算累积贡献率：

表 5-19 累积贡献率

Tab. 5-19 accumulated contribution rate

	特征值	百分率（%）	累计百分率（%）
1	2.8969	57.9374	57.9374
2	0.9171	18.3424	76.2798
3	0.7978	15.9562	92.2360

(5)计算主成分因子综合得分及全国排名:

表 5-20 2007 年林业产业资本竞争力评价

Tab. 5-20 Forestry industry capital competitiveness Evaluation in 2007

省份	因子 1	因子 2	因子 3	主成分得分	排名
黑龙江	2.1669	0.8230	2.9833	9.4120	1
内蒙古	1.9309	1.6651	0.5590	7.5665	2
吉林	1.5860	-0.8000	2.4060	5.7804	3
四川	2.9472	-0.8226	-3.1198	5.2941	4
北京	0.3177	2.4321	-0.6932	2.5978	5
广西	0.9307	-1.1084	-0.0252	1.6593	6
青海	-0.3368	2.1675	-0.1157	0.9199	7
新疆	0.4133	-0.0991	-0.6202	0.6114	8
湖北	0.5012	-1.4506	0.3055	0.3654	9
山西	0.0797	0.5443	-0.7723	0.1139	10
西藏	-0.5390	1.6375	0.0627	-0.0095	11
云南	0.1344	-0.1407	-0.4010	-0.0597	12
江苏	0.3241	-0.1887	-1.2368	-0.2209	13
甘肃	-0.3400	1.0699	-0.4200	-0.3390	14
山东	0.4869	-1.5834	-0.5825	-0.5063	15
福建	-0.0228	-1.3784	0.8266	-0.6709	16
重庆	-0.3729	0.6810	-0.4059	-0.7793	17
贵州	-0.4207	0.3578	-0.3275	-1.1520	18
湖南	-0.3478	-0.3843	-0.0726	-1.4180	19
陕西	-0.6028	-0.0517	0.0079	-1.7873	20
河北	-0.5443	-0.1545	-0.2125	-1.8879	21
江西	-0.5437	-0.6438	0.2685	-1.9513	22
宁夏	-0.8095	0.2518	0.1703	-1.9782	23
辽宁	-0.7461	-0.1375	-0.0241	-2.3067	24
海南	-0.8786	-0.0399	0.2408	-2.3896	25
天津	-0.8991	-0.0769	0.2209	-2.4990	26
安徽	-0.7870	-0.4575	0.0180	-2.6850	27
河南	-0.8659	-0.4212	0.0970	-2.8173	28
上海	-0.9332	-0.3279	0.2288	-2.8215	29
广东	-0.8758	-0.6784	0.2485	-2.9608	30
浙江	-0.9529	-0.6842	0.3854	-3.0805	31

从表 5-20 可以看出，中国林业产业资本竞争力排名前十的依次是：黑龙江、内蒙古、吉林、四川、北京、广西、青海、新疆、湖北、山

西。广西林业产业资本竞争力水平在全国三十一个省市中排名第六。造成的原因是广西林业固定资产投资水平列为全国第九位、人均固定资产投资水平列为第十六位、自筹投资水平列为全国第二位、森工企业投资列为全国水平第四位以及设备投资列为全国水平第六位。在构成广西林业产业资本竞争力的五个指标中，排名最高的是广西林业自筹投资水平，而列为最低的是人均广西林业固定资产投资水平，在全国三十一个省份中，只列为第十六位。

究其原因在于，进入2007年，广西林业发展已经进入了快速发展的轨道，林业发展已经产生了巨大效益，在地方经济发展的作用不断加强，林业发展给广西居民以及林业职工均带来了很大的经济利益，特别是速生桉树的发展给广西居民带来收益的事实已经深入人心，广西林业发展达到了前所未有的高潮，自筹投资营林工程成为当地居民致富的主要手段之一，广西林业营林建设已经取得瞩目成绩。泛北部湾经济开发区建设以及国家林浆纸一体化发展项目落户广西，为广西林业发展注入了更多的林业资金，森工企业(特别是浆纸业的企业)投资水平不断提高。

但是，相对全国的投资水平，广西林业人均固定资产水平仍显得不足，这成为广西林业产业资本竞争力水平提升的主要影响因素。

5.5.5 林业产业生态贡献力评价及排序

在对林业产业生贡献争力的各指标进行因子分析时，共选取林业用地面积、森林面积、森林蓄积量等4项变量指标以体现林业产业生态贡献力水平，材料见表5-21。通过KMO and Bartlett的检验可以发现，Kaiser - Meyer - Olkin Measuer of Smanling Adeuqacy的值等于0.617，生态贡献力的评价适合于多元统计分析的因子分析法。共有两个主成分，第一、二主成分的方差贡献率分别为89.18%、9.39%，这两个主成分从总体上反映了3项指标方差贡献的98.57%，符合主成分分析法要求的方差贡献的85%。这两项公因子就可以代替评价生态贡献力的3项指标，经过SPSS演算，林业产业生态贡献力的评价过程如下：

表 5-21 2007 年林业产业贡献力情况表

Tab. 5-21 Forestry industry Eco – competitiveness situation table in 2007

省份	林业用地面积(万公顷)	森林面积(万公顷)	森林蓄积量(万立方米)
北京	97.29	37.88	840.7
天津	13.44	9.35	140.35
河北	624.55	328.83	6509.92
山西	690.94	208.19	6199.93
内蒙古	4403.61	2050.67	110153.2
辽宁	634.39	480.53	17476.57
吉林	805.57	720.12	81645.51
黑龙江	2026.5	1797.5	137520.3
上海	2.25	1.89	33.24
江苏	99.88	77.41	2285.27
浙江	654.79	553.92	11535.85
安徽	412.32	331.99	10371.9
福建	908.07	764.94	44357.36
江西	1044.69	931.39	32505.2
山东	284.64	204.64	3201.65
河南	456.41	270.3	8404.64
湖北	766	497.55	15406.64
湖南	1171.42	860.79	26534.64
广东	1048.14	827	28365.63
广西	1366.22	983.83	36477.26
海南	194.47	166.66	7195.16
重庆	366.84	183.18	8441.08
四川	2266.02	1464.34	149543.4
贵州	761.83	420.47	17795.72
云南	2424.76	1560.03	139929.2
西藏	1657.89	1389.61	226606.4
陕西	1071.78	670.39	30775.77
甘肃	745.55	299.63	17504.33
青海	556.28	317.2	3592.62
宁夏	115.34	40.36	392.85
新疆	608.46	484.07	28039.68

为了避免不同指标数据量纲对主成分分析的影响，有必要对表 5-21 中的数据进行标准化处理。根据标准化公式 5.6 和 5.7 对表 5-22 中的资料进行数据标准化后所得资料见表 5-22。

表 5-22 2007 年林业产业生态贡献力标准化数据

Tab. 5-22 Forestry industry Eco – competitiveness standardization data in 2007

省市	林业用地面积	森林面积	森林蓄积量
北京	-0.9059	-1.0444	-0.6854
天津	-0.9991	-1.0964	-0.6980
河北	-0.3198	-0.5140	-0.5837
山西	-0.2460	-0.7339	-0.5892
内蒙古	3.8809	2.6248	1.2768
辽宁	-0.3089	-0.2375	-0.3868
吉林	-0.1186	0.1993	0.7651
黑龙江	1.2386	2.1633	1.7681
上海	-1.0116	-1.1100	-0.6999
江苏	-0.9030	-0.9723	-0.6595
浙江	-0.2862	-0.1037	-0.4935
安徽	-0.5557	-0.5083	-0.5144
福建	-0.0047	0.2810	0.0957
江西	0.1472	0.5844	-0.1170
山东	-0.6977	-0.7404	-0.6431
河南	-0.5067	-0.6207	-0.5497
湖北	-0.1626	-0.2065	-0.4240
湖南	0.2881	0.4557	-0.2242
广东	0.1510	0.3941	-0.1913
广西	0.5046	0.6800	-0.0457
海南	-0.7979	-0.8096	-0.5714
重庆	-0.6063	-0.7795	-0.5490
四川	1.5048	1.5560	1.9839
贵州	-0.1672	-0.3470	-0.3811
云南	1.6813	1.7304	1.8113
西藏	0.8288	1.4197	3.3672
陕西	0.1773	0.1086	-0.1481
甘肃	-0.1853	-0.5672	0.3863
青海	-0.3957	-0.5352	-0.6360
宁夏	-0.8859	-1.0399	-0.6935
新疆	-0.3377	-0.2310	-0.1972

基于 SPSS 的主成分分析结果如下：

(1) KMO 与巴特利特的球体检验：

表 5-23 KMO and Bartlett's 检验表

Tab. 5-23 KMO and Bartlett's check list

样本充分性的 KMO 衡量		0.617
巴特利特的球体检验	约·卡方	96.579
	自由度	3
	显著性检验	0.000

(2)计算样本相关系数矩阵:

1.0000 0.9346 0.7289

0.9346 1.0000 0.8452

0.7289 0.8452 1.0000

(3)计算规格化特征向量:

0.3523 −1.1101

0.3674 −0.3094

0.3386 1.4906

(4)计算累积贡献率:

表 5-24 累积贡献率

Tab. 5-24 accumulated contribution rate

	特征值	百分率(%)	累计百分率(%)
1	2.675	89.176	89.176
2	0.282	9.390	98.566

(5)计算主成分因子综合得分及排名:

表 5-25 2007 年生态贡献力评价

Tab. 5-25 Forestry industry Eco – competitiveness Evaluation in 2007

省份	因子 1	因子 2	主成分得分	排名
内蒙古	2.76408	−3.21722	6.4884048	1
西藏	1.95394	3.6598	6.2582863	2
黑龙江	1.82993	0.59122	5.0621171	3
云南	1.8415	0.29813	5.0105077	4
四川	1.77368	0.80523	4.9719185	5

（续）

省份	因子1	因子2	主成分得分	排名
吉林	0.29052	1.21041	1.1181901	6
广西	0.41214	-0.83873	0.8663221	7
江西	0.22695	-0.51867	0.461047	8
福建	0.13401	0.06092	0.375675	9
湖南	0.193	-0.79499	0.292383	10
广东	0.13322	-0.57482	0.1944759	11
陕西	0.05224	-0.45118	0.0126608	12
新疆	-0.27064	0.15243	-0.681098	13
湖北	-0.27671	-0.3876	-0.849462	14
辽宁	-0.32707	-0.16021	-0.920134	15
贵州	-0.31544	-0.27506	-0.921373	16
浙江	-0.30604	-0.38573	-0.927401	17
甘肃	-0.40452	-0.19462	-1.137027	18
河北	-0.49919	-0.35595	-1.435742	19
安徽	-0.55671	0.0075	-1.487242	20
青海	-0.55145	-0.3432	-1.571961	21
山西	-0.55587	-0.37813	-1.593625	22
河南	-0.59272	-0.06476	-1.603934	23
重庆	-0.68593	0.09588	-1.808045	24
山东	-0.7356	0.04502	-1.955253	25
海南	-0.77207	0.28457	-1.98534	26
江苏	-0.89874	0.32025	-2.314167	27
宁夏	-0.929	0.27143	-2.408873	28
北京	-0.93501	0.30709	-2.414906	29
天津	-0.99122	0.40791	-2.536883	30
上海	-1.00125	0.42306	-2.559448	31

从表5-25可以看出，中国林业产业生态贡献力排名前十的依次是：内蒙古、西藏、黑龙江、云南、四川、吉林、广西、江西、福建、湖南。广西林业产业生产贡献力水平在全国三十一个省份中排名第七。造成的原因在于林业用地面积列为全国第六位、森林面积排名全国第六位以及拥有森林蓄积量在全国占第八位。尽管广西土地面积占全国的比重不大，但是具有“八山一水一分田”地形地貌特征的广西，拥有较为丰富的山地和丘陵，林业用地面积极为广泛。近些年来，由于广西大力鼓励和引导种植桉树，森林面积已达1252.50万公顷，占林地面积的82.98%，森林覆盖率达到54%。作为南方集体林区之一的广西，并非

是国家重点国有林区，但是，广西地处低纬度，面临热带海洋，属亚热带季风气候区，雨量充沛，光照充足，其林木生长比较快，森林蓄积量高。

综上分析得知，2007 年广西林业产业的产能竞争力、市场竞争力、技术竞争力、资本竞争力、生态贡献力在全国排名分别是 3、13、6、6、7 名。

5.6 2003～2007 年广西林业产业区域竞争力的综合评价

限于 2003 年以前的有关林业生态竞争力的数据缺失而影响了全国区域林业产业区域竞争力水平的评价，为体现全国林业产业区域竞争力水平评价的科学性和严谨性，本文选取从 2003 到 2007 年共五个年度的数据来研判广西林业产业区域竞争力综合发展水平。

5.6.1 2003 年我国林业产业区域竞争力综合评价及排序

在对 2003 年林业产业区域竞争力水平进行评价分析时，共选取林业总产值、林产品工业销售产值、林产工业总产值、林业生产率、林业从业人员年均收入、林业产业市场占有率、林产品销售率、林业总产值占地方 GDP 比重、林业从业人员、林业技术人员、科研与技术服务人员、林业技术人员投入强度、林业固定资产投资、人均固定资产投资、自筹投资、森工企业投资、设备投资、林业用地面积、森林面积、森林蓄积量等 20 项变量指标以体现林业产业区域竞争力水平。通过 KMO and Bartlett 的检验可以发现，Kaiser - Meyer - Olkin Measuer of Smanling Adeuqacy 的值等于 0. 561，林业产业区域竞争力综合评价适合于多元统计分析的主成分分析法。本文共选取 8 个主成分，其方差贡献率分别为 31. 87%、22. 47%、14. 66%、8. 44%、5. 48%、4. 80%、3. 83%、2. 59%，这 8 个主成分从总体上反映了 20 项指标方差贡献的 94. 14%，符合主成分分析法要求的方差贡献的 85%。这 8 项公因子就可以代替评价林业产业区域竞争力的 20 项变量指标，全国林业产业区域竞争力评价过程见附件(一)。

从附件(一)材料可以看出，中国林业产业区域竞争力排名前十的依次是：江苏、内蒙古、湖南、吉林、四川、广西、黑龙江、云南、福建、浙江。广西林业产业区域竞争力综合水平在全国三十一个省份中排名第六。

之所以广西林业产业区域竞争力水平位居全国第六，造成原因在于：广西林业设备投资、森工企业投资、自筹投资、林产品工业销售额、林产工业总产值、林业技术人员、总产值占地方 GDP 比重、林业用地面积等指标均位居全国前列，为提升广西林业产业区域竞争力水平具有极大的促进作用。其中，2003 年广西林业设备投资、森工企业投资、占据全国第一、二位(见表 5-26)，说明林业经济发展开始从木头经济向产品经济转变，经济类型由粗放型向集约型转变，产品由初级加工向深加工转变。广西林业产业链不断延伸，林产品附加值不断提高。

然而，广西林业产业区域竞争力水平还有待提高，在岗职工年均收入、林业生产率、人均固定资产投资、林业技术人员投入强度、科研与技术服务、林业固定资产投资、生产总值市场占有率等指标在全国的排名依然比较靠后，说明广西林业科技人才还比较少、林业科技力量还比较单薄，林业科技创新能力还比较弱；虽然 2003 年的设备投资、森工企业投资、自筹投资水平比较高，但是由于林业固定资产的历史储备不充分，广西林业固定资产总体投资水平还比较低；尽管广西林业从业人员以及林业技术人员储备比较多，但是，广西林业生产率却比较低，说明广西林业科技创新与科技转换能力还比较低，广西林业科技人才层次不合理。这些指标影响了广西林业产业区域竞争力的提升。

表 5-26　2003 年广西林业产业区域竞争力各指标在全国的排名情况

Tab. 5-26　The country indicators rank of Guangxi forestry industry regional competitiveness in 2003

指标	林业总产值	林产品工业销售额	林产工业总产值	林业生产率	在岗职工年均收入	总产值占地方 GDP 比重	生产总值市场占有率	第一产业市场占有率	第二产业市场占有率	第三产业市场占有率	林业从业人员
排名	11	4	4	19	22	6	11	9	12	18	8

指标	林业技术人员	科研与技术服务	林业技术人员投入强度	林业固定资产投资	人均固定资产投资	自筹投资	森工企业投资	设备投资	林业用地面积	森林面积	森林蓄积量
排名	4	12	13	12	17	4	2	1	6	8	9

5.6.2 2004年我国林业产业区域竞争力综合评价及排序

在对2004年的林业产业区域竞争力水平进行评价分析时，本文共选取林业总产值、林产品工业销售产值、林产工业总产值、林业生产率、林业从业人员年均收入、林业产业市场占有率、林产品销售率、林业总产值占地方GDP比重、林业从业人员、林业技术人员、科研与技术服务人员、林业技术人员投入强度、林业固定资产投资、人均固定资产投资、自筹投资、森工企业投资、设备投资、林业用地面积、森林面积、森林蓄积量等20项变量指标以体现林业产业区域竞争力水平。尽管SPSS软件未能显示KMO and Bartlett的检验值，但是，在本文所提取的8个主成分，其方差贡献率分别为30.82%、21.23%、10.49%、7.96%、6.91%、5.94%、4.83%、3.00%，这8个主成分从总体上反映了20项指标方差贡献的91.19%，符合主成分分析法要求的方差贡献的85%。这8项公因子就可以代替评价林业产业区域竞争力的20项变量指标，全国林业产业区域竞争力评价过程见附件(二)。

从附件(二)材料可以看出，中国林业产业区域竞争力排名前十的依次是：吉林、江苏、内蒙古、黑龙江、四川、广西、福建、云南、山东、湖南。广西林业产业区域竞争力综合水平在全国三十一个省市中排名第六。

造成原因在于：设备投资、自筹投资、林产品工业销售产值、林产工业总产值、林产品市场占有率、森林面积、林业用地面积、森工企业投资等林业产业区域竞争力指标列为全国前列(见表5-27)，为保持和提升广西林业产业区域竞争力水平起到了重要的作用。尽管设备投资、自筹投资、森工企业投资等投资水平有所下降，但是，相对2003年，2004年的在岗职工年均收入、总产值占地方GDP比重、林产品市场占有率、科技与技术服务水平、森林面积以及森林蓄积量等评价指标均有不同幅度的提高，其中，提升最快的指标是在岗职工年均收入水平以及市场占有率，而下降最多的是森工企业投资水平以及林业从业人员等指标。

然而，广西林业产业区域竞争力水平还可以进一步提高，林业劳动生产率、人均固定资产投资水平、在岗职工年均收入、第二三产业市场占有率、林业技术人员投入强度、林业总产值等在岗职工年均收入、林业生产率、人均固定资产投资、林业技术人员投入强度、科研与技术服务、林业固定资产投资等指标在全国的排名依然比较靠后，特别是林业劳动生产率、人均固定资产投资等指标排名全国中下游水平，说明广西林业科技人才队伍并没有改善，林业科技力量依然薄弱。说明广西林业生产技术水平、经营管理水平、从业人员技术质量水平不高。在激烈的市场竞争中，广西林业劳动生产率成为广西林业产业发展的主要因素。由于林业固定资产的历史储备不充分，广西林业的人均林业固定资产总体投资水平还比较低，说明广西的居民参与林业生产活动的深度还有待提高，广西林业发展还是处在劳动密集型，并没有向资本密集型转变，广西林产品依然多数属于初级加工产品，林业产业链并没有得到延伸。

表 5-27 2004 年广西林业产业区域竞争力各指标在全国的排名情况

Tab. 5-27 The country indicators rank of Guangxi forestry industry regional competitiveness in 2004

指标	林业总产值	林产品工业销售额	林产工业总产值	林业生产率	在岗职工年均收入	总产值占地方GDP比重	生产总值市场占有率	第一产业市场占有率	第二产业市场占有率	第三产业市场占有率	林业从业人员
排名	12	4	4	19	18	5	4	9	13	20	7
指标	林业技术人员	科研与技术服务	林业技术人员投入强度	林业固定资产投资	人均固定资产投资	自筹投资	森工企业投资	设备投资	林业用地面积	森林面积	森林蓄积量
排名	7	9	13	12	19	3	6	3	6	6	8

5.6.3 2005 年我国林业产业区域竞争力综合评价及排序

在对 2005 年林业产业区域竞争力水平进行评价分析时，共选取林业总产值、林产品工业销售产值、林产工业总产值、林业生产率、林业从业人员年均收入、林业产业市场占有率、林产品销售率、林业总产值占地方 GDP 比重、林业从业人员、林业技术人员、科研与技术服务人员、林业技术人员投入强度、林业固定资产投资、人均固定资产投资、自筹投资、森工企业投资、设备投资、林业用地面积、森林面积、森林蓄积量等 20 项变量指标以体现林业产业区域竞争力水平。通过 KMO and Bartlett 的检验可以发现，尽管 Kaiser - Meyer - Olkin Measuer of

Smanling Adeuqacy 的值等于 0.461 <0.5，但是，在所提取的 8 个主成分，其方差贡献率分别为 31.36%、20.12%、10.34%、7.60%、7.31%、6.08%、4.39%、3.71%，这 8 个主成分从总体上反映了 20 项变量指标方差贡献的 90.92%，符合主成分分析法要求的方差贡献的 85%。这 8 项公因子就可以代替评价区域竞争力的 20 项变量指标，全国林业产业区域竞争力评价过程见附件(三)。

从附件(三)的资料可以看出，中国林业产业区域竞争力排名前十的依次是：吉林、福建、浙江、湖南、黑龙江、江苏、内蒙古、山东、广西、四川。广西林业产业区域竞争力综合水平在全国三十一个省份中排名第九。相对于 2004 年的林业产业区域竞争力水平而言，2005 年，广西林业产业区域竞争力水平下降了 3 个名次。

究其原因在于：从表 5-28 的数据发现，尽管 2005 年，林业总产值、林产品工业销售产值、林产工业总产值、林产品市场占有率、林业技术人员、林业固定资产投资、自筹投资、森工企业投资、设备投资、林业用地面积、森林面积、森林蓄积量等林业产业区域竞争力指标水平与 2004 年的水平保持不变或者相差甚小，但是，林业劳动生产率、林产品销售率、林业技术人员投入强度等指标下降比较大，是造成广西林业产业区域竞争力水平下降的主要原因之一。三年来广西林业的发展并没有带来林业劳动生产率指标上升，反而比 2003 年和 2004 年的水平更低，这一指标是广西林业产业区域竞争力水平停滞不前的主要影响因素。此外，广西林产品销售率还依然很低，广西林业经济管理人才依然相对缺乏，以及企业经营管理水平不高，以及广西林业产品销售率不高主要原因。因此，为提升广西林业产业区域竞争力水平，广西林业必须大量引进和留住高层次人才，特别是经营管理人才。此外，相对全国水平，广西林业技术人员投入强度还不够。在今后的发展过程中，广西林业发展不仅要重视林业人才引进与储备，还应该加大研发资金的投入，让更多的科技人才参与广西林业科技研究，提高广西林业创新能力，提升广西林业产业技术竞争力水平，从而进一步提升广西林业产业区域竞争力水平。

表 5-28 2005 年广西林业产业区域竞争力各指标在全国的排名情况
Tab. 5-28 The country indicators rank of Guangxi forestry industry regional competitiveness in 2005

指标	林业总产值	林产品工业销售额	林产工业总产值	林业生产率	在岗职工年均收入	总产值占地方GDP比重	生产总值市场占有率	第一产业市场占有率	第二产业市场占有率	第三产业市场占有率	林业从业人员
排名	11	4	4	20	17	4	4	11	11	19	8
指标	林业技术人员	科研与技术服务	林业技术人员投入强度	林业固定资产投资	人均固定资产投资	自筹投资	森工企业投资	设备投资	林业用地面积	森林面积	森林蓄积量
排名	7	5	15	12	17	3	5	3	6	6	8

5.6.4 2006 年我国林业产业区域竞争力综合评价及排序

在对 2006 年林业产业区域竞争力水平进行评价分析时，本文共选取林业总产值、林产品工业销售产值、林产工业总产值、林业生产率、林业从业人员年均收入、林业产业市场占有率、林产品销售率、林业总产值占地方 GDP 比重、林业从业人员、林业技术人员、科研与技术服务人员、林业技术人员投入强度、林业固定资产投资、人均固定资产投资、自筹投资、森工企业投资、设备投资、林业用地面积、森林面积、森林蓄积量等 20 项变量指标以体现林业产业区域竞争力水平。通过 KMO and Bartlett 的检验可以发现，Kaiser – Meyer – Olkin Measuer of Smanling Adeuqacy 的值等于 0. 575，林业产业区域竞争力的评价适合于多元统计分析的主成分分析法。本文共选取了 7 个主成分，其方差贡献率分别为 35. 57%、20. 03%、9. 60%、7. 83%、7. 39%、4. 68%、3. 55%，这 7 个主成分从总体上反映了 20 项变量指标方差贡献的 88. 65%，符合主成分分析法要求的方差贡献的 85%。这 7 项公因子就可以代替评价区域竞争力水平的 20 项变量指标，全国林业产业区域竞争力评价过程见附件(四)。

从附件(四)可以看出，中国林业产业区域竞争力排名前十的依次是：黑龙江、四川、吉林、内蒙古、福建、广西、浙江、江苏、广东、湖南。广西林业产业区域竞争力综合水平在全国三十一个省份中排名第六。相对 2005 年，2006 年广西林业产业区域竞争力水平上升了 3 个名次。

究其原因在于：在林业用地面积、森林面积、森林蓄积量、林产品工业销售额、总产值占地方 GDP 比重、林业从业人员等产业竞争力指标水平保持不变的情况下，林业总产值、林业生产率、在岗职工年均收入、林业技术人员、林业技术人员投入强度、林业固定资产投资、人均固定资产投资、自筹投资、森工企业投资等林业产业区域竞争力指标水平不断提升的结果，其中，林业生产率、林业技术人员投入强度、林业固定资产投资等指标分别提升了 4、3、3 名次（见表 5-28 和表 5-29）。说明在 2006 年的广西林业经济发展过程中，广西林业不仅重视科技进步与人才培养，而且人才作用和科技进步对广西林业经济建设逐步得到体现。此外，原始固定资产水平不断提高，为广西林业产业的发展准备充分的固定资产积累。

但是，在广西林业产业发展过程中，2006 年的林业总产值水平有所下降，特别是广西林业第三产业的产值水平比较低下，尽管广西森林景观资源丰富，但是，由于广西旅游业整体水平不高，经营管理水平有待提高，导致广西林业第三产业有待发展；在产业投资方面，由于泛北部湾经济的崛起，逐步加快广西林浆纸一体化建设，不断加大了对森工企业的投资，从而减少了对广西林业营林生产设备的投资。

表 5-29　2006 年广西林业产业区域竞争力各指标在全国的排名情况

Tab. 5-29　The country indicators rank of Guangxi forestry industry regional competitiveness in 2005

指标	林业总产值	林产品工业销售额	林产工业总产值	林业生产率	在岗职工年均收入	总产值占地方GDP比重	生产总值市场占有率	第一产业市场占有率	第二产业市场占有率	第三产业市场占有率	林业从业人员
排名	10	4	6	16	16	4	4	5	11	18	8

指标	林业技术人员	科研与技术服务	林业技术人员投入强度	林业固定资产投资	人均固定资产投资	自筹投资	森工企业投资	设备投资	林业用地面积	森林面积	森林蓄积量
排名	6	7	12	9	16	2	4	6	6	6	8

因此，从总体上看，在广西林业发展过程中，只要不断加大科技投入，逐步提高广西林业生产率，提升广西林业产业经营管理水平，加大对固定资产的投入，转换林业经营管理机制，完善与健全林产工业体系，不断延伸林业产业链，增加林产品附加值，仍然可以进一步提升广西林业产业区域竞争力水平。

5.6.5 2007 年我国林业产业区域竞争力综合评价及排序

在对 2007 年林业产业区域竞争力水平进行评价分析时，共选取林业总产值、林产品工业销售产值、林产工业总产值、林业生产率、林业从业人员年均收入、林业产业市场占有率、林产品销售率、林业总产值占地方 GDP 比重、林业从业人员、林业技术人员、科研与技术服务人员、林业技术人员投入强度、林业固定资产投资、人均固定资产投资、自筹投资、森工企业投资、设备投资、林业用地面积、森林面积、森林蓄积量等 20 项变量指标以体现林业产业区域竞争力水平。通过 KMO and Bartlett 的检验可以发现，Kaiser - Meyer - Olkin Measuer of Smanling Adeuqacy 的值等于 0. 50，林业产业区域竞争力的评价适合于多元统计分析的主成分分析法。共选用九个主成分，其方差贡献率分别为 36. 72% 、20. 076% 、8. 33% 、7. 913% 、6. 729% 、4. 972% 、3. 461% 、3. 029% 、2. 698% ，这 9 个主成分从总体上反映了 20 项变量指标方差贡献的 93. 93% ，符合主成分分析法要求的方差贡献的 85% 。这 9 项公因子就可以代替评价林业产业区域竞争力的 20 项变量指标，2006 年的全国林业产业区域竞争力评价过程见附件(五)。

从附件(五)的资料可以看出，中国林业产业区域竞争力排名前十的依次是：黑龙江、四川、吉林、广西、内蒙古、浙江、福建、吉林、山东、广东、湖南。广西林业产业区域竞争力综合水平在全国排名上升到第三，比 2006 年的林业产业区域竞争力水平上升了 3 个名次。

从表 5-30 的数据可以看出，2007 年，在林业总产值占地方 GDP 比重、林业从业人员、林业技术人员、科技与服务人员、林业固定资产投资、人均固定资产投资、设备投资、林业用地面积、森林面积以及森林蓄积量等指标不变或发生微小变动的情况下，在构成广西林业产业区域竞争力的指标中，林产工业产值提升了四个名次。在林产工业产值增长的推动下，广西林业总产值也在不断地提高，从 2006 年的第十名上升到2007年的第九名；同时工业产值的增长也带动了林业在岗职工收入水平的提高，在岗职工年均收入有2006年的第十六名上升到2007年的第十名，提升幅度达到六个名次；由于广西林业发展比较快，迫切需要林业科技的支持，林业科技传播速度越来越快，林业技术的传播面越来越宽，科技交流与推广服务业越多，则需要投入更多的林业科技人员，因而林业产业科技人才储备越来越雄厚，同时也是林业产业科技经费的投入水平也越来越高。基于以上原因，广西林业产业区域竞争力水平逐步提升。

然而，在产业发展过程中，2007年广西林业劳动生产率水平却出现微小的滑落，说明广西林业生产技术水平、经营管理水平、从业人员技术质量与数量仍然不够稳定。在激烈的林业产业市场竞争中，这种不稳定的因素会对广西林业产业区域竞争力水平造成非常大的影响。同时也说明，在林业产业发展过程中，广西林业可以引进科技与林业技术人才，逐步提高广西林业产业生产技术和经营管理水平，不断提升广西林业劳动生产率，稳定或进一步提升广西林业产业区域竞争力水平。

表5-30　2007年广西林业产业区域竞争力各指标在全国的排名情况

Tab. 5-30　The country indicators rank of Guangxi forestry industry regional competitiveness in 2007

指标	林业总产值	林产品工业销售额	林产工业总产值	林业生产率	在岗职工年均收入	总产值占地方GDP比重	生产总值市场占有率	第一产业市场占有率	第二产业市场占有率	第三产业市场占有率	林业从业人员
排名	9	1	2	17	10	4	9	5	10	19	8
指标	林业技术人员	科研与技术服务	林业技术人员投入强度	林业固定资产投资	人均固定资产投资	自筹投资	森工企业投资	设备投资	林业用地面积	森林面积	森林蓄积量
排名	6	7	11	9	16	2	4	6	6	6	8

综上研究表明，2003～2007年，广西林业产业区域竞争力水平综合评价如表5-27。

表 5-31 广西林业产业区域竞争力综合水平

Tab. 5-31 Guangxi Forestry industry regional competitive strength comprehensive level

年 度	2003	2004	2005	2006	2007
林业产业区域竞争力排名	6	6	9	6	3

从表 5-31 数据可以分析出，尽管广西林业产业区域竞争力水平在 2007 年已经爬升到全国第三名，但是在 2005 年落后到了全国的第 9 名，其余年份均排名第六，说明广西林业产业发展潜力巨大，但是，广西林业产业区域竞争力水平依然不够稳定。

6 产业集聚与广西产业区域竞争力的关系分析

产业集聚是市场经济条件下工业化发展的必然趋势，是产业区域竞争力水平提升的重要源泉，产业集聚成为提高产业区域竞争力的提供了有效途径。产业集聚程度对广西林业产业区域竞争力产生一定的影响。

6.1 产业集聚对提升广西林业区域竞争力的作用

6.1.1 通过规模经济效应提升林业产业区域竞争力

在广西林业产业发展过程中，各县市属林业企业有 8000 多家，区直林场有 15 个。虽然区内企业数量众多，且大多数属于规模不大的中小企业，但是，在广西，林业企业既具有高度分工协作，同时，在林业生产技术以及企业经营管理等很多方面又具有很大的相似性，在市场经济不断深化的过程中，在政府政策的宏观指导下，这些似然性势必使得广西林业企业通过产业集聚走向产业集群，从而使得整个广西林业产业获得外部规模经济效应和集聚经济效应。外部规模经济效应，广西林业企业利用地理接近性，可以通过合资、合作或建立联盟等方式共同进行林产品的生产、销售等活动，不仅使原材料价格降低，也节约了单位运输成本。而对于集聚效应，企业可以通过共同使用公共设施，减少分散布局所需的额外投资，并利用地理接近性而节省相互间物质流的运输费用和信息流的管理费用，从而降低生产成本。各广西林业企业可以直接从区内就近获得并共同使用公共设施，降低运输和库存环节的损耗。由此可见，林业产业集聚后，区域内的林业企业可以共享资源，优势互补，优化资源配置，通过知识溢出效应，达到共同林业科技进步，挖掘资源要素再利用效率；通过集聚引力，吸引国内外以及民间资本投资；通过产业集聚的知识溢出效应，解决企业林业人才以及林业技术缺乏等问题。

6.1.2 通过降低交易费用提高林业企业竞争力

大部分广西林业企业均具有较强的前、后向关联性，这些关联性将使林业企业间保持着长期的经常性交易。林业产业集聚，将促进了企业间相互信任的形成，从而减少了机会主义行为和道德风险，同时可以有效地降低市场的空间交易成本和协调成本。空间交易成本包括运输成本、信息成本、找寻成本以及合约的谈判成本与执行成本。拥有优良海港、西南省份便捷出海通道以及较为发达边贸环境的广西，其交通业发达，内河航运可通广州、香港，海运可达南亚及欧美，桂林、柳州、南宁等地空运可达海内外，全区公路四通八达，国家高速横穿东西、贯穿南北，湘桂线、黔桂线、南昆线、南广线、贵广线、焦柳线等众多铁路线汇交于广西境内，良好的自然和地理条件能够使企业具有运输成本低廉以及市场信息快捷传递的优势，产业集聚的企业群体运作的组织协调成本要低于单个企业独立运作而发生的市场交易费用，并优于这些活动完全内化到企业内的组织协调成本。此外，尽管广西少数民族众多，但是均以壮族和汉族为主，拥有共同的语言环境和相通的文化习俗，这些地理上的共性特征很容易形成以合作与信任为基础的社会网络，建立信誉机制，及时公开和交换各类专业信息和社会信息，使区域内企业之间可以保持灵活的契约与非契约关系，减少企业把握市场动态的信息成本，从而大大减少机会主义行为，使交易双方容易达成交易并履行合同，从而降低集聚内的交易成本，资源配置效率更高。

6.1.3 通过产业发展战略提高林业产业区域竞争力

国家竞争力是基于整个国民经济的能力；产业区域竞争力则是基于区域内同行业企业的能力，企业竞争力是构成产业区域竞争力的根本条件。企业战略是构成产业发展战略的根本因素，林业产业的发展依赖于林业企业的发展，战略协作是指在竞争基础上的协作，通常是在一个产业内部的企业之间形成的，企业通过战略协作来影响产业发展战略进而影响产业区域竞争力。在广西林业发展过程中，由于经营管理和生产技术能力的差异，许多广西林业企业之间既存在发展的不平衡状态又存在着相互间的竞争。这种不平衡状态和竞争将使广西林业企业强者更强、弱者更弱。为了共同提升广西林业产业区域竞争力水平，广西区政府制定了广西林业产业发展战略，特别值得一提的是，广西林浆纸一体化的林业发展战略带动了广西林业产业整体水平的提升，同时也带动了各广西林业企业的发展。而林浆纸一体化的林业发展战略是广西林业产业集聚的主要体现，在今后的广西林业发展中将形成以北部湾为中心发展林浆纸一体化的产业集聚，以玉林、贵港为中心发展家具等制造业的产业集聚，以桂林为中心发展林产手工艺品的产业集聚，以贺州为中心发展木材物流中心的产业集聚，尽管广西林业产业集聚和产业集群形成后，但当面对区域外激烈的市场竞争的时候，林业产业集聚中心之间的协作显然是这些企业生存和发展的前提。因此，广西林业企业通过产业发展战略协作形成统一的产业发展战略，进而提高林业产业区域竞争力水平。

6.1.4 通过学习与创新效应提高林业产业区域竞争力

产业集聚使各广西林业企业形成一定的网络关系。区域内林业企业的专业化水平的提高将成为技术创新的动力，其中包括生产技术创新和组织管理创新，这种网络关系使得区域范围内林业企业产生一种整体的创新环境与激励。优秀的林业创新人才和专业化设备使得产业集聚内部的林业企业之间产生相互依赖与彼此协作、共存压力、共享市场、供求发展，共同应对市场需求的变化和市场动态发展，如此形成荣辱与共、生死存亡的经济环境。因此，部分在经营管理或生产技术水平上达不到平均要求的企业，可能影响广西林业产业区域竞争力的整体水平，或不能有效地参与整体分工与协作，从而可能被其他企业所淘汰或兼并，这就迫使企业不断地进行生产技术创新和组织管理创新。

而对于学习效应，各林业企业在生产环境和生产技术等各方面均彼此接近，会受到竞争的隐形压力，而林业企业在产业上的关联性加剧了产业集聚区域内企业的竞争压力，迫使彼此邻近和产业的相关性的林业企业的进行正式和非正式交流，为林业企业进行创新提供了较多的学习机会，尤其是隐性知识的交流，更能激发新思维、新方法的产生。这种建立在相互信任基础上的竞争合作机制使得产业集聚区内的企业学习新技术变得容易和低成本。另外，产业上的关联性使企业易于与区内供应商、客户、代理商甚至竞争对手在生产、销售、产品开发、售后服务等方面进行合作与交流，共同解决技术难题、研制新产品，增强了企业的创新能力。这些交流机制使得产业集聚内的林业企业能够较快的学习到新的技术和知识，从而使广西林业企业进入以创新资源为基础驱动的产业价值链的高层次连续。

由此可见，产业集聚使得创新与学习效应得到很好结合，共同促进产业区域竞争力水平的提升。

6.1.5 通过增强物质基础提高林业产业区域竞争力

产业区域竞争力水平的提升依托于丰富的物质基础与完善的科技服务体系。这些物质基础和科技服务体系主要包括自然资源、地理条件基础设施、科技进步管理以及配套服务等。目前，广西所处纬度日照充足、雨量充沛、土地肥沃、植被丰富、生物多样性体系完善、林业科技进步日新月异，如此丰富的自然资源是产业区域竞争力提升的坚实的物质基础；广西所处地理位置为泛湄公河经济开发区，其中，便利的交通运输条件、独特的地理优势等自然条件是产业区域竞争力增强的保证，东盟博览会主办为东南亚地区的国家提供市场信息传递方便，更为广西经济发展提供了机遇，发达的市场体系以及市场信息快捷是区域竞争力提升的引力。完善、便利、齐全的基础设施以及健全的配套服务将是又一影响产业区域竞争力提升的主要条件。特别是银行、风险投资公司、保险公司等金融服务以及医疗卫生、文化休闲设施和政府公共服务等服务体系的建设与完善，提高了产业集聚区内企业的生产经营效率进而也提高了产业区域竞争力。

6.1.6 通过提高企业素质提升林业产业区域竞争力

波特把产业定义为生产直接互相竞争产品或服务的企业集合，国内学者裴长洪认为产业是指服务于特定经济分析目的的同一属性产品和服务的集合、同一属性的生产经营活动的集合以及同一属性的企业的集合。可见，不管是在国外还是在国内，一般都认可产业是同类企业的集合的观点，也就是说，产业的竞争主体实质上是企业，产业竞争力实际上要取决于这个产业内企业的竞争力，而一般来说，企业竞争力决定于其企业素质，因此，从逻辑上来说，由于企业素质决定了企业竞争力，而企业竞争力决定了产业竞争力，因此，企业素质很大程度上间接决定了产业竞争力。然而，企业素质指的又是什么呢？目前学术界关于企业素质的内涵存在一些不同的认识，刘小铁在其博士论文《产业竞争力要素分析》中认为企业素质是指构成企业各要素的质量及其相互结合的外在表现特征，它决定了企业生产经营活动所必须具备的基本要素的有机结合所产生的整体功能，企业素质主要包括四个方面，即：企业的技术素质、企业的管理素质、企业的规模素质和企业的人员素质。学者单大明也提出了相类似的观点，他认为企业素质是指企业从事经营活动所必须具备的基本要素及其相互结合所产生的总体能力，构成企业素质的基本要素就是企业的人力、物力、财力资源和生产技术状况，以及能使上述要素结合起来的纽带——组织管理，一般来说，企业素质的内容包括人员素质、技术素质、管理素质。与前两位学者略有不同，上海交大的段晖博士从人的素质出发引申到企业素质，认为企业素质是每一企业内在理念和精神的充分伸展，是企业的丰富性和自主性的实现，它是具备企业文化进化积累的遗传基础并可以经过学习和自我修炼的经验凝聚为具体而独特的企业素质内容，企业认知力、企业文化、企业道德及社会责任、企业形象是企业素质的基本构成要素，而企业认知力是核心要素。结合前人的观点，本文认为企业素质是指企业占有高质量人、财、物等生产要素以及对这些生产要素进行有效配置的能力总和。企业的技术、管理、人员、文化和形象等都是企业素质的构成因素，其中企业的文化素质、技术素质、管理素质与人员素质是基本素质。

由于地缘缺陷以及广西教育水平依然相对落后，广西林业企业的整体企业素质仍有待提高。广西自治区政府及行政主管部门已经充分地认识到企业素质对产业发展及其区域竞争力构成的重要影响，认识到人才在企业发展和提高企业素质中的重要性。近些年来，广西自治区政府及教育部门除了加强地方高校建设、完善人才培养机制、加速人才培养进度之外，广西自治区委组织部还从中组部协调一批又一批已经毕业或即将毕业的博士到广西挂职或工作，用以增强专业人才的建设和储备。特别值得一提的是，广西林业厅提出了"136"人才工程：在今后五年内，广西林业要面向全国各个高等院校以及科研单位引进一百名专业博士和三百名硕士以及六百名学士。这些人才的引进将极大地充实广西林业发展的人才基础，增强了广西林业的企业技术素质、企业管理素质、企业规模素质和企业人员素质等企业素质，成为提升广西林业产业区域竞争力的人才储备。

6.2 产业集聚与广西林业产业区域竞争力的弹性分析

在国内，已有一些学者分析了产业集群或者产业集聚对区域竞争力的影响。邹庆(2008)对产业集群与区域竞争力之间的关系进行过研究，他首先通过计算区位商得出本文所选择的集群产业，接着建立了产业集群和区域竞争力评价指标体系，并采用变异系数法确定指标体系的权重，根据搜集整理得到的数据，运用 Pearson 相关系数和协整检验的方法对产业集群和区域竞争力间的关系进行了分析。安玉莲(2005)为了检验区域竞争力和青岛电子信息产业集群之间是否存在某种定量的关系，首先我们对产业集群与区域竞争力关系研究两者进行相关分析。进行相关分析时我们用 Peasrno 简单相关系数来衡量青岛电子信息产业群和竞争力各指标间的线性相关性。李刚(2008)在借鉴西方成功产业集群经验：①产业集群的培养要立足于当地区域优势与特色产业；②加强有助于中小企业发展的社会化服务体系建设；③尽快建立和完善风险投资机制；④构建有效的集群外部网络关系提出基于产业集群的区域竞争力提升思路。叶丹丹在论述了产业集群是提升区域竞争力的有效模式，然后，用突变级数法把区域竞争力各项指标综合计算得到一个结果。最后产业集群对区域竞争力的弹性分析模型中的弹性系数反映了区域竞争力对于其内的产业集群集聚度的变化的反应程度。

尽管 Pearson 相关系数和协整检验的方法具有客观性，但是，用 Pearson 相关系数分析并没有直接体现产业集聚对广西林业产业区域竞争力的影响的数量关系。而弹性分析模型能较好地体现产业集聚对广西林业产业区域竞争力影响的数量变动关系，因此，本文分析产业集聚对广西林业产业区域竞争力的影响是运用弹性分析模型。弹性分析是定量地描述一个经济变量对另一个经济变量变化的反应程度的方法。一般来讲，两个变量之间的相互依存关系越密切，则相关程度高，相应的弹性值就越大，反之，则弹性系数越小。另外，由于弹性是一个无量纲的数，因而可以用来相互比较。

弹性有比例弹性和弧弹性两种形式。我们常见的点弹性是比例弹性的特例，即比例弹性的极限形式。统计分析中的弹性通常采用比例弹性，用来反映一段时期内两个变量之间变动反应的平均水平，但是比例弹性不能反映变化幅度相同而起始点不同的两个变量之间的变化率之比，即起始点不同会导致同一变化幅度的弹性值的不同。弥补这一不足的办法是使用弧弹性。弧弹性是指一个函数在某一区间的平均弹性，其计算公式为：

$$弧弹性 E = \frac{\dfrac{因变量的变化量}{因变量报告期与基期之和}}{\dfrac{自变量的变化量}{自变量报告期与基期之和}} \tag{6.1}$$

林业产业区域竞争力的产业集聚弹性的计算公式可以表示为：

$$E = (\Delta Y/\Delta X)/(X/Y) \tag{6.2}$$

或者

$$E = \frac{\Delta Y/Y}{\Delta X/X} = \frac{Y_{i+1} - Y_i}{X_{i+1} - X_i} \times \frac{(X_{i+1} + X_i)/2}{(Y_{i+1} + Y_i)/2} = \frac{Y_{i+1} - Y_i}{X_{i+1} - X_i} \times \frac{(X_{i+1} + X_i)}{(Y_{i+1} + Y_i)} \tag{6.3}$$

其中：X_i 是期初产业集聚（集中度）；X_{i+1} 是期末综合产业集聚（集中度）；ΔX 是期初与期末产业集聚（集中度）的增减变量；Y_i 是期初的产业区域竞争力排名得分；Y_{i+1} 分别是期末的产业区域竞争力排名得分；ΔY 期初与期末产业区域竞争力水平的增减变量；E 称为林业区域竞争力的产业集聚弹性。

$E>0$ 表示产业区域竞争力与产业集聚的变化方向一致，两者之间存在正相关联系；$E>1$ 表示富有弹性。即产业集聚每上升或下降一个单位，会引起产业区域竞争力上升或下降的幅度超过一个单位。表明产业区域竞争力的变化速度大于产业集聚（集中度）的变化速度；$E<1$ 则弹性不足。一个变量上升或下降一个单位，会引起另一个变量上升或下降的幅度小于一个单位。表明产业竞争力的变化速度小于产业集聚的变化速度，$E=1$ 则表明产业区域竞争力与产业集聚的变化速度一致。$E<0$ 则表示产业区域竞争力与产业集聚的变化方向不一致，认为两组变量之间的存在负相关关系，当一个变量上升或下降，会引起另一个变量下降或上升。但是，在对弹性分析时，一般都对负弹性绝对值化成正数，从而避免分析的不一致。

6.2.1 产业集中度与广西林业产业区域竞争力的弹性分析

通过林业区域竞争力的产业集聚弹性可以观察林业产业区域竞争力水平变动对产业集聚（集中度）程度变动的敏感程度。在产业集聚与产业区域竞争力这两组变量中，两者之间互相影响，通过提高林业产业集聚水平来提升林业产业区域竞争力水平，其主要是通过增加林业总产值、林业第一产业产值、林业第二产业产值、林业第三产业产值、木材产量、造林面积、固定资产投资、国债投资、林业从业人员、专业技术人员市场集中度等途径来提高产业区域竞争力，而产业区域竞争力反过来又会促进产业集聚程度的提高。所以两者均是自变量，也均是因变量。但鉴于本文的研究目的，把产业集聚作为自变量，产业区域竞争力作为因变量，进而在此定义区域竞争力产业集聚发展弹性。所谓区域竞争力产业集聚发展弹性，其是指在其他因素不变的前提下，广西林业产业集聚程度变化一个百分比所引起广西林业产业区域竞争力水平提升的变化程度的百分比。借助弹性的计算方法，根据上述弹性计算公式结合广西林业产业集中度与区域竞争力排名情况表，计算产业竞争力集聚弹性。

表 6-1 广西林业产业集中度与区域竞争力排名情况表

Tab. 6-1 Guangxi Forestry industry concentration ratio and regional competitive strength rank table

年度	排名	固定资产投资	林业从业人员	专业技术人员	林业总产值	造林面积	木材产量
2003	25	66.04	61.44	70.74	58.56	59.29	66.91
2004	25	73.06	64.23	68.74	58.8	78.71	62.78
2005	22	72.23	63.11	66.13	60.83	72.43	60.95
2006	25	80.27	60.93	77.43	57.58	66.64	67.53
2007	28	84.86	61.37	79.05	57.94	71.8	68.73

注：为体现于产业集聚（集中度）与林业产业区域竞争力的方向的一致性，林业产业区域竞争力排名数据则越大越好，故本表排名顺序依据表5-31的数据修改而成，以下表格均同。

6.2.1.1 2003与2007年度广西林业产业区域竞争力的产业集中度弹性分析

根据弹性计算公式计算林业产业区域竞争力的产业集中度弹性，计算结果见表6-2。

表 6-2　2003 与 2007 年度林业产业区域竞争力产业集中度弹性

Tab. 6-2　Forestry industry regional competitive strength concentration ratio elasticity between year 2003 and 2007

2003 与 2007	固定资产投资	林业从业人员	专业技术人员	林业总产值	造林面积	木材产量
E	0.06	−0.77	0.12	−0.12	0.06	0.43
$\|E\|$	0.06	0.77	0.12	0.12	0.06	0.43

从以上计算结果可以看出：

(1)林业总产值与林业从业人员两个指标的 $E<0$，表明这两个指标的产业集中度和区域竞争力变化方向并不一致，说明他们之间存在负相关关系，可以认为这两个指标的产业集中度的提高对林业产业区域竞争力提升具有一定的抑制作用。但是在其余 4 个指标的产业集聚(集中度)的 $E>0$，说明他们与广西林业产业区域竞争力水平之间存在正相关关系，这 4 个产业集聚(集中度)指标分别是：木材产量、造林面积、固定资产投资、专业技术人员市场集中度。

(2)弹性系数绝对值 $|E|<1$ 指标有：林业总产值、木材产量、造林面积、固定资产投资、林业从业人员、专业技术人员市场集中度。说明这些产业集聚(集中度)变化一个单位引起产业竞争力的变化小于一个单位。说明他们与产业区域竞争力关系不紧密，表明这些指标的产业集聚(集中度)程度有待提高，产业集聚(集中度)状况有待改善。

6.2.1.2　2004 与 2007 年林业产业区域竞争力产业集中度弹性分析

根据弹性计算公式计算 2004 年与 2007 年林业产业区域竞争力的产业集中度弹性，计算结果见表 6-3。

表 6-3　2004 与 2007 年的林业产业区域竞争力产业集中度弹性

Tab. 6-3　Forestry industry regional competitive strength concentration ratio elasticity between year 2004 and 2007

2004 与 2007	固定资产投资	林业从业人员	专业技术人员	林业总产值	造林面积	木材产量
E	0.76	−2.49	0.81	−7.68	−1.23	1.25
$\|E\|$	0.76	2.49	0.81	7.68	1.23	1.25

从以上计算结果可以看出：

(1)林业总产值、林业从业人员以及造林面积三个指标的 $E<0$，说明他们之间存在负相关关系，表明这三个指标的产业区域集中度和区域竞争力变化方向并不一致，可以认为这三个指标的产业区域集中度的提高对林业产业区域竞争力的提升具有一定的抑制作用。而其余3个指标的产业集聚(集中度)的 $E>0$。这3个产业区域集中度指标分别是：木材产量、固定资产投资、专业技术人员。可以认为产业区域集中度与产业区域竞争力存在正相关关系。其中木材产量区域集中度系数的 $E>1$，说明由一个单位木材产量市场集中度系数变化所引起的产业区域竞争力水平提升的变化要大于木材产量市场集中度系数变化，木材产量区域集中度是提升广西林业产业区域竞争力水平的主要指标。

(2)弹性系数绝对值 $|E|<1$ 指标有：固定资产投资、专业技术人员的市场集中度。说明这些产业区域集中度变化对广西林业产业区域竞争力影响不明显，他们与产业区域竞争力水平关系不紧密，表明这些指标的产业集聚(集中度)程度有待提高，产业区域集中度水平状况有待改善。在 $|E|>1$ 的产业集聚(集中度)指标有：林业从业人员、林业总产值、造林面积、木材产量。其中林业总产值的市场集中度的 $|E|$ 最大，达到7.68。说明林业总产值的市场集中度提高对提升广西林业区域竞争力水平产生显著影响。

6.2.1.3　2005与2007年广西林业产业区域竞争力产业集中度弹性分析

根据弹性计算公式计算2005年与2007年的广西林业产业区域竞争力的产业集中度弹性，计算结果见表6-4。

表6-4　2005与2007年的林业产业区域竞争力产业集中度弹性

Tab. 6-4　Forestry industry regional competitive strength concentration ratio elasticity between year 2005 and 2007

2005与2007	固定资产投资	林业从业人员	专业技术人员	林业总产值	造林面积	木材产量
E	1.49	-8.58	1.35	-4.93	-27.47	2
$\|E\|$	1.49	8.58	1.35	4.93	27.47	2

以上计算结果可以看出：

(1)林业总产值、林业从业人员、造林面积三个指标的产业集中度的 $E<0$，说明他们之间存在负相关关系，同时也表明这两个指标的产业集中度和广西林业产业区域竞争力变化方向并不一致，其中，产生最大的不一致性指标是造林面积，说明造林面积区域集中度的增长并不一定带来广西林业产业区域竞争力水平的提升。在其余3个指标的产业集聚(集中度)的 $E>0$ 且他们的弹性系数均大于1，可以认为这3个指标产业集聚(集中度)与广西林业产业区域竞争力水平的关系紧密。这3个产业集聚(集中度)指标分别是：木材产量、固定资产投资、专业技术人员市场集中度。其中，广西林业产业区域竞争力的木材产量弹性系数最大，弹性系数达到了2。说明在2005年与2007年的弹性系数比较分析中，每提高一个百分比的木材产量区域集中度就可以提高2个百分比的广西林业产业区域竞争力水平。其次，固定资产投资区域集中度的提高也是促进产业区域竞争力的提升的一个重要指标。

(2)在对2005与2007年的弹性分析中，所选7个产业集聚(集中度)弹性系数绝对值全部都大于1，说明林业产业区域竞争力从2005年的第22名上升到2007年度的第28名中(最高名次为31名)，与固定资产投资、林业从业人员、专业技术人员、林业总产值、造林面积、木材产量市场集中度等指标关系密切。其中有林业从业人员、造林面积的 $|E|$ 最大，分别达到8.58、27.47。说明林业从业人员、造林面积区域集中度的变化会对提升广西林业产业区域竞争力产生重要影响。

6.2.1.4 2006与2007年的林业产业区域竞争力产业集中度弹性分析

根据弹性计算公式计算2006年与2007年的广西林业产业区域竞争力的产业集中度弹性，计算结果见表6-5。

表6-5 2006与2007年的林业产业区域竞争力产业集聚弹性

Tab. 6-5 Forestry industry regional competitive strength concentration ratio elasticity between year 2006 and 2007

2006与2007	固定资产投资	林业从业人员	专业技术人员	林业总产值	造林面积	木材产量
E	2.04	15.73	5.47	18.16	1.52	6.43
$\|E\|$	2.04	15.73	5.47	18.16	1.52	6.43

以上计算结果表明：

在对2006与2007年的林业产业区域竞争力的产业集聚弹性分析中，所选固定资产投资、林业从业人员、专业技术人员、林业总产值、造林面积、木材产量市场集中度的弹性系数均大于1，表明固定资产投资、林业从业人员、专业技术人员、林业总产值、造林面积、木材产量市场集中度变化一个单位引起的广西林业产业区域竞争力的变化要大于一个单位固定资产投资、林业从业人员、专业技术人员、林业总产值、造林面积、木材产量市场集中度的变化，可以认为这些指标产业集聚(集中度)与广西产业区域竞争力水平关系紧密，其中，广西产业区域竞争力的林业总产值、林业从业人员集中度的产业集聚系数弹性最大，弹性系数达到了18.16、15.73。说明在广西林业产业区域竞争力从2006年的第25名上升到2007年度的第28名中(最高名次为31名)，林业总产值、林业从业人员的区域集中度是提升促进广西林业产业区域竞争力的主要力量。其次，木材产量、林业专业技术人员集中度的提高也是促进产业区域竞争力的提升的一个重要指标。

6.2.1.5　2003～2006年与2007年的林业产业区域竞争力三次产业集中度弹性分析

根据弹性计算公式结合广西林业三次产业集中度与区域竞争力排名情况表，计算广西林业产业区域竞争力的产业集中度弹性如下：

表6-6　广西林业三次产业集中度与区域竞争力排名情况表

Tab. 6-6　Guangxi forestry three industry concentration ratio and regional competitive rank table

单位:%

产业类型	2003	2004	2005	2006	2007
第一产业	62.22	64.83	63.79	63.29	63.35
第二产业	77.52	77.16	73.31	78.28	83.11
第三产业	83.22	76.85	71.68	71.98	73.73
产业区域竞争力	25	25	22	25	28

表 6-7 2003～2006 年与 2007 年的林业产业区域竞争力的三次产业集中度弹性

Tab. 6-7 three industry concentration ratio about forestry industry regional competitive from 2003 to 2006 and 2007

年 度	第一产业	第二产业	第三产业
2003 与 2007	6.32	1.63	-0.94
2004 与 2007	-4.89	1.52	-2.73
2005 与 2007	-34.37	1.92	8.51
2006 与 2007	12.16	1.89	4.70

从以上计算结果可以看出：

(1)2004 与 2007、2005 与 2007 年的广西林业第一产业的弹性系数为负数，广西林业第一产业与产业区域竞争力为负相关关系，由此说明广西林业第一产业区域集中度发展水平与广西林业产业区域竞争力水平的提升存在不一致性关系。但是，2003 与 2007 年、2006 与 2007 年的广西林业第一产业的弹性系数为正数，表明在这两个时期，广西林业第一产业区域集中度与广西林业产业区域竞争力水平呈正相关关系，广西林业第一产业与产业区域竞争力变化方向是一致的。特别是 2006 与 2007 年的弹性系数达到了 12.16，说明广西林业第一产业区域集中度的提高对广西林业产业区域竞争力从 2006 年的第 6 名上升到第 3 名的过程中起到了很大的作用。

(2)2003～2006 各年与 2007 年的广西林业第二产业的弹性系数为正数，表明广西林业第二产业区域集中度与广西林业产业区域竞争力水平呈正相关关系，广西林业第一产业与产业区域竞争力变化方向是一致的，且每一个弹性系数均大于 1，说明由广西林业第二产业区域集中度变化所引起的广西林业产业区域竞争力水平的变化大于广西林业第二产业区域集中度的变化，在某种程度上，广西林业第二产业发展对广西林业产业区域竞争力水平的提升具有很大的作用。

(3)2003 与 2007、2004 与 2007 年的广西林业第三产业的弹性系数为负数，广西林业第一产业与产业区域竞争力为负相关关系，但是，2005 与 2007 年、2006 与 2007 年的广西林业第一产业的弹性系数均为正数，表明在这两个时期，广西林业第一产业区域集中度与广西林业产业区域竞争力水平呈正相关关系，广西林业第一产业与产业区域竞争力变化方向是一致的，以上综合说明广西林业第三产业区域集中度发展水平与广西林业产业区域竞争力水平的提升存在不一致性关系。

综上所述，2003～2006 年各年与 2007 年的广西林业产业区域竞争力与林业总产值、林业第一产业产值、第二产业产值、第三产业产值、固定资产投资、国债投资、林业从业人员、专业技术人员、造林面积、木材产量市场集中度等均具有正效应。其中，2003～2007 年度的广西林业产业区域竞争力的固定资产投资弹性系数、广西林业产业区域竞争力的国债投资弹性系数、广西林业产业区域竞争力的专业技术人员弹性系数、广西林业产业区域竞争力的木材产量弹性系数、广西林业产业区域竞争力的第二产业产业区域集中度的弹性系数全为正数，说明广西林业产业区域竞争力水平的提升将更多地依赖于固定资产投资、国债投资、专业技术人员、木材产量、第二产业产值等区域集中度的提高。但是，对于广西林业产业区域竞争力与广西林业产业总产值而言，除 2006 与 2007 年的广西林业产业区域竞争力林业产业总产值弹性系数为正数之外，其余三个弹性系数均为负数，林业产业总产值产业集中度提高倾向于降低广西林业产业区域竞争力水平，这与理论在根本上时不一致的。然而，继续分析便发现，其原因在于：随着广西林业经济的发展，广西林业产业结构调整并未到位，广西林业产业结构优化步伐缓慢，以致使得广西林业产业区域竞争力水平得到提升而林业产业总产值却在缓慢增长；此外，广西森林资源质量对广西林业产业区域竞争力也会产生一定的影响，随着广西速丰林建设的不断深入以及速丰林经营管理的不断完善，广西林业产业区域竞争力水平将不断提升。

6.2.2　$E(G)$产业集聚系数与广西林业产业区域竞争力的弹性分析

通过林业产业区域竞争力产业集聚弹性可以观察到林业产业的区域竞争力水平变动对产业集聚程度变动的敏感程度。根据表 6-8 和表 6-9 中的材料，本文进一步分析了广西林业产业区域竞争力的产业集聚弹性。

表 6-8 广西林业产业集聚与区域竞争力排名情况表

Tab. 6-8 Guangxi forestry industryconcentration and regional competitive strength rank table

年 度	产业区域竞争力排名	第一产业	第二产业	第三产业
2003	25	-0.0628	-0.0176	0.1018
2004	25	-0.0663	-0.0093	0.1105
2005	22	-0.0658	-0.0049	0.0793
2006	25	-0.0645	0.0117	0.0994
2007	28	-0.0648	0.0227	0.0921

表 6-9 2005 与 2007 年的全国林业产业区域竞争力产业集聚弹性

Tab. 6-9 National forestry industry regional competitive industry assemble elasticity

年 度	第一产业	第二产业	第三产业
2003 与 2007	0.00009	2.82	-1.14
2004 与 2007	-5.01	3.56	-1.19
2005 与 2007	-16.67	8.77	1.61
2006 与 2007	20.32	10.47	-1.49

以上计算结果可以看出：

从 2003 到 2006 年各年度与 2007 年有关广西林业产业区域竞争力的第一、二、三产业的 $E(G)$ 产业集聚系数的弹性系数分析可以看出：

(1) 在广西林业产业区域竞争力的第一产业 $E(G)$ 产业集聚系数的弹性系数分析中，2003 与 2007 年的弹性系数非常小，几乎为 0，说明 2003 与 2007 年的广西林业产业区域竞争力与第一产业的产业集聚水平关系很小，而 2004 与 2007 年以及 2005 与 2007 年的弹性系数为 -5.01 和 -16.67，说明 2004 与 2007 年以及 2005 与 2007 年的广西林业产业区域竞争力与第一产业的产业集聚水平关系为负相关，而在 2006 与 2007 年的弹性系数为 20.32，说明广西林业产业区域竞争力与第一产业的产业集聚水平之间为高度富有弹性。

(2) 在广西林业产业区域竞争力的第二产业 $E(G)$ 产业集聚系数的弹性系数分析中，2003 ~ 2006 年各年度与 2007 年的广西林业产业区域

竞争力的第二产业 $E(G)$ 产业集聚系数的弹性系数都为正数，说明广西林业产业区域竞争力与第二产业的产业集聚水平关系为正相关关系，且越接近 2007 年，其弹性系数越大，其中 2006 与 2007 年的弹性系数达到 10.47，表明广西林业产业区域竞争力与第二产业的产业集聚水平之间为高度富有弹性。

(3)在广西林业产业区域竞争力的第三产业 $E(G)$ 产业集聚系数的弹性系数比较中，2003 与 2007、2004 与 2007 年两个弹性系数都为负数，说明广西林业产业区域竞争力与第三产业的产业集聚水平关系为负相关，而在 2005 与 2007 年的弹性系数是 1.61，说明广西林业产业区域竞争力与第三产业的产业集聚水平存在高度富有弹性，此后，2006 与 2007 年的弹性为 -1.49，2006 与 2007 年的广西林业产业区域竞争力与第一产业的产业集聚水平关系为负相关关系。

综上所述，结合广西林业产业集聚与广西区域竞争力水平情况表来分析 2003 ~ 2006 各年与 2007 年的各广西林业产业区域竞争力弹性系数得知，尽管 2003 ~ 2007 年各年的第一产业的 $E(G)$ 产业集聚系数都为负数，但是，对广西林业产业区域竞争力的第一产业集聚弹性分析得知，2006 与 2007 年的弹性系数为 20.32，说明第一产业产值的增长对提升广西林业产业区域竞争力水平依然有所促进。而在对广西林业产业区域竞争力的第二产业集聚弹性分析后表明，不管第二产业经历低度还是中度产业集聚水平，第二产业产业的发展对提升广西林业产业均具有极大的正相关性，甚至第二产业发展可以决定广西林业产业全区域竞争力水平的高低。尽管第三产业处于高度产业集聚水平，但是，从广西林业产业区域竞争力的第三产业集聚的弹性来看，广西林业第三产业的发展并不一定带来产业区域竞争力水平的提升，说明广西林业的第三产业发展与广西林业产业区域竞争力水平提升并非同步。

7 提升广西林业产业区域竞争力水平的政策建议

要实现广西由林业大省向林业强省跨越的目标，需要政府、林业主管部门以及林业企业共同努力创建良好的林业产业发展环境、建立和完善林业发展的政策体系、积极引导林业产业集聚、努力提高林业劳动生产率、多方位引进林业专业人才、调整和深化林业产业结构，进一步加快林业产业强省建设步伐，提高全省林业产业整体实力和广西林业产业区域竞争力水平。

7.1 完善政府支持林业产业发展政策体系，为提升广西林业产业区域竞争力提供政策服务

政府、区域、企业在追求竞争力提升和繁荣时应该扮演新的、具有建设性和行动性的角色（波特，2008）。林业产业发展离不开法律法规的规范、引导、和保证以及健全的政府林业政策体系的保障。改革开放以来，我国政府对森林、林木、林地流转等制定了一系列的政策和法律法规，其中《中华人民共和国宪法》、《中华人民共和国农业法》、《中共中央关于建立社会主义市场经济体制若干问题的决定》、《国民经济和社会发展"九五"计划和2010年远景目标纲要》等法律法规均有涉及林业经济建设的相关规定，全国人大、国务院以及国家林业局于1998共同制定了《中华人民共和国森林法》（简称《森林法》），从此以后，《森林法》成为林业经济建设的重要法律保障。但是，随着林业经济体制改革的不断深化，原有的法律法规以及林业政策已经不能满足林业经济快速发展的需要，因此，需要不断更新原有法规体系以及政府林业政策而体系，或者根据林业经济发展需要制定符合现代林业经济发展的法律法规和政府政策体系。

广西林业隶属南方集体林区，加快广西林业发展，必须深化林业产权制度改革，必须制定支持集体林权制度改革的法律法规和政府政策体系以及相关的配套措施。在《中华人民共和国宪法》和《森林法》等相关

大法的约束下，制定适应现代林业经济发展的有关集体林权制度改革的办法，制定有关放宽南方集体林区速生丰产林采伐限额的规定和办法，制定有关森林、林木、林地使用权流转的办法，制定森林、林木、林地使用权抵押、担保的办法、制定规范的森林资源资产评估的办法，制定有关规范林权证行使的方法。

此外，还应该建立健全森林资源产权交易市场体系，加强政府对森林资源产权市场的监督管理。建立严格的集体林权和林地使用登记制度，对权属及其变更进行法律认证，集体林地应按产权主体发放，实现集体林权的规范化管理与产权监督。政府以及林业主管部门要强化对林木以及林权流转的监督管理。

有关林业经济发展的法律法规完善以及政府支持广西林业发展的相关政策的制定，将对广西林业经济发展起到保驾护航作用，为广西林业经济发展提供了法律保障，极大地促进了区域林业经济的发展，有助于广西产业区域竞争力水平的提升。

7.2　加快林业产业结构调整，提升广西林业产业产能竞争力

生产力要素主要包括土地、劳动、资本和信息技术(知识)，其要素的协调是为了优化与推进产业升级。为提升广西林业产业区域竞争力水平，实现广西林业强省目标，广西林业产业必须转换企业的经营管理机制，加快产业结构调整，促进林业产业结构优化升级。

7.2.1　积极发展现代林业，促进林业总产值平稳增长

数据分析表明，广西林业第一产业的产业化发展水平还比较低。尽管广西林业第一产业与林业产业区域竞争力水平提升存在非一致性，但是2006～2007年的广西林业产业区域竞争力与第一产业市场集中度弹性具有高度相关，说明广西林业第一产业的发展对林业产业区域竞争力水平的提升还是有很大的促进作用，因此，广西林业第一产业必须转换经营管理机制，广西林业要积极发展现代林业，加快推进广西林业第一产业的产业化发展进程。突出产品区位特色，政府重视经济政策支持。广西政府应加大对国有林场等林业产区的第一产业发展和产业结构升级的支持力度，加快第一产业的产业化进程。在发展优质林副产品的产业化发展过程中，广西应在资金、税收、信贷、土地、人才等方面的持政

策方面的给予支持，加大国营林场基础设施的建设，扶持一批上规模、有特色的种植业和养殖业基地，带动广西林业经济的发展。

7.2.2 深化第二产业结构调整，加速林业总产值增长

广西林业第二产业是林业经济发展的主要支柱产业。从对广西林业产业区域竞争力与第二产业的弹性分析可以看出，广西林业产业区域竞争力水平提升与第二产业的市场集中度之间存在一致性且富有弹性，说明第二产业持续发展，将不断提升林业产业区域竞争力。因此，第二产业要坚持以信息化带动工业化，以工业化促进信息化，要转换广西林业企业的经营管理机制，着力调整第二产业的产业结构，促进产业结构优化与升级，走一条科技含量高、经济效益好、资源耗费低、环境污染少的现代化林产工业产业化道路。因此，重视林产工业发展，延伸林产工业产业链，转换企业经营管理机制和调整产业结构是加快广西林业产业发展的必然趋势。

(1)延伸林产加工产业链，提升林产品附加值。广西林业资源丰富，但是广西林产工业发展却依然存在巨大的发展潜力，对广西林业产业的快速发展造成了一定的影响。为促进广西林业产业发展，广西林产工业必须延长林产工业产业链，提升林产工业的产品附加值。首先要加快林产工业资源培育，其包括速生丰产人工商品林的培育以及对特有的八角、松香、油桐、漆树等经济林资源与林业生物物质能源林的培育等，以生态林业的理念，用定向培育理论培育人工商品林与特有经济林资源，选择适宜生产人造板、造纸、能源、林化产品等生产目标的树种，采用定向培育、集约经营的方式，进行速生丰产林资源培育，提高人工商品林的单位面积产量和质量。其次，根据循环经济理论原则，针对林产品加工过程中的不同工艺流程与外界环境之间存在的横向耦合与资源共享的特点，把林产品加工业包括木竹加工业、人造板制造业、林化产品加工业、木浆造纸业、家具生产等产业视为一个大的系统聚集在一个产业区域内，通过各系统之间的产品或“废物”相互交换，形成独具特色的林产品加工业的产业链，建立以林产品加工业为龙头的产业生态系统，使整个系统内部的各种资源得到最佳配置、废物得到有效利用、环境污染降到最低水平，实现物质和能量的再生循环和梯级利用，从而达到变污染负效益为资源正效益的目的，提高林业企业经济效益。

（2）在林产工业的迅速发展中，必须推进广西林浆纸一体化工程建设。广西自然资源禀赋丰富，应该把资源优势转化为造纸产业的潜在竞争优势。众所周知，造纸产业是典型的资源型产业，而广西的水资源与森林资源非常丰富，广西林业在实行林浆纸一体化工程方面拥有得天独厚的自然资源优势，但由于各种原因，广西林业并没有让资源优势转化为造纸产业的竞争优势，从而造成广西造纸产业竞争力相对较弱，影响了广西林业产业区域竞争力水平的提升。此外，在政策支持上，在国家林业局编制的《全国重点地区速生丰产用材林基地建设工程总规划》中，广西和福建、广东、海南四省（自治区）同被列为全国速生丰产林的四大片区，《全国林纸一体化工程建设"十五"及2010年专项规划》中明确指出广西是我国林纸一体化工程建设的重点地区，国家的有关林业发展政策体系为广西林业发展提供政策支持和保障。因此，广西林业发展应该充分利用自己的地理优势，抓住国家重点扶持林纸一体化工程的历史机遇，大力推进林纸一体化工程的实施，为提升广西林业产业区域竞争力打下坚实的物质基础。

7.2.3　优化第三产业内部结构，加快发展朝阳产业

尽管广西林业第三产业的产业集聚与林业产业区域竞争力水平提升存在非一致性，而且第三产业产值占广西林业产业总产值的比重不大，但是2005与2007、2006与2007年的广西林业产业区域竞争力与第三产业市场集中度之间具有高度富有弹性，说明广西林业的第三产业发展对区域竞争力水平仍然会产生很大的影响，同时，广西森林旅游业的发展又是宣扬广西林业产业发展的无形对外窗口。因此，广西应该重视改造和提高传统服务业，大力发展现代服务业，突出发展森林生态旅游业。广西林区拥有非常丰富的生态景观资源，实施旅游牵动战略，加快产业化步伐，把广西生态林业建设成为现代森林生态旅游休闲中心。

7.3　积极引导和促进林业产业集聚，充实广西林业产业区域竞争力

在现代全球经济下，投入要素可以从不同的地区获取，运输成本的降低、交易成本的降低、效率的提高、激励制度的创建、信息和专业化制度的完善也使许多公司再也没有必要把公司设立在原料来源地和大市

场所在地，这种公司集聚现象和复杂的区域以及公司竞争战略存在密切的联系(波特，2008)。

通过对2003～2006年与2007年的广西林业产业区域竞争力的相关弹性分析表明，尽管产业区域竞争力与林业从业人员、林业总产值、造林面积、第三产业产值的区域集中度之间存在非一致性，但是，广西林业产业区域竞争力与固定资产投资、专业技术人员、木材产量、第二产业产值的区域集中度之间以及第二产业的$E(G)$产业集聚弹性存在一致性且富有弹性，说明这些指标产业集聚与产业集群对提升广西林业产业区域竞争力水平具有极大的促进作用，广西林业发展必须重视林业产业集聚，应该制定广西林业产业发展战略。产业集聚是经济活动的普遍现象和基本规律，也是盛行于世界各地的经济活动方式。产业集聚是转变经济增长方式、提高资源再配置效应、实现资源节约型的必然要求和有效途径。因此，引导和促进广西林业产业集聚必须重视林业产业布局和结构调整与优化。而林业产业的布局与产业结构的调整不能从主观意志出发，必须按照经济活动规律进行。地方政府和林业行政管理部门应在对广西林业产业发展状况进行充分调查研究的基础，根据产业自身发展规律的客观要求，做好产业发展规划，调整产业布局、搞好产业结构调整与升级优化，制定行之有效的产业集聚发展战略，引导和促进广西林业产业集聚，不断提升广西林业产业区域竞争力水平。

林业产业具有较强的关联效应，引导产业集聚，提升广西林业产业区域竞争力，广西林业应进一步加强区域产业“前向关联效应”与“后向关联效应”。产业与企业在空间集中并不是真正的产业集聚，林业产业集聚必须是源于林业产业与林业企业之间的内在的紧密的经济联系。其不仅体现在原材料、林业生产技术、专业技术人员等等各方面，而且体现在林业产业内部的分工与专业化效应、劳动力共享市场效应、公共投入品共享效应、技术与知识外溢效应、学习效应等等诸多方面的优势，提高林业产业集聚还是产生规模经济效应重要举措。

虽然林业产业集聚具有一定的自发性，但合理的外部环境的制度安排会更加促进广西林业产业集聚水平的提升，而这些都是政府和林业行政主管部门宏观调控作用范围。因此，在市场的推动下，提升广西林业产业集聚程度，政府进行必要的扶持和参与，必须制定行之有效的林业产业集聚战略规划，构建和严格执行产业发展规划，必须对广西林业产业发展的空间进行合理布局，建立健全广西林业产业集聚服务体系，为林业产业集聚提供高效的融资、技术、物流以及人才培养等服务，引导和培育地方的林业产业集群，努力提供一个安全、法制、公平和诚信的区域创业环境、就业环境和市场竞争环境，促使林业产业集群发展和升级，提升广西林业产业区域竞争力。

7.4 提高林业劳动生产率，夯实广西林业产业区域竞争力

一个区域的财富和竞争力水平主要取决于这一区域的生产率和一个区域所能创造的单位物质资源。地区竞争环境如何，与其生产率的增长密切相关(波特，2008)。而劳动生产率是指劳动者生产某种产品的劳动效率。劳动生产率水平可以用单位时间内所生产的产品的数量来表示。单位时间内生产的产品数量越多，劳动生产率就越高，反之则越低。也可以用生产单位产品所耗费的劳动时间来表示，生产单位产品所需要的劳动时间越少，劳动生产率就越高，反之则越低。

尽管广西林业产业区域竞争力一直处于我国林业中上游水平，但是仍不稳定，广西林业只属于林业大省而并非达到林业强省。通过对2003～2007年的广西林业产业区域竞争力分析得知，广西林业劳动生产率一直徘徊在第十九位左右，处于全国的中下游水平，林业劳动生产率是广西林业产业区域竞争力水平提升的主要障碍。提升产业区域竞争力水平，首先，必须加速提高广西林业劳动生产率，提高广西林业产业化水平。由于地理位置等诸多不利因素的影响，目前广西林业产业化刚处于起步阶段，产业化水平低，与发达的东部沿海地区仍然存在巨大的差距。但是同时也表明，广西林业产业化水平还有巨大的提升空间。因此，广西林业应首先研究产业化推进机制，然后采取相应的经济和财政措施，鼓励大型林工贸企业的研发和推广应用林业产业化生产体系，以提高广西林业劳动生产率。其次，提高广西林业生产技术水平。相关研究表明，劳动生产率的提高主要取决于技术和规模两方面的提高。目前，广西林业经济增长主要依靠劳动力投入的增长，科技进步贡献率则处于相对较低的水平。与沿海地区相比，广西林业科技进步贡献率存在较大的差距。科技贡献率的提高将使广西林业劳动生产率大幅度提高。

第三，扩大企业生产规模。产业规模是提高劳动生产率的一个重要途径，从研究结果来看，广西林业总产值以及第一产业产值的市场集中度还比较低，说明广西林业生产规模也很低，而产业集中度过低一方面会导致过度竞争，另一方面也不利于新技术的推广应用，限制劳动生产率的提高。因此，广西林业发展应努力发展大中型林业企业，加大对重点企业的扶植，培育林业企业核心竞争能力，提高广西林业产业集中度，走专业化道路。同时要加强核心企业技术水平的提高及推广，带动广西林业劳动生产率的提高。第四，提高广西林业职工素质。目前，广西林业职工整体素质结构尚不合理，具有硕士及以上高学历专业人员所占比例相对较小，中专及中专及以下的劳动人员比较多。林业职工整体文化素质不高和技能水平偏低的状况影响和限制劳动生产率的提高。针对目前广西林业从业人员整体水平较低的状况，广西应加大对员工的培训，建立完善的在岗人员培训制度；同时，应加强专业人才的培养，特别重视加大对高层管理人员的培养；另外，要加大对高级林业专业人才和经营管理人才的引进。

7.5 吸引国内外高级林业专业技术人员，提升广西林业技术竞争力

从2003～2007年的广西林业产业区域竞争力水平与林业专业技术人员集中度的弹性分析来看，广西林业专业技术人员集中度水平与广西林业产业区域竞争力水平呈正相关关系，且越靠近2007年，弹性系数越大，其中2006～2007年的弹性系数达到了5.47，说明广西林业产业区域竞争力与林业专业技术人员集中度之间是富有弹性的，加速林业技术人才引进与集中，特别是加大林产工业高级专业技术人员的引进，会极大促进与提升广西林业产业区域竞争力水平。在人才引进的方法与渠道上，必须制定合理的经营管理者的激励模式，用以吸引和留住优秀林业产业建设人才，在人才挽留方面，广西林业应该情感留人，待遇留人，环境留人。同时，为了充分调动林业经营管理者的工作热情和提高工作积极性和创造性，广西林业应该根据“按劳分配、同岗同酬、绩效挂钩”的分配原则，注重工作实绩，拉开薪酬档次，充分调动企业的经营管理者工作热情，不断提高经营管理者的工作绩效，促进广西林业经

济不断发展。

此外，必须创建广西林业技术人才合作团队，优势互补，发挥林业技术人才的知识溢出效应，发挥林业产业集聚的知识蓄水池的作用，实现林业技术人才的隐性知识的转移和共享、交流和联系，降低知识交换的成本，提高创新收益，推动产业集聚不断发展变化，提高了产业集聚的区域竞争优势，提升广西林业产业区域竞争力水平。

7.6 加快林业产业营销体系建设，提升广西林业产业市场竞争力

从表5-11可以看出，广西林业产业市场竞争力水平未能进入全国前十，在全国三十一个省市中排名中只列为第十三名，说明广西林业产业营销体系不够健全，产业营销水平仍然有待提高。林产品营销水平是决定广西林业产业市场竞争力水平高低的重要影响因素，因此，广西林业必须重视产业营销水平的提高：①大力引进营销人才，营建营销团队。市场竞争力水平的高低有赖于拥有营销人才的数量以及营销团队的建设，广西林业应大力引进营销人才，加强营销队伍建设，构建富有团队精神的营销队伍，掌握林产品市场发展趋势，因地制宜地制定广西林产品营销策略，指导生产适销对路的林产品，扩大广西林产品的市场占有份额。②利用计算机网络功能，加快林业产业商务网站建设和网络信息化建设。制作产品销售信息网站，实现林产品的在线销售；创建林产品商业信息网站以及网上交易平台，为国内外采购和供应商了解广西林业产业发展提供便利的条件和基础服务；创建广西名优特产品信息网，提高广西林产品的对外宣传水平和拓宽广西林业产业的宣传范围。③大力发展林业规范化的营销组织。广西林业产业应加快规范化的林产品营销组织的建设，建立健全市场信息服务体系和林产品物流配送体系，为林业企业或林农提供及时、准确的林产品市场信息。此外，广西林业产业还应重视林业产业营销：在高度重视林业产业标准化建设的同时强调林产品差异化发展，有效地提升林产品区域竞争力；其次，由传统的以量为主的营销观念逐步转变到追求质的营销理念，注重林业产业的品牌营销。

7.7 创建创新型林业产业体系，提升广西林业产业的创新竞争力

胡锦涛总书记在2006年全国科技大会上的讲话中指出了创新型国家建设的内涵。建设创新型国家，“核心就是把增强自主创新能力作为发展科学技术的战略基点，走出中国特色自主创新的道路，推动科学技术的跨越式发展；就是把增强自主创新能力作为调整产业结构、转变增长方式的中心环节、建设资源节约型、环境友好型社会，推动国民经济又好又快发展；就是把增强自主创新能力作为国家战略，贯穿到现代化建设的各个方面，激发全民族的创新精神，培养高水平创新人才，形成有利于自主创新的新的体制机制，大力推进理论创新、制度创新、科技创新、不断巩固和发展中国特色的社会主义伟大事业”。从胡锦涛总书记的讲话可以看出，创新型林业产业的发展是一个复杂的庞大系统。需要政府、高等院校、科研院所、协会、学会和企业等不同的创新主体的创新行为的共同努力。

产业集聚促进产业发展，产业发展力主产业创新，产业创新提升产业区域竞争力。广西自治区政府和林业主管部门应该制定有关鼓励创新的政策，扩大支持创新的林业公共支出并建立科技创新基金，推动林业产业创新基地和创新平台建设，建立健全科技人才的创新激励机制。高等院校是区域创新和企业创新的主体之一，将为区域经济发展和企业经济效益提高提供源源不断的智力支撑，广西自治区政府或林业主管部门应该积极寻求高等院校的技术和人才支持，为林业产业区域创新和区域竞争力水平提升搭建技术和人才平台；科研院所也是产业知识创新和技术创新的主体之一，将为产业创新和企业技术创新提供强大的技术空间，广西自治区政府和林业主管部门应该走科技合作渠道，让更多的创新技术渊源不断地流入林业产业集聚区域，提升产业的品质和林业产业区域竞争力；企业是创新姿势和技术的实验载体和经济效益创造的主体，广西自治区政府及其林业主管部门应该创新财政税收体制，为创新型林业企业提供税费减免，鼓励创新型林业企业不断参与创新，加强对创新技术的消化、吸收和再创新、不断促进林业产业结构调整升级和优化。此外，广西自治区政府及其林业主管部门应该建立健全创新的评价

体系，对科技创新进行及时、合理、公平、公正的创新评价，用以促进科技人才的创新积极性。

创建创新型广西林业产业体系，需要政府、高等院校、科研院所、协会、学会和企业等不同的创新主体的支持，这些主体的创新行为为提升广西林业产业区域竞争力起到了推波助澜的作用。而产业区域竞争力水平的提升也为创建创新型林业产业体系提供了平台，知识溢出效应为广西林业创建创新型林业产业提供了交流的条件，创新主体在创新活动中不断推动科技进步。

7.8 加强林业物流基础设施建设，提升广西林业产业物流竞争力

优质的物流配送体系和完善的物流基础设施可以加速林产品流通，减少林产品的流通成本，提升广西林业产业区域竞争力。广西地处中国西南边陲，地理位置优越。发达的珠江水系使广西林产品经水路通珠三角地区及国外；四通八达的公路网建设成为林产品运输的重要途径；湘桂线、黔桂线、南昆线是西南地区林产品出海的最便捷的铁路交通要道；加速具有“深水良港区”之称的北部湾地区的港区建设，为林产品区域贸易提供了基地。因此，基于良好的区位优势，广西林业产业必须加快林产品物流基础建设，发挥内航优势，结合地域气候环境条件，广西可以在梧州或贺州等地区建立以硬质阔叶林为基础的林产品物流园区，促进桂北及桂东地区的林产品贸易；发挥海航及边贸优势，广西可以建设以南宁为中心的北部湾林产品综合物流园区，用以加快西南地区林产品区域贸易的发展，东盟博览会落户南宁，为泛北部湾国家和地区的林产品往来贸易提供了契机，北部湾林产品综合物流园区的建设为实现广西林产品国际贸易提供了推波助澜的作用。

7.9 加快林业产业国际合作步伐，提升广西林业产业国际竞争力

原外交部部长龙永图先生曾经指出企业必须重视研究跨国公司的走向，建立适合企业发展的路子必须重视研究当代科技发展及其对企业的影响，掌握了先进的科技手段，将成为企业在行业领先的原动力。必须

重视研究全球化范围内产业调整及其对行业的影响，把握全球一体化的变化实质与发展机遇。广西具有非常优越的地理位置优势，WTO的契机、东盟博览会落户南宁、北部湾经济区的开发、泛湄公河经济圈的建立等等为广西林业产业参与国际竞争与合作创造了发展机遇，广西林业应顺势拓宽投融资渠道，沟通国际资本市场，引进外资，吸引多元化投资，保障广西林业产业发展的资金来源。广西林业产业生产技术依然落后，广西林业产业应进一步实行对外开放，加快国际合作步伐，利用地理位置优势和国际发展机遇，引进先进设备，加快技术革新，不断提高林产品的数量和质量，打造出一大批高科技含量、高附加值、高效益、高市场占有率的拳头产品，提升林业产业的区域竞争力，参与国内国际林业产品市场竞争。林业专业技术人员集聚对广西林业产业区域竞争力水平的提升具有非常大的促进作用，但是，广西林业专业技术人员质量和数量水平仍然有待提高。广西应加强对外开放创新，加快国际合作步伐，利用科技人才的国际空间自然流动与国际社会对林业技术支持，广西林业产业应提供相应的服务基础，不断引进国际林业科技人才和先进的国际管理理念，逐步带动广西林业产业的发展，不断提升广西林业专业技术水平，提高广西林业从业人员的专业素质水平，提升广西林业产业运行的技术平台和科技含量，逐步提升广西林业产业区域竞争力，促使广西林业走出广西、走遍全国、走向世界，逐步参与林业产业的国际竞争。因此，在“共赢、平等、公平、共存”的条件下，广西林业产业应加快国际合作步伐，发展外向型经济，以开放促改革、促发展，在更大范围、更广领域、更高层次上参与国际合作与竞争，加速提高产业素质，增强产业群体竞争力。

总之，广西林业必须立足国内，面向区域，放眼世界，在更大范围内获取更多的国际资源、国际资本、国际市场和国际技术，借助外资、国际先进技术和专业人才，利用国际与国内“两个市场，两种资源”，加快广西林业产业的步伐，尽快提升广西林业产业区域竞争力。

8　结论与研究展望

8.1　结　论

产业集聚和区域竞争力是区域经济学和产业经济学以及发展经济学中内容最为丰富的领域。而林业产业集聚和林业产业与竞争力是一个比较崭新的课题，本文利用近十年有关广西林业产业的数据，对广西林业产业集聚的动态变化以及广西林业产业区域竞争力发展水平进行实证性的分析，尤其是对广西林业产业集聚变动对产业区域竞争力水平的影响进行了创新性的研究，与此同时，探索了支持提升广西林业产业区域竞争力水平的政策建议。主要结论如下：

（1）对林业产业集聚的动因和影响因素以及影响林业产业区域竞争力水平的因素进行了分析：之所以产业集聚，在于规模经济效应、市场份额扩张效应、竞争优势增强效应等原因诱导产业集聚；在产业集聚过程中，自然资源禀赋、政府宏观政策引导、交通运输成本、科技发展与技术进步、知识溢出和产业自身因素构成等均对产业集聚构成重要的影响；而政府政策支持与制度建设、自然资源禀赋优势、林业从业人员素质提高、林业科技进步、林业产业结构调整和升级、林业产业发展机遇等因素会影响广西林业产业区域竞争力水平的发展。

（2）在实证研究方面，本文利用《广西林业统计资料》（1999 ~ 2007）和《广西统计年鉴》（2003 ~ 2007）的数据多角度分析了广西林业产业集聚的现状和发展水平。

1）通过分类计算 1999 到 2007 年的广西林业相关指标的产业区域集中度水平发现：①尽管广西林业总产值 CR_6 水平比较低，但是在分析广西林业总产值区域集中度增长率时发现 2006 ~ 2007 年的区域集中度是增长的。②在分别对广西林业第一、二、三产业进行区域集中度进行分析后认为：广西林业第一产业比较低，且增长速度极为缓慢；第二产业区域集中度水平比较高且从 2005 年后仍以较高的增长率在增长；第三产业区域集中度水平一般，但是从2005年开始，其区域集中度将以较快的增长速度在增长。③木材产量区域集中度水平比较低且增长缓慢。④林业固定资产投资的区域集中度水平比较高且仍在螺旋式的增长。⑤林业从业人员区域集中度水平比较低，且增长速度非常缓慢。⑥林业专业技术人员的区域集中度水平一般，尽管其增长率跌宕起伏但年均增长率仍达到2%。

2)从2003~2007年的动态的$E(G)$产业集聚指数来看，广西林业第一产业的$E(G)$指数全部为负数，说明第一产业不存在产业集聚现象；第二产业的$E(G)$产业集聚水平表现特殊，其以急剧的速度在增长；而第三产业的$E(G)$产业集聚指数均在0.08以上，说明产业集聚水平非常高。

(3)在广西产业区域竞争力水平的实证研究中，结合《中国林业统计年鉴》(2003~2007)和《中国统计年鉴》(2003~2007)中的资料，运用主成分分析方法，对2007年的广西林业产业区域竞争力的系统层要素(林业产能竞争力、林业产业市场竞争力、林业技术竞争力、林业资本竞争力、林业生态贡献力)进行了全面而系统的实证研究，其结论是：在全国三十一个省份中，广西林业产业产能竞争力、市场竞争力、技术竞争力、资本竞争力、生态贡献力的排名分别为：第3、13、6、6、7名。在对全国林业产业区域竞争力综合评价分析中，从2003~2007年，广西林业产业区域竞争力水平分别是：第6、6、9、6、3名，说明广西林业产业区域竞争力水平发展依然不够稳定。

(4)通过弹性分析表明：广西林业产业区域竞争力与固定资产投资、专业技术人员、木材产量、第二产业产值的区域集中度之间存在一致性且富有弹性，而与林业从业人员、林业总产值、造林面积、第三产业产值的区域集中度之间存在非一致性。在对广西林业产业区域竞争力的$E(G)$产业集聚弹性分析中得知，第一产业是构成产业区域竞争力的重要内容，尽管竞争力的第一产业$E(G)$产业集聚弹性为非一致性，但是仍对其产生具有一定的影响；第二产业与产业区域竞争力水平存在一致性且富有弹性，因此，第二产业集聚对广西林业产业区域竞争力水平提升具有极为重要的影响；尽管第三产业集聚水平很高，但是，2003~2007年的产业区域竞争力的第三产业$E(G)$产业集聚弹性表现为非一致性，因此，第三产业集聚对产业区域竞争力水平提升只产生一定的影响。

(5)提出了促进广西林业产业区域竞争力水平提升的建议：通过完善政府林业政策保障体系，为提升广西林业产业区域竞争力提供政策服务；加快广西林业产业产业结构调整，提升广西林业产业产能竞争力；积极吸引和促进产业集聚，充实广西林业产业区域竞争力；努力提高林业劳动生产率、夯实广西林业产业区域竞争力；吸引国内外高级林业专业技术人员，提升广西林业技术竞争力；加快林业产业营销体系建设、提升广西林业产业市场竞争力；创建创新型林业产业体系，提升广西林业产业的创新竞争力；加快林业产业国际合作步伐、提升广西林业产业国际竞争力。

8.2 研究的不足及未来研究方向

林业产业集聚和林业产业区域竞争力研究还处于起步阶段，本文的研究还存在很多不足，今后有必要从以下几个方面进一步完善：

(1)构建和完善林业产业集聚、林业产业区域竞争力以及两者之间关系的理论框架。

(2)进一步按照《国民经济行业分类》(GB/T4754－2002)中 B 门类的 4 个大类和 C 门类为研究对象，进一步系统实证研究林业产业集聚。

(3)寻找合适的计量模型，分析影响产业区域竞争力水平的指标。

附件一:2003 年我国林业产业区域竞争力综合评价及排序

2003 年我国林业产业区域竞争力情况表

省份	林业总产值(万元)	林产品工业销售产值(万元)	林产工业总产值(万元)	林业生产率(万元/人)	林业从业人员年均收入(千元)	林业产业市场占有率	林产品销售率	林业总产值占地方GDP比重	林业从业人员(人)	林业技术人员(人)	科研与技术服务人员(人)	林业技术人员投入强度	林业固定资产投资(万元)	人均固定资产投资(万元/人)	自筹投资(万元)	森工企业投资(万元)	设备投资(万元)	林业用地面积(万公顷)	森林面积(万公顷)	森林蓄积量(万立方米)
北京	552916	0	0	117.1	21.74	0.000	0.000	0.015	4721	1472	0	0.312	88885	0.006	29828	0	520	97.29	33.74	685.82
天津	35946	0	0	33.0	12.34	0.000	0.000	0.001	1090	516	0	0.473	4349	0.000	0	0	0	13.44	8.58	160.25
河北	4E+06	29584	30807	171.0	8.75	0.015	0.960	0.054	22508	7310	56	0.325	170365	0.003	16071	0	184	624.55	336.13	5948.2
山西	584862	375	512	24.1	8.41	0.000	0.732	0.024	24285	8284	85	0.341	172522	0.005	598	0	874	690.94	183.58	5644
内蒙古	781105	57789	57513	5.1	6.93	0.029	1.005	0.036	153044	30074	148	0.197	368608	0.016	25264	34176	13565	4403.6	1474.9	98163
辽宁	2E+06	44300	55688	77.6	7.4	0.022	0.796	0.034	25925	7583	30	0.292	66581	0.002	7764	0	1270	634.39	451.05	16137
吉林	1E+06	212227	218187	7.6	6.36	0.106	0.973	0.051	168669	38626	0	0.229	206232	0.008	27109	50998	16282	805.57	706.98	78657
黑龙江	2E+06	72757	79054	5.1	4.32	0.036	0.920	0.043	378802	78827	4	0.208	215131	0.006	20666	16936	11348	2026.5	1760.3	141069
上海	257840	0	0	311.0	19.51	0.000	0.000	0.004	829	271	0	0.327	137870	0.008	34959	0	129	2.25	2.18	23.93
江苏	4E+06	102289	126931	1991.5	72.23	0.051	0.806	0.034	2117	4174	0	1.972	129191	0.002	103793	0	1249	99.88	46.24	865.77
浙江	8E+06	35132	35726	497.8	16.[illegible]3	0.018	0.983	0.083	15643	6239	261	0.399	11183	0.000	1613	268	270	654.79	517.18	11122
安徽	2E+06	72326	75266	51.6	7.63	0.036	0.961	0.039	29901	6998	29	0.234	84581	0.001	11917	89	246	412.32	317.05	8295.8
福建	4E+06	217764	225998	108.6	9.09	0.109	0.964	0.086	41242	10359	141	0.251	36599	0.001	14385	8421	4136	908.07	735.37	36491
江西	2E+06	41901	45889	32.9	6.3	0.021	0.913	0.078	66766	10650	189	0.160	43492	0.001	1892	251	164	1044.7	889.78	22308
山东	5E+06	101112	112762	139.4	9.[illegible]8	0.050	0.897	0.037	32661	13070	0	0.400	97004	0.001	49840	0	3700	284.64	191.52	1481

（续）

省份	林业总产值（万元）	林产品工业销售产值（万元）	林产工业总产值（万元）	林业生产率（万元/人）	林业从业人员年均收入(千元)	林业产业市场占有率	林产品销售率	林业总产值占地方GDP比重	林业从业人员（人）	林业技术人员（人）	科研与技术服务人员（人）	林业技术人员投入强度	林业固定资产投资（万元）	人均固定资产投资（万元/人）	自筹投资（万元）	森工企业投资（万元）	设备投资（万元）	林业用地面积（万公顷）	森林面积（万公顷）	森林蓄积量（万立方米）
河南	2E+06	42185	53310	71.1	8.1	0.021	0.791	0.030	29408	5851	79	0.199	91687	0.001	5694	0	182	456.41	209.01	5258.5
湖北	2E+06	141526	141559	51.5	6.98	0.071	1.000	0.036	37320	10594	292	0.284	107329	0.002	10806	1095	1373	766	482.84	13224
湖南	4E+06	397958	413130	63.0	8.14	0.198	0.963	0.078	57384	13944	231	0.243	82754	0.001	49251	0	4253	1171.4	823.97	19890
广东	4E+06	67977	69701	37.7	11.4	0.034	0.975	0.027	42589	5991	294	0.141	20139	0.000	4811	0	2649	1048.1	815.02	19727
广西	2E+06	162643	167917	36.4	8.1	0.081	0.969	0.075	56071	14680	122	0.262	153956	0.003	43157	37536	24004	1366.2	816.66	27700
海南	1E+06	19023	19648	151.2	7.44	0.009	0.968	0.152	5730	790	53	0.117	40076	0.005	1827	1000	409	194.47	134.93	6613
重庆	697420	4021	5151	79.9	9.18	0.002	0.781	0.031	3724	2307	11	0.264	185812	0.006	422	0	182	366.84	183.18	8441.1
四川	2E+06	71934	107551	26.1	8.34	0.036	0.669	0.039	81434	13958	286	0.171	459876	0.005	7643	4148	3048	2266	1464.3	144622
贵州	497582	15534	18532	10.0	4.17	0.008	0.838	0.037	49924	6422	98	0.129	176124	0.005	260	0	1566	761.83	420.47	14050
云南	1E+06	77899	78600	24.4	10.11	0.039	0.991	0.058	59118	13917	179	0.235	179234	0.004	8451	11226	2931	2424.8	1560	128365
西藏	57779	0	0	370.4	22.01	0.000	0.000	0.031	156	37	0	0.237	6775	0.003	0	0	0	1657.9	1389.6	125337
陕西	1E+06	15657	16394	25.8	8.27	0.008	0.955	0.042	38793	9474	156	0.244	165680	0.005	775	289	908	1071.8	670.39	30266
甘肃	516052	713	946	14.0	10.16	0.000	0.754	0.040	35934	7779	165	0.211	206878	0.008	781	0	375	745.55	299.63	17202
青海	51358	0	0	5.9	9.2	0.000	0.000	0.013	8762	1417	32	0.162	70761	0.013	117	0	820	556.28	317.2	3270.4
宁夏	161127	1808	4085	15.9	8.75	0.001	0.443	0.042	10123	1964	0	0.194	38420	0.007	3809	0	0	115.34	40.36	585.26
新疆	1E+06	0	0	63.8	11.39	0.000	0.000	0.065	19096	5587	34	0.293	109390	0.006	0	0	826	608.46	484.07	25402

(1)KMO 与巴特利特的球体检验:

KMO and Bartlett's 检验表

样本充分性的 KMO 衡量.		0.561
巴特利特的球体检验	约. 卡方	1125.370
	自由度	190
	显著性检验.	0.000

KMO = 0.561 > 0.5 说明所选择样本比较充分。

(2)计算累积贡献率:

	特征值	百分率(%)	累计百分率(%)
1	6.3738	31.8692	31.8692
2	4.4934	22.4670	54.3363
3	2.9313	14.6567	68.9930
4	1.6888	8.4439	77.4369
5	1.0955	5.4776	82.9145
6	0.9593	4.7965	87.7110
7	0.7664	3.8319	91.5429
8	0.5188	2.5939	94.1368

(3)计算主成分医子综合得分及排名:

省份	因子1	因子2	因子3	因子4	因子5	因子6	因子7	因子8	主成分得分	排名
江苏	-1.0501	3.7085	3.1852	1.1410	-0.0634	0.5224	0.0597	0.5151	21.9770	1
内蒙古	2.0548	-1.2325	1.6964	0.4780	1.3434	1.8042	0.1398	-0.3701	16.4567	2
湖南	1.4136	2.1233	-1.7053	-1.0220	1.9512	-1.6373	0.0357	1.9428	13.4297	3
吉林	1.9124	0.2645	0.7118	-2.4451	-0.4783	0.3160	0.2016	-0.4933	11.0121	4
四川	1.2132	-0.7144	0.3178	2.0892	1.9228	-0.2650	-0.5706	0.7185	10.7725	5
广西	1.4269	0.6678	0.0576	-1.6550	0.1920	1.4989	1.1975	-2.7015	10.6320	6
黑龙江	2.2770	-0.8354	1.4037	0.2243	-3.3282	-1.8143	-1.0883	1.1913	9.6504	7
云南	1.0023	-0.4419	-0.0099	1.4858	0.5077	-0.4016	1.1513	-0.0748	7.8977	8
福建	0.6983	1.1503	-1.3344	-0.2506	-0.0057	-0.4552	0.9004	0.2608	5.6667	9
浙江	-0.3144	0.9539	-1.1770	1.8765	-1.2959	1.0422	0.2118	-1.4036	1.0148	10
湖北	0.2246	0.4348	-1.0667	0.2563	0.9382	-0.2659	-1.1918	-0.2056	0.4451	11
山东	-0.1711	0.9514	-0.1953	-0.6451	-0.7140	-0.1378	-1.1683	-0.2165	-0.3996	12
广东	0.0230	0.2258	-1.0931	1.0896	0.0861	-0.3989	-0.7374	-1.9878	-2.0873	13
河北	-0.3565	0.1700	-0.3295	0.3850	-0.6515	0.8541	-0.7715	0.1851	-2.2136	14
西藏	-0.4477	-0.6921	0.7280	1.0704	0.1567	-2.3865	2.8854	-0.8564	-2.3729	15
江西	0.0200	-0.1394	-1.0241	0.8294	-0.8014	0.0501	0.4808	0.0259	-2.5483	16
陕西	-0.1185	-0.5477	-0.2470	0.6630	0.1089	0.4967	-0.5597	0.1271	-2.5874	17
海南	-0.5233	-0.1098	-1.0881	-0.2247	-1.3254	2.1595	2.4141	2.3317	-3.7195	18
甘肃	-0.3629	-0.7590	0.0139	0.2748	0.5774	0.9841	-0.8104	0.7286	-3.8844	19
安徽	-0.3563	0.1011	-0.5430	-0.4110	-0.4296	-0.2311	-0.6067	0.1992	-5.1562	20
辽宁	-0.4050	-0.0500	-0.3606	-0.1466	-0.5368	-0.4020	-0.3409	-0.4077	-5.5573	21
贵州	-0.2860	-0.6896	-0.2560	-0.0067	0.0603	0.4522	-0.7791	0.3030	-5.6224	22
新疆	-0.6805	-0.6320	0.1418	-0.1373	-0.1316	-0.2185	1.3098	0.5543	-6.0559	23
山西	-0.5685	-0.6078	0.0872	-0.0621	0.1558	0.4943	-1.0676	0.0565	-6.3474	24
上海	-1.1545	-0.2945	1.1087	-0.9039	0.8726	-0.3386	-0.3537	0.1912	-6.4991	25
重庆	-0.6850	-0.5739	0.1072	-0.2964	0.0966	0.6715	-0.6984	0.5485	-6.6312	26
河南	-0.5080	-0.0499	-0.5539	-0.1113	-0.3426	-0.2262	-0.8591	-0.4774	-6.7718	27
北京	-1.1312	-0.2728	0.7903	-0.8620	0.4393	-0.5619	0.0309	-0.1453	-7.6842	28
青海	-0.8766	-1.1109	0.5471	-0.9603	1.0705	-0.1783	0.3332	0.3983	-9.1328	29
宁夏	-0.9556	-0.6094	-0.0676	-0.9064	-0.2107	0.1170	0.3383	0.4577	-10.1799	30
天津	-1.3147	-0.3885	0.1545	-0.8167	-0.1644	-1.5440	-0.0870	-1.3955	-13.5036	31

附件二:2004 年我国林业产业区域竞争力综合评价及排序

2004 年我国林业产业区域竞争力情况表

省份	林业总产值(万元)	林产品工业销售产值(万元)	林产工业总产值(万元)	林业生产率(万元/人)	林业从业人员年均收入(千元)	林业产业市场占有率	林产品销售率	林业总产值占地方GDP比重	林业从业人员(人)	林业技术人员(人)	科研与技术服务人员(人)	林业技术人员投入强度	林业固定资产投资(万元)	人均固定资产投资(万元/人)	自筹投资(万元)	森工企业投资(万元)	设备投资(万元)	林业用地面积(万公顷)	森林面积(万公顷)	森林蓄积量(万立方米)
北京	63.20	0.8859	0.88	130.21	27.226	0.00339	0.99	0.014756	4854	1552	0	0.32	100774	67.49766	168	0	1231	97.29	37.88	840.7
天津	4.08	0	0	36.02	11.952	0	0.00	0.001391	1132	280	0	0.25	3591	3.506836	1975	0	0	13.44	9.35	140.35
河北	411.70	3.9282	4.6979	186.49	9.1915	0.015032	1.20	0.04695	22076	7186	351	0.33	210261	30.87986	12336	0	257	624.55	328.83	6509.92
山西	66.28	0.022	0.0398	27.58	9.3384	8.42E-05	1.81	0.021784	24033	8270	605	0.34	178974	53.66537	119	0	1215	690.94	208.19	6199.93
内蒙古	91.99	5.9636	6.1345	6.38	7.99872	0.022821	1.03	0.033919	144291	29657	1367	0.21	378568	158.7953	3450	28057	5620	4403.61	2050.67	110153.2
辽宁	220.65	13.2805	14.1984	85.23	7.92023	0.050821	1.07	0.032106	25890	8585	318	0.33	66915	15.86792	14875	0	1006	634.39	480.53	17476.57
吉林	213.02	28.1741	28.3234	12.81	6.95519	0.107814	1.01	0.072011	166326	38862	1018	0.23	177517	65.52861	4010	56903	17324	805.57	720.12	81645.51
黑龙江	215.96	8.8402	9.1496	5.84	4.56795	0.033829	1.03	0.040724	370070	79636	2553	0.22	198834	52.0917	9898	19224	5767	2026.5	1797.5	137502.3
上海	28.67	0.0792	0.0792	369.47	22.9458	0.000303	1.00	0.003848	776	307	0	0.40	103534	59.43398	24972	0	313	2.25	1.89	33.24
江苏	505.39	57.0513	67.8892	228.20	6.78516	0.218319	1.19	0.032811	22147	4783	0	0.22	153983	20.71613	112816	0	782	99.88	77.41	2285.27
浙江	868.30	3.0134	3.0614	606.31	22.0143	0.011531	1.02	0.07723	14321	6183	615	0.43	16616	3.520339	1281	200	189	654.79	553.92	11535.85
安徽	180.84	7.0936	7.5088	64.81	8.86460	0.027145	1.06	0.037575	27903	6764	154	0.24	50138	7.760099	6841	62	416	412.32	331.99	10371.9
福建	514.88	17.9983	18.5124	139.85	11.4352	0.068874	1.03	0.085059	36815	10342	896	0.28	36434	10.3771	10337	34385	3184	908.07	764.94	44357.36
江西	307.10	3.3804	3.496	51.13	8.06721	0.012936	1.03	0.087846	60065	10324	1232	0.17	48844	11.40149	4249	334	548	1044.69	931.39	32505.2
山东	537.98	15.4385	16.2991	163.21	10.0491	0.059079	1.06	0.034729	32963	12498	252	0.38	136976	14.92113	73527	0	1408	284.64	204.64	3201.65

（续）

省份	林业总产值（万元）	林产品工业销售产值（万元）	林产工业总产值（万元）	林业生产率（万元/人）	林业从业人员年均收入（千元）	林业产业市场占有率	林产品销售率	林业总产值占地方GDP比重	林业从业人员（人）	林业技术人员（人）	科研与技术服务人员（人）	林业技术人员投入强度	林业固定资产投资（万元）	人均固定资产投资（万元/人）	自筹投资（万元）	森工企业投资（万元）	设备投资（万元）	林业用地面积（万公顷）	森林面积（万公顷）	森林蓄积量（万立方米）
河南	255.00	3.461	5.4286	82.13	7.547106	0.013244	1.57	0.028928	31047	6778	1193	0.22	90460	9.309458	5620	0	53	456.41	270.3	8404.64
湖北	268.16	15.4727	20.7673	77.21	7.49188	0.059209	1.34	0.042499	34730	13185	1062	0.38	113005	18.78408	17989	91	2742	766	497.55	15406.64
湖南	409.72	21.8023	23.8718	68.22	8.988311	0.083431	1.09	0.073005	60058	15490	2194	0.26	135827	20.27874	10481	0	403	1171.42	860.79	26534.46
广东	381.85	6.4835	6.5306	99.47	12.72911	0.02481	1.01	0.023807	38388	6701	1473	0.17	26573	3.200024	4199	0	1366	1048.14	827	28365.63
广西	247.08	20.7868	21.0022	44.85	9.10289	0.079545	1.01	0.07442	55088	14754	1227	0.27	142256	29.09716	43397	5066	6701	1366.22	983.83	36477.26
海南	103.63	1.9365	2.0133	161.08	7.789834	0.00741	1.04	0.13469	6433	714	191	0.11	31409	38.39731	2439	0	258	194.47	166.66	7195.16
重庆	79.05	0.3432	0.7172	92.84	10.05144	0.001313	2.09	0.029659	8515	2260	123	0.27	188110	60.25304	5635	0	19	366.84	183.18	8441.08
四川	287.26	12.0865	12.6801	35.87	9.201221	0.046251	1.05	0.043817	80091	16944	1360	0.21	431775	49.48711	2379	3493	2491	2266.02	1464.34	149543.4
贵州	79.52	3.7795	4.3539	19.04	5.433522	0.014463	1.15	0.049953	41758	7692	500	0.18	187258	47.96568	1279	0	1761	761.83	420.47	17795.72
云南	189.82	4.1313	4.3025	34.66	10.67136	0.015809	1.04	0.06414	54768	14780	1708	0.27	190675	43.188	8070	14124	7267	2424.76	1560.03	139929.2
西藏	6.53	3.3234	3.0071	418.72	22.01282	0.012718	0.90	0.030879	156	37	0	0.24	9318	34.0073	0	0	0	1657.89	1389.61	226606.4
陕西	122.31	2.2266	2.306	32.30	8.906496	0.008521	1.04	0.042419	37870	11778	360	0.31	136166	36.75196	6737	547	584	1071.78	670.39	30775.77
甘肃	52.91	0.0832	0.083	14.15	10.6883	0.000318	1.00	0.033939	37392	8339	1401	0.22	207182	79.10729	236	0	754	745.55	299.63	17504.33
青海	2.75	0	0	2.84	9.399504	0	0.00	0.005895	9677	1639	115	0.17	59245	109.9165	80	0	156	556.28	317.2	3592.62
宁夏	13.55	0.1455	0.1455	13.36	9.292349	0.000557	1.00	0.029435	10378	2016	38	0.19	35148	59.77551	3929	0	0	115.34	40.36	392.85
新疆	118.51	0.1102	0.1102	66.70	12.44845	0.000422	1.00	0.053866	17768	6212	445	0.35	102891	52.41518	35553	60	2017	608.46	484.07	28039.68

(1)计算累积贡献率:

	特征值	百分率(%)	累计百分率(%)
1	6.1636	30.81799	30.81799
2	4.2457	21.2287	52.04669
3	2.0984	10.49181	62.5385
4	1.5925	7.962417	70.50091
5	1.3821	6.910703	77.41162
6	1.1875	5.937645	83.34926
7	0.9668	4.834083	88.18334
8	0.6005	3.002384	91.18573

(2)计算主成分因子综合得分及排名:

省份	因子1	因子2	因子3	因子4	因子5	因子6	因子7	因子8	主成分得分	排名
吉林	2.1406	0.8374	-0.4827	0.2422	-2.2543	3.0483	1.3860	-0.7236	17.5316	1
江苏	0.1102	3.9431	-1.2723	1.6673	-0.0796	-1.6298	0.0242	-0.5311	15.0652	2
内蒙古	2.2583	-1.4809	-0.0646	1.9561	0.4726	-0.7365	1.0920	1.8450	12.5532	3
黑龙江	2.7004	-0.6341	0.4228	-0.7042	0.2622	0.6614	-3.2419	-1.3419	10.9255	4
四川	1.2863	-0.4142	0.2752	0.7012	1.0551	-1.7267	0.4217	0.3752	7.9048	5
广西	0.7027	0.8765	-0.1116	-0.1446	-0.1926	-0.2229	0.3194	0.4337	7.6261	6
福建	0.3813	0.9229	0.8798	-0.9651	-1.1219	0.6701	0.9509	0.4170	6.9924	7
云南	1.1619	-0.6740	0.8602	-0.0647	-0.0892	-0.4807	0.6876	0.0409	5.9970	8

（续）

省份	因子1	因子2	因子3	因子4	因子5	因子6	因子7	因子8	主成分得分	排名
山东	-0.4464	1.4071	0.2413	0.5811	0.7165	0.4467	-0.9782	0.9707	5.8127	9
湖南	0.5615	0.8378	0.2228	-1.0882	0.5621	-0.8663	-0.4069	0.7359	5.5493	10
浙江	-1.0237	0.6634	3.5538	-0.5620	0.0126	0.6662	-0.0601	1.7180	4.8511	11
湖北	-0.0040	0.7337	0.0118	-0.1348	0.9264	0.5860	-0.3984	-0.1596	4.3959	12
河北	-0.4626	0.1242	0.3211	-0.0904	1.0358	0.3280	0.1657	0.9913	0.7825	13
辽宁	-0.3771	0.4695	-0.2185	-0.0424	0.1568	0.1375	-0.5410	-0.3322	-1.1996	14
山西	-0.4276	-0.5704	-0.4855	0.2629	1.8477	1.1590	0.3955	-0.8348	-1.8459	15
新疆	-0.4811	-0.2740	0.0164	0.3000	0.2001	0.4901	0.0398	0.5763	-2.3735	16
重庆	-0.6294	-0.4587	-0.6123	0.2575	1.9068	0.7158	1.3729	-1.5077	-2.7943	17
陕西	-0.2181	-0.4573	-0.2069	-0.0627	0.4121	0.0768	-0.2141	0.1550	-3.2733	18
上海	-1.3646	-0.3007	0.8390	1.9123	-0.0722	1.0996	-0.4003	-0.2195	-4.1944	19
江西	0.0895	-0.2055	0.1041	-1.9687	-0.1641	-0.8835	0.1443	0.1878	-4.2609	20
河南	-0.3821	-0.0518	-0.3718	-1.0568	1.0513	0.0432	-0.2541	-1.0715	-4.4230	21
广东	-0.1339	-0.0613	0.2962	-0.9687	-0.2414	-0.8440	-0.9498	-0.3800	-4.4891	22
贵州	-0.0659	-0.4651	-1.0901	-0.5085	0.3564	-0.2421	0.5675	-0.0658	-4.7638	23
甘肃	-0.0949	-0.8859	-0.8193	0.0591	0.5281	-0.0208	-0.0550	0.7465	-4.8708	24
西藏	-0.3595	-0.8322	2.1110	1.2755	-1.5275	-2.1670	0.5992	-2.9328	-5.1546	25
安徽	-0.5757	0.0694	-0.4852	-0.6276	-0.1805	-0.0391	-0.3167	-0.7054	-6.2972	26
北京	-1.1454	-0.6410	0.3388	1.4505	-0.4749	1.0315	0.0076	-0.1888	-6.2976	27
海南	-0.5896	-0.2010	-0.5258	-2.1621	-0.9481	-0.6344	2.2184	0.1241	-8.8780	28
宁夏	-0.8243	-0.6260	-1.2653	-0.2309	-0.4533	0.1200	0.1114	-0.4410	-11.4023	29
青海	-0.6194	-1.0992	-1.5989	0.7683	-1.8056	-0.6618	-0.8202	1.7942	-13.6131	30
天津	-1.1675	-0.5517	-0.8836	-0.0515	-1.8975	-0.1244	-1.8673	0.3239	-15.8557	31

附件三:2005 年我国林业产业区域竞争力综合评价及排序

2005 年我国林业产业区域竞争力情况表

省份	林业总产值(万元)	林产品工业销售产值(万元)	林产工业总产值(万元)	林业生产率(万元/人)	林业从业人员年均收入(千元)	林业产业市场占有率	林产品销售率	林业总产值占地方GDP比重	林业从业人员(人)	林业技术人员(人)	科研与技术服务人员(人)	林业技术人员投入强度	林业固定资产投资(万元)	人均固定资产投资(万元/人)	自筹投资(万元)	森工企业投资(万元)	设备投资(万元)	林业用地面积(万公顷)	森林面积(万公顷)	森林蓄积量(万立方米)
北京	441105	2452	2462	87.12	28.3006	0.0009	0.9959	0.0064	5063	1467	37	0.2897	109188	70.9935	431	0	2390	97.29	37.88	840.70
天津	48346	0	0	40.63	16.4487	0.0000	0.0000	0.0013	1190	287	0	0.2412	5139	4.9271	1883	0	0	13.44	9.35	140.30
河北	4534721	52724	58988	204.84	10.5787	0.0197	0.8938	0.0449	22138	7534	374	0.3403	225131	32.8610	14186	0	96	624.55	328.83	6509.92
山西	725850	110	262	30.22	10.4923	0.0000	0.4198	0.0174	24020	8223	597	0.3423	174345	51.9657	65	0	769	690.94	208.19	6199.93
内蒙古	1126853	70248	69535	7.83	8.7049	0.0263	1.0103	0.0289	143823	30724	1131	0.2136	417279	174.8864	17212	26808	9069	4403.61	2050.67	110153.15
辽宁	2616117	110007	115245	102.84	9.5752	0.0411	0.9545	0.0327	25439	8559	298	0.3365	121087	28.6868	7396	0	377	634.39	480.53	17476.57
吉林	2360091	296497	300991	15.10	8.0392	0.1108	0.9851	0.0652	156323	36115	914	0.2310	188849	69.5320	50824	65770	31196	805.57	720.12	81645.51
黑龙江	2355218	113215	116110	6.72	5.0266	0.0423	0.9751	0.0427	350640	78505	3218	0.2239	197979	51.8270	18537	16463	6636	2026.50	1797.50	137502.31
上海	278594	8350	15170	280.84	24.8367	0.0031	0.5504	0.0030	992	340	0	0.3427	81293	45.7216	20323	0	166	2.25	1.89	33.24
江苏	6512047	230947	702099	290.43	8.4965	0.0863	0.3289	0.0356	22422	4451	0	0.1985	235276	31.4751	123433	0	1980	99.88	77.41	2285.27
浙江	9179816	14682	14773	663.38	25.5410	0.0055	0.9938	0.0683	13838	6050	598	0.4372	13148	2.6844	3760	65	1461	654.79	553.92	11535.85
安徽	2293112	86253	90271	84.37	9.2034	0.0322	0.9555	0.0427	27179	6611	161	0.2432	69897	11.4211	9040	1227	148	412.32	331.99	10371.90
福建	9194809	164207	167283	260.29	12.5460	0.0614	0.9816	0.1400	35325	9913	969	0.2806	79789	22.5711	23116	38814	27660	908.07	764.94	44357.36
江西	3837166	37394	38257	63.30	8.4541	0.0140	0.9774	0.0946	60614	11529	1179	0.1902	39642	9.1955	3867	152	357	1044.69	931.39	32505.20
山东	6207959	196924	199287	189.92	11.2053	0.0736	0.9881	0.0335	32687	12667	299	0.3875	162168	17.5355	79488	0	636	284.64	204.64	3201.65

（续）

省份	林业总产值（万元）	林产品工业销售产值（万元）	林产工业总产值（万元）	林业生产率（万元/人）	林业从业人员年均收入（千元）	林业产业市场占有率	林产品销售率	林业总产值占地方GDP比重	林业从业人员（人）	林业技术人员（人）	科研与技术服务人员（人）	林业技术人员投入强度	林业固定资产投资（万元）	人均固定资产投资（万元/人）	自筹投资（万元）	森工企业投资（万元）	设备投资（万元）	林业用地面积（万公顷）	森林面积（万公顷）	森林蓄积量（万立方米）
河南	2882171	64062	72006	94.50	8.1473	0.0229	0.8897	0.0272	30500	6452	1124	0.2115	106248	11.3271	1652	0	27	456.41	270.30	8404.64
湖北	3501595	216760	226723	101.05	7.4114	0.0810	0.9561	0.0537	34651	11914	912	0.3438	142392	24.9373	24645	470	1305	766.00	497.55	15406.64
湖南	4539345	436382	486633	80.10	9.8567	0.1631	0.8967	0.0697	56672	17614	2083	0.3108	124664	19.7066	4881	0	1002	1171.42	860.79	26534.46
广东	4407009	73506	81541	113.82	14.3235	0.0275	0.9015	0.0197	38718	6855	1395	0.1770	39888	4.3385	5240	0	3366	1048.14	827.00	28365.63
广西	2934454	221536	227703	54.14	10.0749	0.0828	0.9729	0.0720	54199	14521	1233	0.2679	173203	37.1680	52225	11979	9940	1366.22	983.83	36477.26
海南	1687155	57154	57661	266.79	10.2519	0.0214	0.9912	0.1886	6324	754	176	0.1192	37864	45.7295	3879	0	223	194.47	166.66	7195.16
重庆	1092656	22475	30670	125.00	11.0724	0.0084	0.7328	0.0356	8741	2347	95	0.2685	211195	75.4807	2638	0	202	366.84	183.18	8441.08
四川	4003314	90210	97187	59.51	9.4862	0.0337	0.9282	0.0542	67271	15885	732	0.2361	469701	57.1969	7028	6089	1446	2266.02	1464.34	149543.36
贵州	984295	46873	46374	28.95	8.0068	0.0175	1.0108	0.0497	34003	7640	449	0.2247	198246	53.1491	310	0	1658	761.83	420.47	17795.72
云南	2377919	40712	41237	43.06	11.0996	0.0152	0.9873	0.0685	55217	15248	1633	0.2761	201479	45.2762	16448	6440	5512	2424.76	1560.03	139929.16
西藏	139988	2071	2277	96.15	14.4299	0.0008	0.9095	0.0557	1456	44	0	0.0302	5832	21.0542	0	0	0	1657.89	1389.61	226606.41
陕西	1263118	18370	18741	33.97	9.3608	0.0069	0.9802	0.0344	37180	11802	326	0.3174	144717	38.9024	1065	478	2646	1071.78	670.39	30775.77
甘肃	568753	885	834	15.14	10.9573	0.0003	1.0612	0.0294	37559	8549	1147	0.2276	253385	97.6812	1751	0	879	745.55	299.63	17504.33
青海	27074	0	0	2.71	10.7147	0.0000	0.0000	0.0050	9980	1696	108	0.1699	72868	134.1952	0	0	197	556.28	317.20	3592.62
宁夏	240410	0	0	23.17	9.2923	0.0000	0.0000	0.0397	10378	2016	38	0.1943	38196	64.0872	4792	0	0	115.34	40.36	392.85
新疆	1799754	0	0	89.35	12.0778	0.0000	0.0000	0.0691	20142	6272	643	0.3114	138149	68.7308	39835	100	1657	608.46	484.07	28039.68

(1)KMO 与巴特利特的球体检验：

KMO and Bartlett's 检验表

样本充分性的 KMO 衡量.		0.461
巴特利特的球体检验	约. 卡方	998.623
	自由度	190
	显著性检验.	0.000

(2)计算累积贡献率：

	特征值	百分率(%)	累计百分率(%)
1	6.2715	31.3574	31.3574
2	4.0236	20.1178	51.4751
3	2.0683	10.3415	61.8166
4	1.5205	7.6026	69.4192
5	1.4622	7.3111	76.7303
6	1.2174	6.0871	82.8175
7	0.8778	4.3892	87.2067
8	0.7419	3.7094	90.9160

(3)计算主成分医子综合得分及排名：

省份	因子1	因子2	因子3	因子4	因子5	因子6	因子7	因子8	主成分得分	排名
吉林	2.1147	0.8662	-1.0186	-1.9655	2.2651	-1.5558	-0.1702	1.1518	13.7749	1
福建	0.9164	1.5326	1.6021	-1.9140	1.6942	-0.3288	-0.5269	-0.6562	13.4444	2
浙江	-0.8938	1.3648	3.1713	1.5182	1.2270	0.0548	1.0305	-0.6712	11.0210	3
湖南	1.1624	1.6268	-0.5180	0.6394	-2.0355	-0.3220	-0.9382	1.7815	10.8653	4
黑龙江	2.5915	-1.1906	0.4337	1.2008	-1.1024	-2.5121	2.0472	-1.5023	10.1968	5
江苏	0.1516	2.3655	-2.2171	0.1000	-0.1482	2.2061	2.2840	-0.8997	9.8414	6
内蒙古	1.9176	-1.9904	-0.3665	0.7862	1.7556	1.7443	-0.4163	-0.1183	8.6922	7
山东	-0.0183	1.5940	-0.4402	1.2534	0.0462	0.3984	0.1025	-0.1590	7.8183	8
广西	0.8907	0.6869	-0.3590	-0.2000	-0.1447	0.2260	-0.2964	0.5246	7.4957	9
四川	0.9803	-0.8592	0.2577	0.7936	0.0059	2.2019	-0.3349	0.0892	6.8917	10
云南	0.8328	-0.8899	0.9736	0.2504	-0.2406	0.7942	0.2547	0.2542	5.0639	11
湖北	0.2602	0.8845	-0.3744	0.5946	-0.8599	-0.0970	-0.9675	0.3008	3.3189	12
广东	-0.1107	0.0120	0.7192	-0.0722	-0.8966	-0.4514	0.7537	0.9064	0.2052	13
河北	-0.3973	0.3212	0.2839	0.9143	0.1748	0.3418	-0.7791	-0.7841	0.1838	14
辽宁	-0.2824	0.2637	-0.0691	0.5526	-0.3901	-0.1764	-0.8309	0.4468	-1.1958	15
江西	0.0404	-0.2074	0.9489	-0.7207	-1.3857	-0.2997	-0.1529	-0.8349	-2.8590	16
西藏	-0.1600	-1.3487	1.1829	-2.0245	-1.1332	1.7381	2.0153	2.1183	-3.2616	17
上海	-1.3624	0.1253	0.1599	0.8482	1.3177	-0.4805	0.9322	1.0428	-3.4863	18
陕西	-0.2525	-0.5368	0.1178	0.4021	-0.1059	-0.2376	-0.8586	0.1275	-3.9911	19
安徽	-0.4547	0.1953	-0.0390	-0.3030	-0.7672	-0.3065	-0.5094	0.3486	-4.2909	20
北京	-1.1719	-0.3573	0.2736	0.5787	1.3637	-0.5538	-0.1936	2.0860	-4.6442	21
河南	-0.3463	-0.0006	0.0157	-0.0209	-1.0647	-0.5883	-0.3638	-0.0012	-4.7669	22
新疆	-0.5865	-0.2893	-0.5970	-0.0125	0.5405	-0.0010	0.8834	-1.7298	-5.8144	23
贵州	-0.2304	-0.5049	-0.2836	-0.1588	-0.4004	0.0973	-1.2907	-0.1378	-6.0067	24
甘肃	-0.2251	-0.9605	-0.4007	0.4501	0.1552	-0.0289	-1.3487	-0.2609	-6.6060	25
重庆	-0.7076	-0.3903	-0.4682	0.1950	0.4110	0.2780	-0.9308	-0.3680	-6.8304	26
海南	-0.5925	0.3078	0.9871	-2.3702	-0.8184	0.6406	-1.2091	-1.9362	-6.9539	27
山西	-0.6672	-0.5781	-0.6095	0.7161	0.2283	-0.6990	-0.4564	-0.4370	-7.9245	28
天津	-1.3940	-0.3133	-0.6748	-0.4048	-0.0996	-1.2200	1.3058	0.6977	-11.9809	29
青海	-0.9234	-1.1401	-1.5655	-0.6177	0.5428	-0.2051	0.4613	-0.4838	-13.9657	30
宁夏	-1.0814	-0.5890	-1.1262	-1.0087	-0.1347	-0.6579	0.5037	-0.8959	-14.2355	31

附件四:2006 年我国林业产业区域竞争力综合评价及排序

2006 年我国林业产业区域竞争力情况表

省份	林业总产值(万元)	林产品工业销售产值(万元)	林产工业总产值(万元)	林业生产率(万元/人)	林业从业人员年均收入(千元)	林业产业市场占有率	林产品销售率	林业总产值占地方GDP比重	林业从业人员(人)	林业技术人员(人)	科研与技术服务人员(人)	林业技术人员投入强度	林业固定资产投资(万元)	人均固定资产投资(万元/人)	自筹投资(万元)	森工企业投资(万元)	设备投资(万元)	林业用地面积(万公顷)	森林面积(万公顷)	森林蓄积量(万立方米)
北京	445695	2849	2844	17.4358	32.2[illegible]8	0.0010	1.0018	0.0057	25562	4520	262	0.1768	315370	199.48	7088	0	2790	97.29	37.88	840.70
天津	50101	0	0	42.0663	22.2[illegible]6	0.0000	0.0000	0.0011	1191	289	0	0.2427	35561	33.08	0	0	0	13.44	9.35	140.35
河北	4829532	65902	72945	215.0760	11.62[illegible]0	0.0230	0.9034	0.0414	22455	7529	447	0.3353	206226	29.90	3626	0	1063	624.55	325.83	6509.92
山西	785067	425	610	32.5187	11.89[illegible]7	0.0001	0.6967	0.0165	24142	8527	637	0.3532	305967	90.66	22261	0	2106	690.94	208.19	6199.93
内蒙古	1582368	80381	81203	11.2002	9.77[illegible]	0.0280	0.9899	0.0330	141280	30526	1477	0.2161	492993	205.67	37541	42283	12716	4403.61	2050.67	110153.15
辽宁	3034497	216637	254666	116.6845	10.30[illegible]6	0.0756	0.8507	0.0328	26006	8353	272	0.3212	122059	28.58	2439	0	100	634.39	480.53	17476.57
吉林	2553692	341964	343190	19.1655	8.967[illegible]	0.1193	0.9964	0.0597	133244	28443	910	0.2135	220559	81.00	38916	56129	17851	805.57	720.12	81645.51
黑龙江	3537080	106168	110582	10.5272	5.592[illegible]	0.0370	0.9601	0.0572	335994	76736	3199	0.2284	481347	125.91	43505	94650	9346	2026.50	1797.50	137502.31
上海	271591	9195	11211	282.0260	31.08[illegible]	0.0032	0.8202	0.0026	963	413	0	0.4289	33756	18.60	1264	0	37	2.25	1.89	33.24
江苏	7171727	455148	500784	299.9969	10.634[illegible]	0.1588	0.9089	0.0331	23906	4823	0	0.2017	414435	54.89	38866	0	2193	99.88	77.41	2285.27
浙江	10644354	17782	17698	774.3601	27.629[illegible]	0.0062	1.0047	0.0676	13746	6012	603	0.4374	11744	2.36	966	250	1256	654.79	553.92	11535.85
安徽	2833183	69178	77003	106.5788	9.914[illegible]	0.0241	0.8984	0.0461	26583	6142	133	0.2310	87184	14.27	7326	10	189	412.32	331.99	10371.90
福建	10022649	196715	242872	306.7281	14.455[illegible]	0.0686	0.8100	0.1316	32676	9938	969	0.3041	46660	13.11	23113	10817	9833	908.07	764.94	44357.36
江西	4832087	70717	75082	82.9301	9.207[illegible]	0.0247	0.9419	0.1035	58267	10235	1482	0.1757	90055	20.75	4557	352	4623	1044.69	931.39	32505.20
山东	7170417	174743	190302	225.4919	13.427[illegible]	0.0610	0.9182	0.0325	31799	12516	302	0.3936	210006	22.56	55844	0	9359	284.64	204.64	3201.65

（续）

省份	林业总产值（万元）	林产品工业销售产值（万元）	林产工业总产值（万元）	林业生产率（万元/人）	林业从业人员年均收入(千元)	林业产业市场占有率	林产品销售率	林业总产值占地方GDP比重	林业从业人员（人）	林业技术人员（人）	科研与技术服务人员（人）	林业技术人员投入强度	林业固定资产投资（万元）	人均固定资产投资（万元/人）	自筹投资（万元）	森工企业投资（万元）	设备投资（万元）	林业用地面积（万公顷）	森林面积（万公顷）	森林蓄积量（万立方米）
河南	3493703	5822	37025	114.0578	8.6095	0.0020	0.1572	0.0280	30631	6201	1023	0.2024	96427	10.27	481	0	146	456.41	270.30	8404.64
湖北	4082228	144316	145608	120.1433	8.5424	0.0503	0.9911	0.0538	33978	10764	898	0.3168	181320	31.85	29457	4309	14355	766.00	497.55	15406.64
湖南	5512444	250995	342365	100.3522	10.3956	0.0376	0.7331	0.0728	54931	17225	2150	0.3136	202800	31.98	4944	0	4331	1171.42	860.79	26534.46
广东	13152217	135504	157583	346.4209	16.0901	0.0473	0.8599	0.0502	37966	6793	1478	0.1789	39116	4.20	4092	0	1205	1048.14	827.00	28365.63
广西	4128172	227646	229346	79.5930	11.1603	0.0794	0.9926	0.0855	51866	15072	1181	0.2906	248259	52.61	62523	18422	9601	1366.22	983.83	36477.26
海南	2041462	47387	51254	351.4309	9.1522	0.0165	0.9246	0.1939	5809	586	83	0.1009	30840	36.89	0	0	279	194.47	166.66	7195.16
重庆	1259360	21198	34757	149.2310	11.7346	0.0074	0.6099	0.0361	8439	2176	173	0.2579	223925	79.75	6216	0	165	366.84	183.18	8441.08
四川	5073806	116743	119701	76.1604	10.3666	0.0407	0.9753	0.0587	66620	15462	626	0.2321	947924	116.04	118312	4056	13979	2266.02	1464.34	149543.36
贵州	1109557	32841	34384	30.6685	8.0699	0.0115	0.9551	0.0486	36179	7807	602	0.2158	227150	60.46	4105	0	791	761.83	420.47	17795.72
云南	2913403	35251	41158	55.5262	12.2684	0.0123	0.8565	0.0727	52469	14519	1567	0.2767	272596	60.81	25227	3478	4387	2424.76	1560.03	139929.16
西藏	85687	2019	2452	34.9315	13.4949	0.0007	0.8234	0.0294	2453	62	0	0.0253	39543	140.72	0	0	0	1657.89	1389.61	226606.41
陕西	1323724	38193	39008	35.9317	10.4071	0.0133	0.9791	0.0293	36840	12319	353	0.3344	137506	36.82	6796	3125	242	1071.78	670.39	30775.77
甘肃	681801	613	572	17.9757	12.1042	0.0002	1.0717	0.0299	37929	8673	1118	0.2287	254377	97.61	0	0	114	745.55	299.63	17504.33
青海	20385	0	0	1.9890	11.8496	0.0000	0.0000	0.0032	10249	1867	114	0.1822	94739	172.88	102	0	169	556.28	317.20	3592.62
宁夏	134624	0	0	12.972[illegible]	9.2923	0.0000	0.0000	0.0189	10378	2016	38	0.1943	33401	55.30	1755	0	0	115.34	40.36	392.85
新疆	1299637	0	0	61.1335	12.9873	0.0000	0.0000	0.0427	21259	6355	702	0.2989	189730	92.55	48206	517	5687	608.46	484.07	28039.68

(1)KMO 与巴特利特的球体检验：

KMO and 巴特利特检验表

样本充分性的 KMO 衡量.		0.575
巴特利特的球体检验	约. 卡方	1033.646
	自由度	190
	显著性检验.	0.000

KMO = 0.575 > 0.5 说明所选择样本比较充分。

(2)计算累积贡献率：

	特征值	百分率(%)	累计百分率(%)
1	7.1145	35.5724	35.5724
2	4.0051	20.0256	55.5980
3	1.9193	9.5967	65.1948
4	1.5665	7.8323	73.0270
5	1.4781	7.3905	80.4175
6	0.9361	4.6804	85.0980
7	0.7095	3.5476	88.6456

(3)计算主成分因子综合得分及排名：

省份	因子1	因子2	因子3	因子4	因子5	因子6	因子7	因子得分	排名
黑龙江	3.02846	-1.1241	1.46971	-0.8249	-2.6993	0.5872	0.54068	15.515828	1
四川	1.66697	-0.36595	-1.12493	2.3890	2.1907	-1.6840	0.35871	13.893481	2
吉林	1.59223	0.88589	-1.41326	-0.7159	-0.8964	1.0797	0.87166	11.346337	3
内蒙古	2.02958	-1.51526	0.22979	0.7754	0.6153	0.5914	-0.73851	10.965425	4
福建	0.33417	1.58843	0.90318	-0.3008	0.6102	-0.3622	-0.04103	10.535382	5
广西	0.89782	0.80873	-0.46279	0.1846	0.2448	-0.5963	0.42662	9.1337989	6
浙江	-0.85376	1.28381	2.91505	1.8944	0.0166	0.7199	-0.33103	8.0937764	7
江苏	0.28393	2.35914	-2.43141	-0.1938	0.3545	1.5508	-0.71929	7.9637896	8
广东	-0.07656	1.10967	1.40446	-0.4884	0.5502	0.7298	-1.91711	5.9663365	9
湖南	0.57704	1.12392	-0.01797	-0.8553	-0.4847	-0.1103	-1.35762	5.449567	10
山东	0.00468	1.24857	-0.47907	1.2745	-0.5015	-0.8611	0.17305	4.6863377	11
云南	0.69397	-0.71319	1.04216	0.1495	1.1066	-0.6391	-1.00025	4.6429042	12
湖北	0.27851	0.56949	-0.29403	0.2400	-0.1695	-0.9994	0.69688	3.7828401	13
江西	0.1368	0.11426	0.92833	-1.2898	0.5981	-0.4802	0.45547	1.9497805	14
海南	-0.69919	0.45656	0.89894	-1.9240	1.7085	-0.1337	3.19691	0.2338984	15
辽宁	-0.23528	0.84505	-0.71145	-0.4395	-0.3579	0.4526	-0.68413	-0.93413	16
河北	-0.4834	0.34475	0.38971	0.2641	-0.2514	-0.2991	0.14909	-1.442565	17
陕西	-0.30366	-0.34511	0.21495	0.0565	-0.3221	-0.3064	0.13806	-3.706514	18
西藏	-0.05919	-1.67262	-0.00415	-0.8825	2.6161	1.9441	-1.29985	-3.745931	19
安徽	-0.57326	0.12462	-0.04759	-0.6168	0.0334	-0.1214	0.48877	-4.354365	20
贵州	-0.32132	-0.46757	-0.11087	-0.5861	0.1262	-0.2121	0.87844	-4.678348	21
甘肃	-0.34381	-0.78609	0.08087	-0.1242	-0.1958	0.3670	0.93147	-4.918719	22
北京	-0.71158	-1.06115	-0.70104	1.5134	-0.1760	2.6913	1.47252	-4.983341	23
上海	-1.33846	0.06769	0.60747	1.8303	-1.1437	0.9885	0.27279	-5.789873	24
山西	-0.44782	-0.65895	-0.34787	0.7905	-0.6884	-0.8720	0.44484	-6.772674	25
重庆	-0.74222	-0.39303	-0.31725	-0.0013	-0.0703	-0.2007	0.45519	-7.434344	26
新疆	-0.37528	-0.74472	-0.46482	0.4534	-0.3370	-1.8529	-0.46064	-8.394004	27
河南	-0.6997	-0.3577	0.18025	-1.0700	-0.5849	-1.1479	-1.11436	-10.47057	28
天津	-1.32108	-0.68345	-0.49915	0.0240	-0.9571	-0.0606	-0.88612	-15.15669	29
青海	-0.86097	-1.33037	-1.07277	-0.4965	-0.3367	0.1301	-0.86652	-15.28105	30
宁夏	-1.07764	-0.81133	-0.76445	-1.0300	-0.5983	-0.8929	-0.53471	-16.09658	31

附件五:2007 年我国林业产业区域竞争力综合评价及排序

2007 年我国林业产业区域竞争力情况表

省份	林业总产值(万元)	林产品工业销售产值(万元)	林产工业总产值(万元)	林业生产率(万元/人)	林业从业人员年均收入(千元)	林业产业市场占有率	林产品销售率	林业总产值占地方GDP比重	林业从业人员(人)	林业技术人员(人)	科研与技术服务人员(人)	林业技术人员投入强度	林业固定资产投资(万元)	人均固定资产投资(万元/人)	自筹投资(万元)	森工企业投资(万元)	设备投资(万元)	林业用地面积(万公顷)	森林面积(万公顷)	森林蓄积量(万立方米)
北京	619221	3102	3102	21	36482	0.005	1.000	0.008	29489	4611	331	0.156	315370	199.475	7088	0	2790	97.29	37.88	840.7
天津	168658	0	0	141.61	23333	0.001	0.000	0.004	1191	286	0	0.240	35561	33.080	0	0	0	13.44	9.35	140.35
河北	5161938	79395	79438	194.94	14620	0.041	1.000	0.044	26480	8590	426	0.324	206226	29.896	3626	0	1063	624.55	328.83	6509.92
山西	958869	10	10	39.43	14368	0.008	1.000	0.020	24321	8601	587	0.354	305967	90.657	22261	0	2106	690.94	208.19	6199.93
内蒙古	1932429	89939	90842	13.63	11809	0.016	0.990	0.040	141805	32040	1437	0.226	492993	205.671	37541	75849	12716	4403.61	2050.67	110153
辽宁	3951389	325462	320785	147.28	13502	0.032	1.015	0.043	26829	8677	288	0.323	122059	28.579	2439	0	100	634.39	480.53	17476.6
吉林	3045551	292843	299941	24.52	11048	0.024	0.976	0.071	124197	27010	1000	0.217	220559	80.999	38916	109977	17851	805.57	720.12	81645.5
黑龙江	4418432	284423	288991	13.96	8231	0.035	0.984	0.071	316597	79923	3425	0.252	481347	125.908	43505	189315	9346	2026.5	1797.5	137520
上海	434880	20184	20184	278.95	45448	0.004	1.000	0.004	1559	515	95	0.330	33756	18.598	1264	0	37	2.25	1.89	33.24
江苏	8145093	6000	5286	406.16	14633	0.065	1.135	0.038	20054	5629	0	0.281	414435	54.892	38866	0	2193	99.88	77.41	2285.27
浙江	11940412	8339	8040	914.9	33338	0.096	1.037	0.076	13051	5717	603	0.438	11744	2.358	966	750	1256	654.79	553.92	11535.9
安徽	3468800	116397	165448	135.56	12663	0.028	0.704	0.056	25589	5924	147	0.232	87184	14.269	7326	20	189	412.32	331.99	10371.9
福建	11807520	153228	260322	391.44	19489	0.095	0.589	0.155	30164	9404	961	0.312	46660	13.114	23113	21614	9833	908.07	764.94	44357.4
江西	6103350	96409	89603	93.24	11449	0.049	1.076	0.131	65456	9592	1298	0.147	90055	20.755	4557	857	4623	1044.69	931.39	32505.2
山东	8610318	290029	301988	278.42	16901	0.069	0.960	0.039	30926	12172	332	0.394	210006	22.559	55844	0	9359	284.64	204.64	3201.65

（续）

省份	林业总产值（万元）	林产品工业销售产值（万元）	林产工业总产值（万元）	林业生产率（万元/人）	林业从业人员年均收入（千元）	林业产业市场占有率	林产品销售率	林业总产值占地方GDP比重	林业从业人员（人）	林业技术人员（人）	科研与技术服务人员（人）	林业技术人员投入强度	林业固定资产投资（万元）	人均固定资产投资（万元/人）	自筹投资（万元）	森工企业投资（万元）	设备投资（万元）	林业用地面积（万公顷）	森林面积（万公顷）	森林蓄积量（万立方米）
河南	4300688	14635	68521	143.33	11298	0.034	0.214	0.034	30005	6156	765	0.205	96427	10.267	481	0	146	456.41	270.3	8404.64
湖北	4402317	158197	168726	132.82	11673	0.035	0.938	0.058	33144	10325	1248	0.312	181320	31.850	29457	9419	14355	766	497.55	15406.6
湖南	6301362	402342	421779	125.51	14562	0.051	0.954	0.083	49810	13050	1901	0.262	202800	31.977	4944	0	4331	1171.42	860.79	26534.6
广东	13755312	270871	283583	365.43	18490	0.110	0.955	0.053	37641	6393	1535	0.170	39116	4.204	4092	0	1205	1048.14	827	28365.6
广西	5266263	585899	418493	105.74	16337	0.042	1.400	0.109	49338	14510	1274	0.294	248259	52.653	62523	35075	9601	1366.22	983.83	36477.3
海南	2077118	3847	3847	301.03	11510	0.017	1.000	0.197	6900	557	161	0.081	30840	36.890	0	0	279	194.47	166.66	7195.16
重庆	1471230	2473	2960	181.43	15686	0.012	0.836	0.042	8109	2192	172	0.270	223925	79.745	6216	0	165	366.84	183.18	8441.08
四川	6908923	181164	265344	108.56	14520	0.055	0.683	0.080	63640	15327	748	0.241	947924	116.039	118312	7322	13979	2266.02	1464.34	149543
贵州	1935298	54662	68052	53.32	15101	0.016	0.803	0.085	36297	7573	579	0.209	227150	60.460	4105	0	791	761.83	420.47	17795.7
云南	3523616	51363	66990	63.32	17462	0.028	0.767	0.088	51573	15119	1358	0.293	272596	60.807	25227	8139	4387	2424.76	1560.03	139929
西藏	89351	2071	1276	35.43	14092	0.001	1.623	0.031	2453	62	0	0.025	39543	140.722	0	0	0	1657.89	1389.61	226606
陕西	1675694	47747	48894	46	13239	0.013	0.977	0.037	36430	11820	203	0.324	137506	36.816	6796	6250	242	1071.78	670.39	30775.8
甘肃	813570	761	771	21.61	15332	0.007	0.987	0.036	37649	8808	1126	0.234	254377	97.612	0	0	114	745.55	299.63	17504.3
青海	22716	0	0	2.23	16214	0.000	0.000	0.004	10186	1664	62	0.163	94739	172.881	102	0	169	556.28	317.2	3592.62
宁夏	272232	0	0	27.17	15097	0.002	0.000	0.038	10019	2611	0	0.261	33401	55.300	1755	0	0	115.34	40.36	392.85
新疆	1310795	463	1527	58.19	17873	0.011	0.303	0.043	22527	6930	349	0.308	189730	92.551	48206	3064	5678	608.46	484.07	28039.7

（1）KMO 与巴特利特的球体检验：

KMO and Bartlett's 检验表

样本充分性的 KMO 衡量.		0.50
巴特利特的球体检验	约. 卡方	907.983
	自由度	190
	显著性检验.	0.000

KMO =0.5 说明所选择样本比较充分。

（2）计算样本相关矩阵：

1.00	0.42	0.51	0.70	0.00	1.00	0.21	0.40	0.07	0.09	0.32	0.31	0.03	-0.50	0.24	0.00	0.26	0.06	0.18	-0.03
0.42	1.00	0.96	-0.04	-0.24	0.42	0.34	0.29	0.38	0.41	0.53	0.17	0.18	-0.19	0.42	0.38	0.52	0.24	0.36	0.14
0.51	0.96	1.00	-0.01	-0.27	0.51	0.26	0.33	0.40	0.43	0.55	0.17	0.22	-0.23	0.45	0.37	0.56	0.25	0.39	0.18
0.70	-0.04	-0.01	1.00	0.41	0.70	0.15	0.24	-0.27	-0.24	-0.13	0.41	-0.28	-0.54	-0.11	0.24	-0.14	-0.26	-0.21	-0.27
0.00	-0.24	-0.27	0.41	1.00	0.00	0.00	-0.30	-0.35	-0.34	-0.30	0.25	-0.22	-0.05	-0.20	-0.29	-0.25	-0.33	-0.35	-0.27
1.00	0.42	0.51	0.70	0.00	1.00	0.21	0.40	0.07	0.09	0.32	0.31	0.03	-0.50	0.24	0.00	0.26	0.07	0.18	-0.03
0.21	0.34	0.26	0.15	0.00	0.21	1.00	0.22	0.17	0.17	0.23	-0.05	0.14	0.03	0.10	0.15	0.16	0.26	0.32	0.33
0.40	0.29	0.33	0.24	-0.30	0.40	0.22	1.00	0.14	0.12	0.31	-0.16	-0.03	-0.32	0.15	0.12	0.27	0.15	0.27	0.13
0.07	0.38	0.40	-0.27	-0.35	0.07	0.17	0.14	1.00	0.99	0.82	-0.03	0.47	0.34	0.36	0.94	0.53	0.56	0.66	0.47
0.09	0.41	0.43	-0.24	-0.34	0.09	0.17	0.12	0.99	1.00	0.82	0.08	0.48	0.30	0.39	0.94	0.53	0.54	0.64	0.46
0.32	0.53	0.55	-0.13	-0.30	0.32	0.23	0.31	0.82	0.82	1.00	0.02	0.33	0.09	0.26	0.70	0.48	0.55	0.67	0.37
0.31	0.17	0.17	0.41	0.25	0.31	-0.05	-0.16	-0.03	0.08	0.02	1.00	0.07	-0.39	0.22	-0.02	0.15	-0.11	-0.17	-0.35
0.03	0.18	0.22	-0.28	-0.22	0.03	0.14	-0.03	0.47	0.48	0.33	0.07	1.00	0.51	0.80	0.35	0.53	0.54	0.48	0.42
-0.50	-0.19	-0.23	-0.54	-0.05	-0.50	0.03	-0.32	0.34	0.30	0.09	-0.39	0.51	1.00	0.23	0.33	0.21	0.47	0.37	0.43
0.24	0.42	0.45	-0.11	-0.20	0.24	0.10	0.15	0.36	0.39	0.26	0.22	0.80	0.23	1.00	0.33	0.75	0.42	0.44	0.40
0.00	0.38	0.37	-0.23	-0.29	0.00	0.15	0.12	0.94	0.94	0.70	-0.02	0.35	0.33	0.33	1.00	0.57	0.46	0.57	0.45
0.26	0.52	0.56	-0.14	-0.25	0.26	0.16	0.27	0.53	0.53	0.48	0.15	0.53	0.21	0.75	0.57	1.00	0.49	0.52	0.39
0.06	0.24	0.25	-0.26	-0.33	0.07	0.26	0.15	0.56	0.54	0.55	-0.11	0.54	0.47	0.42	0.46	0.49	1.00	0.93	0.73
0.18	0.36	0.39	-0.21	-0.35	0.18	0.32	0.27	0.66	0.64	1.00	0.42	0.51	0.70	0.00	1.00	0.21	0.40	0.07	0.09
-0.03	0.14	0.18	-0.27	-0.27	-0.03	0.33	0.13	0.47	0.46	0.42	1.00	0.96	-0.04	-0.24	0.42	0.34	0.29	0.38	0.41

(3)计算规格化的特征向量:

	因子1	因子2	因子3	因子4	因子5	因子6	因子7	因子8	因子9
X1	0.2601	0.8315	-0.0395	0.1901	0.1145	-0.1583	-0.0946	0.1183	-0.2084
X2	0.6079	0.4542	0.0144	-0.2415	-0.3624	0.4122	-0.1142	0.1056	0.0189
X3	0.6344	0.5104	0.0176	-0.2130	-0.3711	0.2805	-0.1517	0.1589	0.0004
X4	-0.2420	0.7688	0.0133	0.2506	0.4330	-0.1105	0.1287	0.0081	0.0013
X5	-0.4392	0.1376	0.3313	0.1774	0.4943	0.3629	0.1101	0.3858	0.2290
X6	0.2609	0.8818	-0.0404	0.1902	0.1144	-0.1577	-0.0936	0.1175	-0.2075
X7	0.3292	0.1869	-0.2745	0.3213	0.1316	0.6528	0.2782	-0.3498	-0.1478
X8	0.3047	0.4281	-0.5107	0.0977	-0.2237	-0.2744	0.4301	-0.0424	0.2555
X9	0.8578	-0.1549	-0.0062	-0.3514	0.2863	-0.0758	0.0979	-0.0057	-0.0864
X10	0.8567	-0.1085	0.0565	-0.3631	0.2939	-0.0622	0.0698	-0.0768	-0.0564
X11	0.8104	0.1332	-0.1640	-0.2977	0.2184	-0.0256	-0.0872	0.0450	-0.0581
X12	-0.0216	0.4866	0.6492	-0.1499	0.2036	0.0122	-0.1592	-0.4105	0.2436
X13	0.6293	-0.2251	0.4824	0.3267	-0.1202	-0.1088	0.1127	-0.1034	-0.2855
X14	0.3199	-0.7672	0.1632	0.2276	0.1048	0.0804	0.0869	0.2269	-0.1690
X15	0.6415	0.0830	0.5368	0.3170	-0.3154	-0.1086	0.1584	0.0052	0.0167
X16	0.7914	-0.1647	0.0136	-0.3989	0.2829	-0.0211	0.2038	0.0567	0.0499
X17	0.7541	0.1189	0.3036	0.0685	-0.2228	-0.0500	0.2111	0.1356	0.2442
X18	0.7630	-0.2396	-0.1068	0.3577	0.1205	-0.0610	-0.3021	-0.0864	0.1557
X19	0.8552	-0.1297	-0.2270	0.2968	0.1332	-0.0295	-0.2474	-0.0113	0.1511
X20	0.6621	-0.3232	-0.2487	0.4406	0.0840	0.0499	-0.1267	0.0242	0.1424

(4)计算累积贡献率:

	特征值	百分率(%)	累计百分率(%)
1	7.3440	36.7200	36.7200
2	4.0150	20.0760	56.7960
3	1.6660	8.3300	65.1260
4	1.5830	7.9130	73.0380
5	1.3460	6.7290	79.7680
6	0.9940	4.9720	84.7400
7	0.6920	3.4610	88.2010
8	0.6060	3.0290	91.2300
9	0.5400	2.6980	93.9280

(5)计算主成分因子综合得分及排名:

省份	主成分1	主成分2	主成分3	主成分4	主成分5	主成分6	主成分7	主成分8	主成分9	综合得分	排名
黑龙江	3.1810	-0.6992	-0.1815	-2.4762	2.2190	-0.4533	0.7253	-0.1026	-0.9222	18.8096	1
四川	1.6810	-0.0983	1.9474	2.7233	-1.5800	-1.1762	0.1884	0.6666	-0.5528	16.4458	2
广西	1.1607	1.0180	0.1834	-0.1409	-1.6735	2.1031	0.3985	0.0412	0.8819	13.3088	3
内蒙古	1.9177	-1.5882	0.1919	1.1648	1.0333	-0.3587	-0.9850	-0.1836	0.6611	10.4685	4
浙江	-0.7027	2.2791	0.3327	1.1088	3.0769	-0.4318	0.2007	-0.2557	0.7125	10.3806	5
福建	0.3200	1.8731	-0.4923	0.3412	0.0542	-1.3824	0.3676	1.1946	1.4077	10.0275	6
吉林	1.3074	-0.1731	0.2184	-1.1610	-0.7745	0.5397	1.5608	0.8397	0.9168	9.0102	7
山东	0.1270	1.4496	1.5355	-0.0997	-0.8231	0.5429	-0.0577	-0.2786	-0.3043	8.2119	8
广东	0.1840	1.8144	-1.2472	0.2193	0.4394	0.1980	-1.6889	1.8044	-1.9610	6.5595	9
湖南	0.6073	0.9578	-0.6712	-0.7726	-0.8601	1.0972	-1.3111	0.4564	-0.2093	5.1532	10

（续）

省份	主成分1	主成分2	主成分3	主成分4	主成分5	主成分6	主成分7	主成分8	主成分9	综合得分	排名
云南	0.6707	-0.4061	-0.5062	1.0783	0.5209	-0.6296	-1.3386	-0.7097	1.8275	3.8641	11
湖北	0.2724	0.4410	0.5011	-0.3572	-0.7937	-0.0280	0.3148	-0.5520	0.7326	3.2233	12
江苏	-0.4546	0.6987	0.8538	0.9840	0.2908	-0.5400	1.1375	-0.9903	-2.5152	1.1474	13
江西	0.1865	0.3504	-1.3331	0.0520	-0.2933	-0.5882	0.6008	-0.1464	-0.0881	-0.8946	14
辽宁	-0.1831	0.5717	-0.0880	-0.7329	-0.8085	1.4201	-1.1722	-0.8282	-0.1628	-1.4340	15
上海	-1.3069	0.0176	1.0353	-0.1305	1.6623	2.0562	0.5649	0.6662	1.7619	-1.8981	16
河北	-0.4306	0.3725	0.1197	-0.1494	0.2041	0.0722	-0.2905	-1.3475	-0.6946	-2.7498	17
北京	-0.7231	-1.2293	0.9012	0.4028	0.7630	1.6143	1.5078	2.2642	-1.2453	-3.7322	18
新疆	-0.3633	-0.5422	1.1743	0.0455	-0.4028	-1.0433	0.0526	0.1164	1.0337	-4.1321	19
山西	-0.4244	-0.5468	0.9798	-0.1127	0.0223	0.2299	0.1116	-1.8750	-0.5255	-5.3438	20
西藏	-0.0175	-1.5787	-2.3941	2.3013	0.1880	1.7506	-0.5602	0.0875	0.0052	-5.5533	21
陕西	-0.3487	-0.3947	-0.0472	-0.2391	0.0999	0.2410	-0.7085	-1.9160	0.3998	-5.6642	22
贵州	-0.3546	-0.4109	-0.5585	-0.1970	-0.3855	-0.2293	0.4359	-0.3790	-0.1829	-6.2698	23
安徽	-0.5397	0.1592	-0.4359	-0.5648	-0.6818	-0.0890	-0.3747	-0.3314	-0.2192	-6.5291	24
甘肃	-0.3916	-0.3561	-0.1712	-0.2900	0.2538	0.2760	0.1364	-0.8384	-0.9881	-7.3890	25
重庆	-0.7642	-0.4511	0.2160	0.0265	0.0306	-0.0611	0.4082	-0.8487	-0.4986	-7.5425	26
海南	-0.7508	0.0308	-2.3337	0.2354	-0.7803	-1.0072	3.0579	-0.1921	0.4577	-8.5095	27
河南	-0.6411	-0.0315	-0.3873	-0.8373	-0.2072	-1.4363	-1.0720	0.3429	-0.6526	-9.3985	28
天津	-1.2668	-0.5949	0.5760	-0.9147	0.0511	-0.6703	-0.7423	1.0863	0.8056	-12.1977	29
青海	-0.8783	-1.4605	0.2612	-0.4480	-0.3214	-0.8107	-0.8949	1.8884	-0.5892	-13.6198	30
宁夏	-1.0736	-0.7224	0.2599	-1.0593	-0.5235	-1.2058	-0.5730	0.3204	0.7078	-13.7523	31

参考文献

[1]阿林·杨格．报酬递增与经济进步[J]．经济社会体制比较，1988(2)：52～57.

[2]巴泽尔．产权的经济分析[M]．上海：三联书店，1997.

[3]白重恩，杜颖娟，陶志刚，全月婷．地方保护主义及产业地区集中度的决定因素和变动趋势[J]．经济研究，2002(4)：29～40.

[4]蔡宁，杨门柱，吴结兵．企业集群风险的研究：一个基于网络的视角[J]．中国工业经济，2003(4)：59～64.

[5]柴小青，等．兵工企业竞争力评价研究[J]．系统工程理论与实践，1998(5)：118～122.

[6]蔡雪雄，陈新艺．农产品市场竞争力：理论、制约因素与对策[J]．东南学术，2006(6)：82～85.

[7]曹远征，国家体改委经济体制改革研究院，中国人民人学综合开发研究院联合研究组．中国国际竞争力研究发展报告(1996)[M]．北京：人民大学出版社，1997.

[8]曾玲英．加快林业产业化进程要抓好六个环节[J]．湖南林业科技，1999(9)：51.

[9]陈蔓生，等．企业竞争力的模糊综合评价探析[J]．数量经济与技术经济研究，1999(1)：56～58.

[10]陈德宁．区域竞争力理论的提出与发展田[J]．广州大学学报，2003(2).

[11]陈勇，王雪松．我汽车产业组织结构调整与规模经济[J]．商业研究，2006(20)：108～111.

[12]陈穆光．优化林业产业化结构是湛江林业发展的根本之路[J]．中国林业，2007(12)：32～33.

[13]陈家贵．现代大中型企业的经营与发展[M]．北京：经济管理出版社，1996.

[14]陈扶宜，贾楠．企业集团边界研究——基于交易费用理论的再思考[J]．当代经济，2009(1)：142～144.

[15]陈柳钦．分工协作、交易费用与产业集群[J]．西华大学学报(哲学社会科学版)，2006(5)：34～39.

[16]陈国生．论旅游产品市场竞争力的内涵、影响因素及提高措施[J]．邵阳学院学报(自然科学)，2003(10)：130～132.

[17]陈科灶．促进福建林业产业集群发展的政策研究[J]．林业勘察设计，2008(1)：31～34.

[18]陈益民，张智光．福建南平林业第二产业发展策略探讨[J]．福建林业科技，2007(9)：181～186.
[19]陈晓红，解海涛，常燕．基于"星形模型"的中小企业区域竞争力研究——关于中部六省的实际测算[J]．财经研究，2006(10)：124～132.
[20]陈宏毅，于战平，刘杰．创意林业产业化形成机制及对策研究[J]．现代农业科学，2008(12)：48～50.
[21]程宝栋，宋维明．产业集聚与中国木材产业竞争力研究．北京林业大学学报，2006(12)：149～152.
[22]崔先江，陈宝贵，徐衍武．简述推进林业产业化的有利机制[J]．林业勘查设计，2002(4)：51.
[23]单大明．企业素质的提升途径[J]．经济管理，2005(23)：41～43.
[24]丁力，杨茹．经济增长加速度与地区竞争力[J]．广东社会科学，2003(3)：23～29.
[25]杜龙政，刘友金，张玺．企业集团与企业集群的互动和进化[J]．中国软科学，2005(4)：127～132.
[26]付娟．基于钻石模型的辽宁农业国际竞争力影响因素分析——兼论与日韩开展区域农业合作对辽宁农业国际竞争力的影响[J]．商业研究，2008(4)：53～56.
[27]高晶，赵春江，关涛．基于协同效应的企业集团竞争战略研究[J]．学术交流，2007(10)：90～92.
[28]耿玉德，蒋敏元，李尔彬．林业产业化内涵的探讨[J]．中国林业企业，2001(1)：11～12.
[29]耿玉德．林业产业化研究[J]．东北林业大学学报，2002(4)：14.
[30]顾成东．马克思的分工理论与中国当前的社会分工[J]．经济研究导刊，2008(19)：1～2.
[31]顾远飞．簇群的知识共享机制和信任机制[J]．外国经济与管理，2000(5)：2～7.
[32]辜天保，刘文唬，杨鹤筹．建立我省比较发达的林业产业体系的思考[J]．江西林业科技，1997(1)：22～27.
[33]广西统计局．广西统计年鉴(2003～2007)[M]．北京：中国统计出版社．
[34]广西林业局．广西林业统计资料(1999～2007)[M]．南宁：广西林业勘察设计院．
[35]国家林业局．中国林业统计年鉴(2003～2007)[M]．北京：中国林业出版社．
[36]官建成，王军霞．DEA 灵敏度分析的进一步探讨与应用[J]．系统工程理论与

实践，2003(1)：37～43.
[37]桂俊煜．我国林业产业价值链问题研究现状简述[J]．商场现代化，2008(7)：216～217.
[38]淮滨，晓玉．产业集群与区域竞争力[J]．中国经济信息，2002(10)：22～28
[39]郝寿义，倪鹏飞．中国城市竞争力研究——以若干城市为例[J]．经济科学，1998(3)：50.
[40]胡伟，金颖若．浅议林业产业化及贵州林业产业化建议[J]．河北农业科学，2008(12)：116～117.
[41]胡殿武，王新春．关于加快菏泽市林业产业化发展的探讨[J]．菏泽学院学报，2006(12)：45～48.
[42]黄漫宇．我国流通产业规模经济效益的实证分析[J]．商业时代，2007(8)：12～13.
[43]黄永平．林产工业辉煌三十年[J]．广西林业，2008(6)：16～19.
[44]黄家铭，唐忠．福建林业产业发展若干问题的思考[J]．中国林业产业，2006(10)：28～30.
[45]江茜．我国电机产业特征及其规模经济分析[J]．学术论丛，2009(9)：20～22.
[46]蒋海，苏志尧，先锋．推进我国林业产业化的思考[J]．河北林果研究，1998(3)：259.
[47]蒋勇，钱栋宇．做强林业产业发展林业经济——无锡市林业产业化发展浅析[J]．上海农业科技，2008(3)：17～18.
[48]姜伟军．浙江林业产业集群的培育与发展研究[J]．林业经济，2007(5)：54～57.
[49]金井贤一，小宫隆太郎．现代日本企业制度[M]．陈晋，等，译．北京：商务印书馆，1997.
[50]金玉国．中国政治型交易费用的规模测算与成因分解——一个基于分位数回归模型的实证研究[J]．统计研究，2008(12)：46～52.
[51]孔凡斌，宋城英．振兴江西林业产业研究[J]．林业经济问题，2005(12)：330～333.
[52]孔祥智．龙头企业的“四位一体”[J]．中国农村信用合作，2008(10)：12～13.
[53]兰灿堂，林星华，张顺恒．福建省商品用材林发展对策研究[J]．林业经济问题(双月刊)，2000(12)：359.
[54]厉以宁．企业集团与垄断·竞争[N]．光明日报，1986年10月18日

[55]李学．不完全契约、交易费用与治理绩效——兼论公共服务市场化供给模式[J]．中国行政管理，2009(1)：114～118.
[56]李晨阳，欧国立．网络型产业的网络效应与一般规模经济效应的特征分析[J]．北京交通大学学报(社会科学版)，2007(12)：14～17.
[57]李碧珍．产业融合：林业产业化转换的路径选择[J]．林业经济，2007(11)：59～62.
[58]李非．企业集团理论：日本的企业集团[M]．天津：天津人民出版社，1994.
[59]李建新．自治区林业局公布第一批31家广西林业产业化龙头企业[J]．广西林业，2008(1)：47.
[60]李潇晓．广西林业优势产业发展问题探讨[J]．中国林业经济，2009(3)：36～37.
[61]梁建平．林业产业化与新技术革命[J]．广西林业科学，2000(1)：48.
[62]梁琦．中国工业的区位基尼系数——兼论外商直接投资对制造业集聚的影响[J]．统计研究，2003(9)：21～25.
[63]梁琦．产业集聚论[M]．上海：商务印书馆，2004.
[64]雷加富．论中国的森林资源经营[J]．林业经济，2002(6)：8.
[65]雷声．天津市产业集聚程度评价实证研究．[D]．石家庄：河北工业大学，2006.
[66]林金忠．聚集经济与国有企业规模结构优化[J]．财经研究，2001(4)：42～47.
[67]林迎星．国外工业人工林的发展趋势[J]．林业建设，2000(1)：39～40.
[68]林迎星．国外工业人工林发展研究概述[J]．世界林业研究，2000(4)：27.
[69]林迎星．中国工业人工林发展研究概述[J]．世界林业研究，2000(5)：10.
[70]刘小铁．产业竞争力要素分析[D]．南昌：江西财政大学，2004：83.
[71]刘东明，马非．关于企业集团的再认识[J]．商业时代．2004 (27)：28～29.
[72]刘天祥．中国专业市场的演进：基于交易费用的研究 [D] ．长沙：湖南大学，2007：16～18.
[73]刘文英．突破资源制约实现三大产业集群经济持续发展[J]．商业文化，2008(9)：86～87.
[74]罗勇，曹丽莉．中国制造业集聚程度变动趋势实证研究[J]．统计研究，2005(8)：22～29.
[75]罗文花．马克思社会分工理论新析[J]．马克思主义研究，2008(6)：64～69.
[76]卢现祥．西方新制度经济学[M]．北京：中国发展出版社，1996.
[77]陆杉．从交易费用理论探析供应链的产生与发展[J]．商业时代，2008(35)：

14 ~ 15.
[78]路世昌，樊星，邵良杉．产业集群交易费用分析及其超边际模型研究[J]．税务与经济，2008(4)：1 ~ 5.
[79]马克思恩格斯全集第 1 卷[M]．北京：人民出版社，1979.
[80]马克思恩格斯全集第 23 卷[M]．北京：人民出版社，1975.
[81]马克思．资本论第 1 卷[M]．北京：人民出版社，1975.
[82]马歇尔．经济学原理(上卷)[M]．第 1 版．北京：商务印书馆，1981.
[83]马中东．基于技术分工和社会分工的产业集群形成机理分析．广东社会科学，2007(4)：42 ~ 46.
[84]迈克尔·迪屈奇．交易成本经济学[M]．北京：经济科学出版社，1999.
[85]迈克尔·波特．竞争论[M]．北京：中信出版社，2003。
[86]慕静，张臻竹，武开，张俊．区域产业竞争力动态评价模型[J]．统计与决策，2008(3)：166 ~ 167.
[87]倪鹏飞．中国城市竞争力理论研究与实证分析[M]．北京：中国经济出版社，2001
[88]牛晓东．建筑企业市场竞争力评价指标体系研究[J]．基层管理优化，2006(4)：2 ~ 6.
[89]裴长洪．利用外资与产业竞争力[M]．北京：社会科学文献出版社，1998.
[90]佩鲁 F. 略论“发展极”的概念．应用经济学，1995 (8)：307 ~ 320.
[91]彭志群，赵坚．交易费用视角下的产业集群演化的驱动力模型[J]．现代乡镇，2008(12)：20 ~ 24.
[92]漆雁斌．农业竞争力研究[M]．北京：中国农业出版社，2007.
[93]乔斌．基于中国制造业的产业集聚变动实证研究[M]．北京：知识产权出版社，2008.
[94]仇保兴．小企业集群研究[M]．上海：复旦大学出版社，1999.
[95]秦天堂，聂影．南浔木地板产业集群的动力机制研究．国际木材产业，2001(12)：18 ~ 21.
[96]任剑新．层次分析法在我国中小企业竞争力评价中的应用[J]．系统工程理论与实践，2003(8)：91 ~ 95.
[97]石大立，叶玉琴．以产业集群发展提升林业经济竞争力——福建莆田案例分析[J]．林业经济，2007(7)：35 ~ 38.
[98]施蔚，佘光辉，加猛．江苏杨树加工产业规模发展策略[J]．林业科技开发，2007(21)：5 ~ 8.
[99]宋泓．工业优势、比较优势和竞争优势[J]．国际经济评论，1999(8)：

56～64.
[100]苏春雨，李怒云．美国国际纸业公司林浆纸一体化的启示[J]．绿色中国(理论版)，2005(9)：54.
[101]孙建．我国林业产业发展现状、趋势和政策取向[J]．林业经济，2008(1)：44～49.
[102]孙洛平，孙海琳．产业集聚的交易费用模型[J]．经济评论，2006(4)：111～117.
[103]王昶．边界视角下的企业集团战略重组行为的本质、动机与模式研究[J]．科学与科学技术管理，2006(12)：132～137.
[104]王呈斌．区域产业竞争力模型分析——以浙江省临海市为例[J]．乡镇经济，2006(12)：42～45.
[105]王国贞，等．河北省地区竞争力评价与分析[J]．经济师，2001 (12)：107.
[106]王浩．区域产业竞争力的理论与实证研究[D]．长春：吉林大学，2008.
[107]王秉安．区域竞争力研究述评[J]．福建行政学院福建经济管理干部学院学报，2003(4)：23～28.
[108]王缉慈．简论我国地方企业集群的研究意义[J]．经济地理，2001(5)：550～553.
[109]王缉慈．论全球化背景下的地方产业群——地方竞争优势的源泉[J]．战略与理，2002(49)：28～36.
[110]王尚明．林业产业化是湛江林业发展的根本之路口[J]．林业经济问题，2003(5)：282.
[111]王玉川，田刚．建立东北内蒙古国有林区林业产业集群的设想与对策[J]．中国林业经济，2006(12)：34～37.
[112]汪祖潭，许树洪，丁立忠．巴西人工林集约经营和管理考察报告[J]．浙江林学院学报，1996(4)：497～501.
[113]魏江．产业集群学习机制多层解析[J]．中国软科学，2004(1)：121～125.
[114]文玫．中国工业在区域上的重新定位和聚集[J]．经济研究，2004(2)：84～94.
[115]吴晨．交易费用理论：起源、主要观点及其发展[J]．经济研究导刊，2009(6)：122～123.
[116]吴越．林业产业化几个问题的探讨[J]．林业经济，1997(3)：61.
[117]吴德进．企业间专业化分工与产业集群组织发展——基于交易费用的分析视角[J]．经济学家，2006(6)：89～95.
[118]吴维库，赵平．企业竞争优势的定量评价[J]．系统工程理论与实践，1998

(4)：102～107.
[119]吴学花．中国产业集聚分析[D]．济南：山东大学，2006：24.
[120]伍佰麟．中国企业集团论[M]．上海：复旦大学出版社，1996.
[121]夏春华，高金环．地区邮政企业市场竞争力的影响因素分析[J]．北京邮电大学学报(社会科学版)，2004(4)：42～46.
[122]肖红叶．中国区域竞争力发展报告(1985～2004)[M]．北京：中国统计出版社，2004.
[123]肖红叶．中国区域竞争力发展报告2005[M]．北京：中国统计出版社，2006.
[124]许长青．试论大学与产业科研合作中的交易费用[J]．教育评论，2007(2)：29～33.
[125]许文兴，王春辉．构建林业产业化经营体系的研究[J]．黑龙江科技信息，2007(6)：111.
[126]徐桂英，苏胜利，周敏，赵红梅．林业产业化发展关键环节的探讨[J]．技术经济，2006 (1)：50.
[127]谢红．基于资本市场的南方集体林区林业产业化研究[J]．林业经济问题(双月刊)，2008(4)：99～103
[128]谢永水，刘炜，姜智慧，等．培育林业龙头企业推进林业产业化[J]．今日科技，2006 (2)：16～17.
[129]徐康宁．开放经济中的产业集群与竞争力[J]．中国工业经济，2001(11)：22～27.
[130]徐桂英，苏胜利，周敏，等．林业产业化发展关键环节的探讨[J]．技术经济，2006 (1)：50～52.
[131]徐桂英，苏胜利，周敏，赵红梅．林业产业化发展关键环节的探讨[J]．技术经济，2006 (1)：50～53.
[132]许文兴，王春辉．构建林业产业化经营体系的研究[J]．黑龙江科技信息，2007(5)：11.
[133]徐伟，陈莲芳．我国电子信息产业的规模经济分析——基于生存技术法[J]．现代商贸工业，2008 (3)：27～28.
[134]亚当·斯密．国民财富的性质和原因的研究[M]．上海：商务印书馆，1972.
[135]杨亚琴．上海中小企业竞争活力的现状考察[J]．上海经济研究，1998 (4)：47～52.
[136]杨丽雁．我国产业组织结构存在的问题及对策[J]．黑龙江社会科学，2001 (5)：27～28.
[137]杨守坤．新西兰林业——世界人工林经营的成功典范[J]．湖北林业科技，

2004(3)：54 ~ 57.

[138]杨文杰，葛超，陈晓非．吉林省林业产业化探讨[J]．西北林学院学报，2007，22(3)：14 ~ 16.

[139]韵江，刘立，高杰．企业集团的价值创造与协同效应的实现机制[J]．财经问题研究，2006(4)：79 ~ 86.

[140]杨小凯．经济学原理[M]．北京：中国社会科学出版社，1998.

[141]杨小凯，黄有光．专业化与经济组织[M]．北京：经济科学出版社，1999.

[142]杨芳．论马克思社会分工理论的实质[J]．湖北社会科学，2008(11)：8 ~ 10.

[143]杨芳．论社会分工与和谐社会的理论及现实运动[J]．中南民族大学学报(人文社会科学版)，2008(9)：75 ~ 78.

[144]姚舜，温海涛，樊雪梅．区域物流竞争力系统理论模型构建[J]．物流管理，2008(1)：18 ~ 21.

[145]于良春，姚丽．中国民航业的规模经济效益及相关产业组织政策分析[J]．产业经济研究，2006(2)：19 ~ 24.

[146]臧旭恒，林平．现代产业经济前沿问题研究[M]．北京：经济科学出版社，2007.

[147]张春娥．旅游产业链的形成与演进[J]．广东农工商职业技术学院学报，2008(2)：54 ~ 55.

[148]张卉．产业分布、产业集聚与地区经济增长：来自中国制造业的证据[D]．上海：复旦大学，2007：49

[149]张辉．区域竞争力的有关理论探讨[J]．中国软科学，2001(8)：45 ~ 51

[150]张洪营．区域产业竞争力 GEM 模型研究[J]．产业经济，2007(1)：355

[151]张金凤．专业合作社——加快湖州林业产业化发展步伐[J]．浙江林业，2008(4)：18 ~ 19.

[152]张蓉．江苏省产业集聚与产业竞争力关系研究[D]．南京：南京航空航天大学，2007：31 ~ 36

[153]张同升．中国制造业省区间分布的集中与分散研究[J]．经济地理，2005，25(3)：315 ~ 319.

[154]张良谱，范烈仙，武建林．对林业产业化的几点思考[J]．国土绿化，2003(01)：13 ~ 129.

[155]张振伟，林海燕．马克思社会分工理论的二重逻辑[J]．湖北社会科学，2009(1)：12 ~ 14.

[156]张正，高岚．南方集体林区林地产权制度历史变迁思考[J]．福建林业科技，2007，34(1)：10 ~ 17.

[157]张巍．区域产业竞争力评价模型初探[J]．特区经济，2006(1)：286～287.
[158]张志达．澳大利亚的林业经营[J]．中国林业，1994(5)：43.
[159]中国企业联合会课题组．企业竞争力指标体系的开发与应用[J]．经济与管理研究，1999(6)：7～10.
[160]国家统计局．中国统计年鉴(2003～2007)[M]．北京：中国统计出版社．
[161]周昌样．发展人工用材林要走产业化道路[J]．林业工作研究，2000(12)：1～10.
[162]周震虹，高阳，王刚．农业产业化发展的理论依据[J]．求索，2005(4)：21～23.
[163]周泽建．发展经济果木林，促进广西林业发展[J]．中国林业，2007，7B：30.
[164]朱小娟．产业竞争力研究的理论、方法和应用[D]．北京：首都经贸大学，2004.
[165]Aimit M. New Trade Theories and Industrial Location in the EU：A Survey of Evidence，Oxford Review of Economic Policy，1998，14：45～53.
[166]Aimit M. Specialisation Patterns in Europe. Weltwirtschchaftliehes Archiv，1999，135：573～593.
[167]Aleeke B，Alsleben C，Seharr，FUntiedt G. New Evidence on the Geographic Concentration of German Industries：Do High－Tech Clusters Really Matter? Best Paper award 2003 of Uddevalla Symposium Sweden.
[168]Arrow Kenneth. The Organization of Economic Activity in The Analysis and Evaluation of Public Expenditure：The PPB System，Vol. 1，US Joint Economic Committee，91st Congress，1st session，Washington，DC：US Government Printing Office，1969：59～73.
[169]Arrow，Kenneth J. The Economic implications of Learning by Doing. Review of Economic Studies，1962(29)：155～73.
[170]Audretsch D B，M P Feldman. R&D Spillovers and the Geography of Innovation and Production. American Economic Review，1996，86(3)：630～640.
[171]B Ohlin. Interregional and international ltrade[M]. Cambridge，Mass.：Havard University Press，198
[172]Cheung S N. The Contractual Nature of the Firm. The Journal of Law and Economics，1982(1)：1～21.
[173]Demsetz H. The Theory of the Firm Revisited. Journal of Law Economics and Organization，1964，3(1)：11～26.

[174] D Encaoua, A Jacquemin. Organizational efficiency and monopoly power: The case of French industrial groups[J]. European Economic Review, 1982, 19.

[175] Douglass C North. Structure and Change in Economic History. W W Norton & Company: chapter 4&chapter 13.

[176] Duranton G, H Overman. Testing for Localization Using Micro Geographic Data. Mimeo: London School of Economies, 2002.

[177] Duranton G, H Overman. Agglomeration and the Adjustment of The Spatial Economy. CEPR Discussion Papers, 2005, No. 5028.

[178] Ellison G, E Glaeser. Geographic Concentration in U S Manufacturing industries: A Dartboard Approach. Journal of political Economy, 1997(105): 889 ~ 927.

[179] Ellison G, E Glaeser. The Geographic Concentration of an Industry: Does Natural Advantage Explain Agglomeration: American Economic Association Papers and Proceedings, 1999(89): 311 ~ 316.

[180] Ellison G, E Glaeser. Geographic Concentration in U S Manufacturing Industries: A Dartboard Approach. Working Paper, 1994, No 3840, Nation Bureau of Economic Research, Cambridge, MA.

[181] Ellison G, E Glaeser. Geographic Concentration in U S Manufacturing in dustries: A Dartboard Approach. Journal of Political Economy, 1997, 105: 889 ~ 927.

[182] Fluck Z, LynchA. Why Do Firms Merge and then Divest? A Theory of Financial Synergy [J]. Journal of Business, 1999, 72.

[183] Grossman Sanford, Hart Oliver. The Costs and Lateral Integration. Journal of Political Econmics, 1986(11): 94.

[184] Harrison B. Industrial Districts: old Wine in New Bottles? Regional Studies, Vol 26, 1992(4): 469 ~ 483.

[185] Hart O, Grossman S. The costs and Benefits of Ownership: A Theory of Vertical and Lateral Intergration. Journal of Political Economy, 1986(94): 691 ~ 719.

[186] Hart Moore. Property Rights and the Nature of the Firm. London: London School Economics, 1988.

[187] Henderson V, A Kuncoro, M Turner. Industrial Development in Cities. Journal of Political Economy, 1995, 103: 1067 ~ 1090.

[188] IMD. World Competitiveness Yearbook[M]. 1999.

[189] Jose Antonio Prado, Carlos Weber. Faeilitating the way for implementation of Sustainable Forest Management. The Case of Chile UNFF Iniersessional Experts Meeting on the Role of Planted Forests in Sustainable Forest Management [J]. New Zeal-

and, March 2003: 24 ~ 30.

[190] Keeble D. The Changing Spatial Structure of Economic Activity and Metropolitan Decline in the United Kingdom// Ewers H J, Goddard, J B. Matzerath H. (eds). The Future of the Metropolis, 1986: 171 ~ 199.

[191] Kim S. Expansion of Markets and the Geographic Distribution of Economic Activities: The Trends in U. S. Regional Manufacturing Structure, 1860 ~ 1987. Quarterly Journal of Economics, 1995, 110: 881 ~ 908.

[192] Kim 5. Resources and Economics Geography: Source of U. S. Regional Comparative Advantage, 1880 ~ 1987. Regional Science and Urban Economics, 1999, 29: 1 ~ 32.

[193] Kirsi Mukkala. Agglomeration Economics in the Finnish Manufacturing Sector. 43rd Congress of the European Regional science Association 27 ~ 30 August 2003, Jyvaskyla—Finland.

[194] Klein B. Contracting Costs and Residual Claim: the Separation of Ownership and Control. Journal of law and Economics, 1985, 26.

[195] Kurgman P. Increasing Returns and Economic Geography. Journal of Political Economy, 1991, Vol 99, No 3: 483 ~ 499.

[196] Kurgmna P. Geography and trade. Leuven: Leuven University, 1991.

[197] Kurgman P. First nature, second nature, and metropolitan location. NBER Working Paper, 1992: W3740.

[198] Michael E Porter. The Competitive Advangtage of Nations[J]. Havard Business Review, March - April, 1990: 73 ~ 93.

[199] N H Leff. Industrial organization and entrepreneurship in the developing countries: The economic groups [J]. Economic Development and Cultural Change, 1978, vol 26.

[200] Paul Krugman. Technology, Trade, and Factor Prices. NBER Working Papers 5355, National Bureau of Economic Research, Inc 1995.

[201] P Ghemawat, T Khanna. The nature of diversified business groups: A research design and two case studies [J]. Journal of Industrial Economics, 1998, 46.

[202] R E Hoskisson. Multidivisional structure and performance: The contingency of diversification strategy [J]. Academy of Management Journal, 1987, 30.

[203] Richard Baldwin, Paul Krugman. Agglomeration, Integration and Tax Harmonization. HEI working Papers HEIWP01 - 2001, Economics Section. The Graduate institute of International Studies, 2001.

[204] Ronald H Coase. The Nature of the Firm: Origin, Meaning and Influence. Journal of Law, Economics and Organization, 1988(4): 1.

[205] Ronald H Coase. The Regulated Industries: Discussion. The Journal of Law and Economics, 1964, 10(2): 5.

[206] Ronald H Coase. The Firm, the Market, and the Law. Chicago: University of Chicago Press, 1988

[207] Ronald H Coase. The Nature of the Firm. Economica, 1937(4): 386 ~ 389.

[208] Ronald H Coase. The Problem of Social Cost. Journal of Law and Economics, 1960, 10(3): 1 ~ 44

[209] Ronald H Coase. The New Institutional Economics. Journal of Institutional and Theoretical Economics, 1984(3): 140.

[210] S J Chang, U Choi. Strategy structure and performance in Korean business groups: A transaction cost approach [J]. Journal of Industrial Economics, 1988, 37.

[211] Stein J C. Internal Capital Markets and the Competition for Corporate Resources[J]. Journal of Finance, 1997, 75: 4.

[212] T Khanna, K Palepu. Why focused strategies may be wrong for emerging markets[J] Harvard BusinessReview, 1997, 75: 4.

[213] T Khanna, K Palepu. The right way to restructure conglomerates in emerging markets [J]. Harvard Business Review, 1999, 75: 4.

[214] Williamson O E. The Economic Institution of Capitalism. New York: New York Press, 1985: 12 ~ 14.

[215] Williamson O E. Transaction cost economics: thc governance of contractual relations [J]. Journal of Law and Economics, 1975(22): 233 ~ 261.

[216] William G Ouch. Markets bureaucracies, and clans. Administrative Science Quarterly, 1980, 3(25): 130.

[217] Wu Xiaohui, Han Zhijun. A Study of Mathematic Model to the Development Regional Industrial Cluster. China Business Review, 2005, Jun: 25 ~ 30.

[218] Wu Xiaohui, Han Zhijun. Study of Relation and Condition of Regional Industry Clusters on the Niehe. Canadian Social Seience, 2006, 3: 43 ~ 48.

[219] Yang, Xiaokai, Yew – Kwang Ng. Theory of the firm and structure of residual rights. Journal of Economic Behavior and Organization, 1995(26): 107 ~ 128.

[220] Yoram Barzel. Measurement Cost and the Organization of Markets. Journal of Law and Economics, 1982, 4(18): 20.

后　记

本书是在博士论文的基础上撰写而成的，回顾三年的学习和研究生活，在艰辛与忙碌的学习和夜以继日的进行论文写作的日子里，我得到了许许多多的关怀！

首先要感谢的是导师张大红教授，他具有广博的理论知识和坚实的专业功底，导师严谨的治学态度，孜孜不倦的敬业精神，是我终生学习的榜样。三年的成长历程中，导师悉心指导，谆谆教诲，为我倾注了无数心血，仅用致谢两字难以表达对恩师的感激之情！导师渊博的学识、活跃的思想、敏锐的洞察力和独到的见解，对启迪我的思维，锻炼我的科研能力有着巨大的影响和帮助，使我受益匪浅，终生铭记。导师高瞻远瞩的悉心指教，在我疲惫沮丧时给予的鼓励，都是论文工作能够顺利完成的根本保障。在此，向导师表示由衷地感谢！

其次要感谢的是导师陈建成教授。他不仅是我学术道路的导师，更是我人生的导师。他的积极的人生态度、严谨的治学精神和宽广的胸怀造就了自身独特的人格魅力。深藏于其人格魅力之中的是一颗大爱的心，不断的言传身教于我。在今后的生命中，我将身体力行，把这“大爱”的传统师道继承并发扬光大，使其传承有序。

感谢广西林业厅陈秋华厅长对我无微不至的关心，并为本书作序，是他鼓舞我有勇气挑战写作中遇到的困难，并最终完成本书的写作！

感谢任恒祺教授，他以严谨而又关爱的师德风范促进了我的进步！

感谢北京林业大学经济管理学院、研究生院及全校的领导和老师们！是北林的氛围激励我孜孜以求。

感谢广西生态工程职业技术学院的领导、经贸系领导以及全院的老师们，是他们或关心或分担了我更多的工作，使我有机会、有信心、有时间、有精力完成博士论文的写作。

感谢桂林师范高等专科学校领导、政社系领导以及全系的老师们，是他们鼓励我完成本书的出版。

感谢在博士学习期间我的师兄田新豹、曹文、王立飞、王顺彦、黎平、邵权熙等博士，感谢同窗好友骆耀锋、高立鹏、钱一武、陈叙图、关海玲、谢小兵、苏建兰、朱述斌、周俊、严峻等博士！在与他们相处岁月里，或论学，或谈笑，互有启迪。

本书参考了许多专家学者的论文、著作，其中还包括在互联网上发表的一些文章。书中参考或引用的数据和资料尽可能注明了来源，但也有一些地方难以一一注明。在此，对所有提供资料来源、出版单位和网站表示感谢！

感谢我的父母和我的妻子、弟弟、妹妹，他(她)们始终关心、理解和支持我的学习和研究工作。家人全身心的支持是我顺利完成论文工作的重要保障。

感谢所有关心和帮助我的师长、朋友和亲人！谢谢！

太多的关爱，成就本书，太多的感怀，无以言尽……

谨以此书，献给所有关心我的人和我最爱的人！

谨以此书，献给我年满一岁的儿子！

由于水平有限，书中难免有错漏之处，敬请读者批评斧正！

著 者

2011 年 8 月 8 日于桂林师范高等专科学校甲山校区